국제비즈니스문화론

방 용 태

〈영국 솔즈베리(Salisbury)에 있는 스톤헨지〉

청목출판사

머리말

마케팅에 Feel이 꽂혀 3권을 출간하고, 특정지역·국가에 관한 시장연구도 4권을 저술하는 바람에 국제비즈니스와 문화의 밀접한 상관성을 다루는 본 책자를 이제야 출간하게 되었다. 마케팅의 현란한 변화와 혁신의 내용들에 비하여, 문화는 상대적으로 변화의 정도가 심하지 않기에 완전히 새로운 내용의 글을 저술하는 데는 그만큼 많은 시간이 필요했는지도 모른다.

아마도 정년퇴임 때까지 국제비즈니스와 문화에 관한 신규 저술은 이번이 마지막이 될 것으로 생각된다. 일본 동경의 아오야마가쿠인(청산학원) 대학에서 하야시 키지로(林吉郞) 교수님이 이문화, 아날로그-디지털사고 등 한국에서 학사와 석사를 경영학, 무역학으로 취득하는 내내 접해 보지 못하였던 주제와 영역을 맛보게 해주신 덕분에 이런 책을 낼 수 있었고, 제자들과 공부할 수 있었다. 이 자리를 빌려 정말로 마음 속 깊은 곳에서 우러나오는 고마움을 스승님께 올리고 싶다.

2020년 봄 학기를 온라인 강의라고 하는, 한 번도 걸어보지 않은 길을 가보고 나서 오프라인 강의의 가을 학기를 맞이하여

방 용 태

차 례

1
chapter

국제 비즈니스의 이해

1. 국제 비즈니스 문화

외국에 나가서 사업을 한다고 하면, 크게 두 가지 일에 직면하게 된다. 하나는 현지 시장에서 경합업체와 경쟁을 벌이면서 고객을 획득해야 하는 일, 소위 대외 전략이고, 또 다른 하나는 사업소의 직원들을 이끌고 조직을 운영하는 일, 즉 대내 관리가 바로 그것이다. 두 가지 모두 문화를 달리하는 인간들과 상대한다는 공통점이 있다.

1. 1 유럽 비즈니스 문화

앵글로 색슨계는 토론과 논의를 조성하고 실리성이 강한 반면 이론은 미약하다. 유머를 활용하고 친근함의 표시로 등을 툭 치며,

형식성의 언어, 우아한 언어를 사용하되 매너리즘은 없다. 회유적이고 온화한 목소리의 이면에는 강경한 입장이 숨겨져 있다. 여기에 속하는 유럽국가로는 영국, 아일랜드, 스칸디나비아제국(핀란드 제외), 네덜란드(부분적)가 있다(Muhlen, 2010: 163-165).

라틴계(romance, gallic)는 이론 지향적이고 표현력이 높으며, 재치 있는 농담(bon mot)과 이중적 의미(double entendres)의 언어를 구사한다. 정-반-합(thesis-antithesis-synthesis)의 패턴에 따라 철저한 분석이 이루어졌다면 문제는 거의 해결된거나 마찬가지라고 간주된다. 여기에 속하는 유럽국가로는 프랑스, 이탈리아, 스페인, 포르투갈, 벨기에(Walloon 지역-프랑스어 사용), 그리스(약간), 스위스(Romand, Ticino지역-이탈리아어 사용)가 있다.

튜턴계(teutons)는 근면하고 조직력이 있는 반면 유머가 없다. 주장은 경직적이고, 실리적 접근보다는 사실과 법적 지위에 보다 의존한다. 협상 초기에는 완강한 입장을 취하다가 시간의 압박 내지 다수결에 따라 최후에 양보하는 경향이 있다. 여기에 속하는 국가로는 독일, 오스트리아(독일보다는 정도가 약함), 네덜란드와 벨기에(일부), 룩셈부르크, 핀란드(상당히), 스위스(독일어 사용 지역)가 있다.

(1) 폴란드

1) 기본 통계

인구: 3,853만 명, 면적: 31.2만 ㎢, 수도: 바르샤바, 민족: 폴란드인(전체 97%), 종교: 가톨릭(전체 88%), 정치체제: 공화제, 양원제(하원 460석, 상원 100석, 임기 각 4년), 국민소득: 5,045억 달러(2017년), 1인당 소득: 13,216 달러

2) 노사관계

외국기업이 폴란드에 진출하여 현지인과 고용계약을 체결할 때는 폴란드어로 작성하는 것이 의무화되어 있다(외국인 근로자와의 계약은 예외). 폴란드에는 노동법전이 존재하지 않은 채 민법의 일부인 채무법전(1933년 제정된 뒤에 1964년에 민법전에 흡수됨)의 원칙과 개별법이 노사관계를 규정하고 있다가, 마침내 1974년이 되어서야 노동법전(Kodeks Pracy＝Labour Code)이 성립되었다(日本在外企業協會, 2015: 5). 사회주의 경제체제 하에서는 완전고용이 보장되었기 때문에 고용계약도 무기한이 기본이고 기한 설정의 계약은 극히 예외적인 것이었다. 즉 국유기업은 신규 취업자 및 취업 1년 미만의 노동자에 대하여 최장 1년(과거 취업기간 포함) 간의 계약 기간이 종료되고 나면 무기한 노동계약에 기초하여 고용을 할 수 있다는 것이다. 수습 기간에 대해서는 보식자의 경우에는 최장 3개월, 그 밖의 노동자의 경우에는 최장 2주간 체결 가능하다.

폴란드가 시장경제체제를 도입하게 된 것은 1989년 6월의 부분적 자유선거에서 '연대'파가 압승을 하면서부터이다. 탈사회주의와 유럽 회귀(powrót do europy)를 국가목표로 삼고 1991년에 EU(당시에는 EC)와 유럽협정을 체결하여 시장경제의 도입, 인권 옹호 등을 맺음으로써 장차 EU 가입을 노렸다. 1997년에는 EU 노동법에 관한 기본정신을 담은 유럽사회헌장(1961년 제정)을 추진하였고, 1998년부터 본격적인 EU 가입 협상을 개시하여 2004년 5월에 드디어 체코, 슬로바키아, 헝가리, 에스토니아, 라트비아, 리투아니아, 슬로베니아, 몰타, 키프로스와 함께 가입을 실현하였다.

노동법전에서 이념 색채가 농후한 전문(前文)이 삭제되고 국가가 보장하는 완전고용제도가 폐지되었으며, 노동시장의 수급 균형에 맞춘 고용이 실현되었다. 동 법전에 따르면, 고용주는 노동계약 체결 전에 노동자에게 무료 건강검진을 받도록 할 의무가 있다. 검진 이후 체결하는 노동계약서에 담을 필수 내용은 계약 당사자, 계약 종류(수습 기간, 유한 혹은 무한 계약), 계약 체결일, 노동조건, 임금, 업무 내용, 업무 수행 장소, 노동개시 기한, 노동시간 등이고, 계약 체결 후 7일 이내에 고용주가 노동자에게 서면으로 통지해야 할 내용은 1일 노동 개시 및 종료 시간, 주당 근무 시간, 임금 지불 빈도(최소 월 1회), 연차 유급 휴가 일수, 노동계약 종료 시 사전통고 기간, (노동협약이 있는 경우) 노동협약 내용 등이다. 물론 이 둘을 한꺼번에 묶어서 노동계약서를 체결해도 무방하다.

유급 휴가에 대해 금전적 보상은 금지되어 있고, 휴가 일수는 20노동일(노동경력 10년 미만), 26노동일(노동경력 10년 이상)인데, 노동경력은 이전 직장에서의 고용기간은 물론 학업기간도 포함된다. 직업고교 졸업자는 5년, 대졸자(석사 포함. 3년의 학부 이수 후 2년간의 석사 과정을 마치는 경우가 다수) 8년의 노동경력을 인정받으므로, 대졸자는 입사 후 3년차부터 26일의 유급 휴가를 누리게 된다. 유급 휴가를 주지 않으면 인사담당 책임자가 벌금(1천~3만 PLN. 1즈워티(PLN)=298.18원; 2019.1.3.기준)을 물어야 하므로, 휴가를 가지 않고 있는 노동자에게는 휴가 재촉의 경고장을 발송하고 이를 파일로 보관하여 국가노동감찰국(Państwowa Inspekcja Pracy=State Labour Inspectorate)의 입회 조사 시에 만전의 노력을 기울였음을 보여주어야 한다.

노동자는 경쟁업체 업무를 제외하고는 제3자와 추가노동계약을 할 수 있다(日本在外企業協會, 2015: 7). 수습 기간은 최장 3개월

이고, 기한 한정의 노동계약은 최대 2회까지만 연장가능하며, 3회째의 계약은 자동적으로 무기한 노동계약이 된다. 단, 2회째와 3회째 기한 한정 계약 간에 1개월 이상의 시차가 존재하는 경우에는 달리 적용될 수 있다. 기한 한정의 기한이 최대 어느 정도인가에 대해서는 노동법전에 규정이 없는데, 8조에는 공공복리에 반하는 행위는 법의 보호를 받지 못한다고 규정되어 있는 만큼, 지나치게 장기간에 걸친 기한 한정 노동계약은 위법으로 받아들여질 것이다. 대체인력 채용 계약은 2002년 노동법전 개정으로 도입된 제도인데, 산휴 등의 정당한 사유로 노동자가 휴직하는 기간 동안에 그 자리에 다른 노동자를 고용하는 제도이다.

노동계약의 종료는 법정 사전통지기간(termination period＝okres wypowiedzenia)을 준수해야 하는데, 해당 기업에서 6개월 미만 근무한 경우에는 2주 전, 6개월 이상-3년 미만인 경우에는 1개월 전, 3년 이상이면 3개월 전에 통지해야 한다(노동법전 36조1항). 단, 기한 한정 노동계약(6개월 이상)의 경우, 당사자 쌍방이 합의하면 계약 체결 시에 2주 전 통지기간을 적용할 수 있다. 아울러 노동계약서에는 계약 종료의 통지서를 받고 나서 7일 이내에 노동자는 노동법원에 통고 취소의 소(訴)를 제기할 권리를 지닌다는 문구를 기재하도록 한다. 소를 제기한 노동자는 직장복귀와 금전보상 중 택일할 선택권을 지닌다. 무기한 노동계약의 종료를 고용주가 할 경우에는 사유서(justified reason＝ przyczyna uzasadniająca)를 첨부해야 한다. 해고된 노동자가 법정 투쟁을 할 경우, 고용주는 이 사유서의 범위 내에서만 자신의 주장을 법정에서 펼칠 수 있으므로, 사유서의 내용은 매우 중요하다.

폴란드의 파업 통계를 보면, 2005년에 8건(1,600명 참가) 이후

줄곧 증가세를 보여 2012년에는 17건(18,700명 참가)으로 되어 있지만, 총 노동인구 1,417만 명(민간부문 1,074만 명)에 비추어 보면 미미한 비율에 불과하다(日本在外企業協會, 2015: 12). 고용주는 노동자들에게 노동평의회(works council=rada pracowników)를 설치할 권리가 있음을 통지할 의무가 있다. 그러나 전체 종업원의 10% 이상이 이를 요구하지 않으면 평의회 의원 선출을 실시할 필요는 없다. 고용주는 노동평의회에게 회사의 사업 활동과 재무상황 및 장래의 예견되는 변화, 현재의 고용상황과 노동자 구성 및 예상되는 노동력의 증감과 고용인력 유지를 위한 대책, 노조와 고용의 전제에 근본적인 변화를 미칠 가능성이 있는 사업 활동 등에 대하여 통지할 의무가 있다.

전반적으로 폴란드 노동자들은 묵묵히 주어진 일을 처리하고 맡은 바 임무를 마치고 나면 정시에 귀가하는 경향이 높다. 물론 컨설팅회사, 법률사무소, 다국적기업 등에 근무하는 관리직급의 직원들은 처리해야 할 일을 자택으로 갖고 가서 가족들과 단란한 시간을 보낸 뒤에 서재로 가서 마무리 지음으로써 일과 가정의 양립을 꾀하는 모습을 보이기도 한다. 공장 근로자들도 작업 개선을 위한 궁리에 창의를 보인다. 그러나 몸이 안 좋다는 이유로 결근율이 높은 게 흠인데, 폴란드에서는 의사가 환자의 요청으로 병가 진단서를 간단히 발급해 주는 분위기가 있고, 사회주의시대부터 내려온 노동자에 대한 과도한 보호 풍토가 있다.

잔업은 연간(달력 기준) 150시간을 초과할 수 없으며, 잔업으로 인정받을 수 있는 것은 인명 구조, 고장 제거, 고용주의 특수한 필요에 응하는 경우 등에 한정되어 있다. 특수한 필요란 사전에 계획되지 않은 경우를 일컫는다. 폴란드의 1인당 GDP는 명목기준으로

1990년 1,700달러에서 2000년 4,500달러, 2017년 13,216달러로 급성장을 보이고 있다. 소득 분배율을 보면, 상위 20%의 전체 소득점유율이 2004년 43.2%에서 2011년 40.9%로 소폭 하락한 반면, 하위 20%의 점유율은 같은 기간에 6.9%에서 7.9%로 소폭 증가하였다(日本在外企業協會, 2015: 14).

3) 근무관리

폴란드 노동법에서는 종업원이 유급휴가를 분할하여 사용할 경우에는 1회째의 휴가 일수를 14일 이상으로 해주도록 규정하고 있다. 유급휴가에 의한 결근율은 9.6%, 질병 및 상해에 의한 결근율은 5.3%에 달한다(日本在外企業協會, 2015: 43). 결근율을 낮추기 위하여 정근수당(3일 이상 결근자에게 무지급)을 설정하고, 무단결근 3회 시에는 해고 등의 징계 규정을 만들 필요가 있다. 아울러 질병이나 가정사로 결근을 하게 되면 공장 운영에 지상을 줄 뿐 아니라 동료에게도 폐를 끼친다는 점을 강조하고, 의사의 진단서도 회사 사정을 이해할 수 있는 근처 병의원에서 발급받아오도록 하는 조치도 효과를 볼 수 있다.

폴란드 노동법에서는 1일 근로시간을 8시간 이내(근무 종료 시간은 오후3시), 유급 휴식시간을 15분 부여할 것을 규정하고 있다. 휴식 시간이 부족하다고 판단될 경우에는 무급 15분을 추가하는 배려도 고려할 만하다. 생산직의 노동생산성을 향상시키는 방안으로, 월차 할당량 대비 양품 생산량의 비율에 의거한 변동형 실적급(result sharing bonus)을 적용할 수도 있다.

4) 사내 규정

폴란드인들의 근무태도는 자신의 책임 범위 내에서는 성실하지만, 다른 동료의 업무에는 관심도 없고 매뉴얼에 나와 있지 않은 일은 하려 들지도 않는다. 따라서 생산 과정에서 품질에 이상이 발견될 경우에는 매뉴얼을 수정하여 문제를 해결하도록 해야 한다. 또한 직무 순환(job rotation)을 통하여 다른 업무에 배치하게 되면 고용 계약서에 없는 내용이라고 강한 반발을 사기 때문에, 전환 배치에 관한 규정도 계약서에 삽입하도록 해야 한다.

5) 대우

폴란드의 최저 임금 수준만으로는 생활을 유지할 수가 없어서 노동자들의 겸업은 일반적이다. 그러나 임금 수준을 높이려면 성과가 좋아야 하는데, 이는 노동생산성의 향상을 요하므로 노동자들의 능력 제고를 위한 노력이 수반되어야만 한다는 점을 주지시키는 일에 기업 측의 각별한 관리가 필요하다.

6) 규율, 징계

폴란드에서는 2009년까지 병역 의무가 있어서, 건장한 청년들 중에 의사와 강한 연줄을 갖고 있는 자들은 심신의 문제가 있다는 허위 진단으로 병역 면제를 받곤 하였다(日本在外企業協會, 2015: 57). 이런 전력을 지닌 자를 채용하게 되면, 입사 후에도 의사의 진단서를 발부받아 병가를 내는 가능성이 있는 만큼, 오히려 '심신상의 이유'를 내세워 채용을 하지 말아야 한다. 아울러 각종 연줄을 통하여 취직을 의뢰하는 경우가 있으므로, 직군별로 공통의 선발단계를 설정하면 지원자들이 구비해야 할 요건을 점검할 뿐 아니라, 연고에 관계없이 공정한 선발을 거친다는 점을 널리 주지시키는 효과를 거둘 수 있다. 하도급업자, 납품업자와 관련된 뇌물 수수의 문제는 취업 규칙에 면직 조치한다는 내용을 담으면 된다. 그리고 실제 조치를 집행할 때는 공개함으로써, 모든 직원들에게 일벌백계의 제재 조치가 작동하고 있다는 것을 인지시켜야 한다.

회사의 비품(문구류 등)이 없어지는 문제에 대한 대응책으로 경비를 강화하면 직원들의 사기에 악영향을 미치므로 다른 수단을 강구하는 일이 바람직하다. 가령, 여름 휴가철이나 겨울의 크리스마스 시즌에 종업원 전용 포장으로 된 문구류 등의 비품을 선물로 주면, 시중에 유통될 염려도 없고, 소요 비용도 많지 않으면서 회사와 종업원 간의 신뢰를 쌓을 수 있는 효과를 가져다 줄 수 있다. 이런 현상이 발생하는 이유는, 이전의 사회주의 잔재로 인해서 자기책임의식이 결여되어 있고, 공사 구분이 애매모호하기 때문이다.

7) 폴란드의 소소한 정보

■ 유치원 교육비

자녀 1명을 유치원에 보내는데 월 1,000-1,500 즈워티(PLN. 298.25원)가 드는데, 2014년의 법정 최저임금이 월 1,680 즈워티이고 숙련된 전기공이나 공장의 작업반장이 받는 월급이 4,000-5,000 즈워티, 일류 외국계 기업의 차장(assistant manager)이 10,000 즈워티(총액 기준. 실 수령액은 여기에서 20% 정도 차감된 금액)임을 감안하면 교육비의 부담을 충분히 엿볼 수 있다. 유치원은 공립이 오전 5시-오후4시, 사립이 오전 5시-오후5시까지 운영하기 때문에, 공장의 교대 작업에 따라 야근을 하게 되면 자녀를 데려오는 일도 난처하기 그지없다. 초등학교에 입학하면 교과서 비용이 세트로 200-300 즈워티 정도이고, 자녀가 2명이면 이 비용도 만만치 않다. 신학기가 시작되는 9월이면 이 교과서 대금이 없어서 소액 융자를 받는 가정도 적지 않다. 그리하여 2014년부터는 초등학교 1학년에게는 교과서가 무상 지급되고 있다.

2014년 9월에 취임한 사상 두 번째의 여성 수상인 코파치(Kopacz)가 국비해외유학생 제도를 발표하여 교육정책을 강조하기도 하였다.

■ 사내 식당

폴란드 기업에는 회사가 구내식당에서 제공하는 점심 식사라는 개념이 없다. 다운타운의 고층 빌딩 1층에 있는 레스토랑에서 먹는 점심은 평균 20 즈워티 정도 한다. 관리직 간부급들은 인도나 이태리 식당에서 50 즈워티 정도의 식사를 즐긴다. 일반 사원들은 집에서 싸온 검은 빵과 샌드위치에, 회사에서 무료로 내려 마실 수 있는 커피로 점심을 해결한다. 그런데 지방으로 내려가면 상황은 달라진다. 수 천 명이나 되는 공장 직원들을 한꺼번에 수용할 만한 식당이 없어서, 구내식당에서 제공한다.

■ 교통 사정

철도 인프라는 노후하여 최고 시속 230㎞의 독일 지멘스 열차를 도입하고도 무용지물이 되고 있으며, 서민의 교통수단으로는 스코틀랜드 자본이 경영하는 '폴스키 버스(polski bus)'라고 하는 장거리 버스가 있다. 냉난방은 물론 와이파이까지 구비된 붉은색의 버스는 30-50 즈워티의 요금으로 폴란드 전국의 주요 도시를 연결하고 있고, 표의 발매는 자사 홈페이지에서 하고 있다. 폴란드의 남북을 잇는 고속도로는 미비하지만, 동서를 잇는 고속도로는 급속히 정비되어 있는데, 그 이유는 최대 교역국인 독일과의 연결(베를린-바르샤바 등)에 있다.

■ 출장 수당

영업직 사원에 대한 출장 수당은 달리 규정이 없어서 공무원 기정을 원용하는데, 국내출장의 경우에는 1일 15즈워티(자택/직장에서 목적지까지의 왕복 소요시간이 8-12시간), 혹은 30즈워티(12시간 이상 소요)이지만, 8시간 미만인 경우에는 지급하지 않는다. 외국 출장의 경우에는 1일 출장비가 크게 불어나는데, 체코 출장의 경우에는 41유로, 헝가리 44유로, 독일 49유로이다. 단, 출장소요시간이 8시간 미만이면 해당 금액의 1/3, 8-12시간이면 50%만 지급된다. 외국 출장에 소요되는 시간의 산정 기준은, 육로 이동의 경우에는 출경(出境) 시간부터 재 입경 시간까지, 공로 이동의 경우에는 폴란드 영내를 이륙한 시간부터 폴란드 영내로 되돌아와 최초의 공항에 착륙한 시간까지로 한다. 즉 폴란드 국내의 다른 공항으로 환승하는 시간은 제외된다. 아울러 식비가 회사 비용으로 지출된 경우에는 이를 출장비에서 공제한다. 폴란드는 육로로 독일, 러시아, 리투아니아, 벨라루스, 우크라이나, 슬로바키아, 체코의 7개 국가와 인접해있는 만큼, 회계 담당자의 출장비 산정 작업은 꽤나 번거로운 일이다.

[글로벌 문화 배우기 1 : 방향과 좌표]

영어로 방위를 표시할 때는 북남동서의 순이고, 우리나라와 일본은 동서남북인데, 중국은 마작에서 알 수 있듯이 동남서북이라고 한다. 동쪽은 해가 뜨는 곳이고, 남쪽은 기후가 온화하고 경작이 잘 되는 곳이라서 선호한 것 같다. 물론 중국어로 발음할 때의 어감도 좋다고 한다. 방위를 가리키는 자석을 중국에서는 지남침(指南針)이라고 한다. 고대 중국에서는 북은 북극성, 즉 하늘의 정수리가 있는 방위로서, 만물을 지배하는 황제의 방위로 삼았다.

고대 중국에서는 황제의 방위가 북이었는데, 황제의 방위에서보자면 동쪽(해가 뜨는 쪽)이 자신의 왼편에 있게 된다. 중국의 주, 육조시대, 수, 당, 송, 명, 청나라 시대에는 그런 연유로 좌측이 우측보다 높은 벼슬을 뜻했다. 우리나라에서도 우의정보다 좌의정이 높은 벼슬인 까

닭이 여기에서 유래한 것이 아닌가 한다. 그런데 낮은 자리로 떨어지는 것을 두고 좌천이라 하는데, 이는 신하의 방위에서 볼 때 우의정이 자신들의 좌측에 있기 때문이다. 반면, 중국의 전국시대, 진, 한, 원나라 시대에는 우측이 더 높은 자리를 의미했다.

일본에서는 에도시대에 좌측통행을 하였다. 이유는, 우측통행을 하게 되면 서로 반대편에서 오가는 무사의 칼이 서로 부딪히기 때문이다. 유럽에서도 같은 이유로 중세까지는 좌측 통행이었다.

그러다가 산업혁명으로 총이 소형화되어 몸의 오른편에 차게 되면서 좌측통행을 할 경우, 총을 탈취당할 염려도 있어서 우측 통행으로 바뀌었다.

우익과 좌익을 이념의 대결로 표현하는 것은 프랑스혁명에 기인한다. 당시 프랑스 의회의 의장석에서 바라보니 우측 좌석에 앉은 의원들은 국왕의 권한을 남겨 두고 귀족의 권리를 지키려 한 반면, 좌측 좌석에 앉은 의원들은 시민권 확대라고 하는 혁명 사상이 강하였다.

〈출처: 阿門禮(2017). 世界のタブー〉

(2) 체코

1) 기본 통계

인구: 1,051만 명, 면적: 78,866㎢, 수도: 프라하, 민족: 체코인(95.5 %), 종교: 가톨릭 10.3%,무교 34.3%, 정치체제: 공화제/양원제(하원= 200석, 임기 4년, 상원= 81석, 임기 6년), 국민소득: 2,046억 달러, 1인당 소득 19,266 달러(2017년)

2) 노사관계

체코공화국은 1918년에 성립된 체코슬로바키아에서 시작하다가 1993년 슬로바키아와 분리하여 탄생한 국가이다. 1989년의 벨벳(velvet) 혁명으로 공산당 정권이 붕괴되고 정치민주화와 시장경제가 도입되었다. 이후 양국이 분리된 이유는 시장경제화의 방법과

속도에 관한 의견차이 때문이다. 산업구조의 열악함으로 인해 시장 경제로 이행하는데 애를 먹고 있던 슬로바키아와의 분리가 불가피하게 된 것이다. 체코는 19세기 후반에 산업혁명을 실현하여 공업화를 이루었고, 1차 세계대전 이전에는 당시 체코가 속해 있던 '오스트리아-헝가리' 제국의 공업 생산 중 70%를 담당하는 공업 중심지로서 취업 인구의 40%가 공업에 속하였다.

노동계약은 서면에 의해 작성해야 하고 근무 장소와 고용 개시일, 근무 내용이 포함되어야 한다. 주당 노동시간은 40시간 이하, 시간외 노동은 주당 8시간 이하, 연간(달력 기준) 150시간 이하가 원칙이고, 휴가는 연간 4주간 이상을 취한다. 종업원 10명 이상의 사업장에는 종업원협의회(3-15명으로 구성)를 설치한다. 2011년의 노동법 개정에는 다음과 같은 내용이 담겨 있다. 수습 기간은 일반직의 경우 종전과 마찬가지로 3개월 이내이지만 관리직의 경우에는 3개월에서 6개월로 연장되었다. 노동계약이 노동법에서 일탈하여 체결될 수 있지만, 이는 어디까지나 피고용자의 이익을 위한 경우로 한정된다. 기한부 노동계약은 최장 3년까지 체결가능하고 갱신은 2회까지 가능하다. 해고 이유에는 피고용자의 중대한 보험위반이 추가되었는데, 이는 병가 결근 중 최초 21일 동안에 본인 임의대로 장소를 옮겨 요양을 한 것을 말한다. 퇴직금은 지금까지 일률적으로 3개월 치 임금이던 것을 고용기간 1년 미만 1개월 치, 1년-2년 미만 2개월 치, 2년 이상 3개월 치로 조정되었다. 초과근무수당에 대해서는 관리직과 기타 정규직의 경우에 임금에 포함된 것으로 간주할 수 있는데, 관리직은 주당 8시간까지(연간 416시간까지), 정규직 직원은 연간 150시간까지의 초과근무가 노동계약에 포함된 것으로 볼 수 있다. 노사정협의회인 '경제사회협정협의회

(RHSD ČR)는 1990년에 설치되어 현재까지 존속하고 있다.

3) 근무 관리

체코는 병가로 회사 직원이 결근을 할 경우, 그 기간 중의 급료를 정부가 보상해 주는데, 3일간 결근의 경우에는 급여의 50%, 4일 이후에는 70%를 지급해 준다(日本在外企業協會, 2015: 69). 따라서 직원들의 결근율을 낮추기 위해서는 개근 수당 내지 개근 표창제도의 도입, 회사 전담 병의원 제도의 실시, 병가 결근 중의 요양 상황 점검(꾀병 여부의 확인) 등을 고려할 만하다.

4) 대우

체코인들은 종업원 상호 간에 급여에 관한 정보를 교환하고, 다른 외국계 기업에 근무하는 지인들로부터도 정보를 입수하고, 헤드헌터로부터 전직 제안을 받으면서 급여 정보를 얻는 등 복수의 채널을 활용하고 있다. 헤드헌터의 주 표적은 대리급 직원인데, 과장급과 상당한 대우의 차이가 있지만, 능력과 자질 면에서는 별 차이가 없기 때문이다. 체코에 진출하는 외국 기업들은 전문 조사업체로부터 업종별, 직종별, 직위별 급여 정보를 구입하여 이를 토대로 자사의 급여 체계를 갖추면 된다. 1년에 한 번씩 이루어지는 급여 개정의 협상에서 유리한 결과를 얻어내려면 정보 수집이 관건이다.

5) 규율, 징계

사회주의 체제에서 오랫동안 살아온 체코인들 중에는 직장 동료에게 직접 피해를 주지 않는다면 회사 물건을 갖고 가는 것은 나쁜 짓은 아니라는 인식을 여전히 갖고 있다(日本在外企業協會, 2015: 75). 체코에 진출한 어느 일본 기업에서는 수습 기간 중의 직원이 회사 비품인 노트북과 빔 카메라를 전당포에 맡긴 채 빌린 돈 전액을 도박으로 탕진한 사례가 있었다. 직원은 매달 월급에서 공제하는 방식으로 변제하겠다고 말했으나 회사는 징계 조치로서 면직 처분을 내렸다. 경찰서에는 도난 신고를 하였으나, 경범죄에 관대했던 당시의 체코 경찰은 고발당한 직원을 수감하지는 않았다. 면직이라는 엄한 처분을 내림으로써, 회사가 부정행위를 절대 용서하지 않는다는 방침을 전 사원에게 천명한 것이다. 결함 상품이 생기는 경우에는 폐기 처분을 하는데, 일부 직원이 이를 업자에게 넘겨준 일이 발각된 적도 있다. "어차피 폐기할 물건인데"라고 안이하게 생각할 수도 있지만, 결함 상품이 시장에 유통되면 자사 제품의 브랜드 이미지를 손상시키는 악영향을 끼치게 된다. 부정행위, 규정 위반에 대한 엄격한 징계가 사원들의 사기저하, 회사에 대한 충성심 손상을 가져온다고 단정 지을 일은 아니다.

다른 일본기업에서는 영업부의 사원이 1주일 간 여행 목적으로 휴가를 신청한 일이 있다. 그런데 영업부는 판매 계획 달성을 위하여 전 부서원이 전력을 기울이는 상황이어서 다른 부서원들의 반발도 컸기에 신청을 승인하지 않았다. 티켓 예약까지 마쳐서 불가하다는 말에, 영업부장은 정 가고 싶으면 사표를 쓰고 가라고 하였고, 해당 직원은 사직서 제출의 요구에 응하지 않고 결근을 하였다. 인사부에서는 무단결근에 해당한다고 판단하여 해고를 결정하였다.

6) QC 활동

일본기업이 체코에 진출하여 전개하고 있는 품질관리 관련 제도로는 GEMS(인사, 에티켓, 매너, 미소) 캠페인, 6S(정리=세이리, 정돈=세이톤, 청소=세이소오, 청결=세이케츠, 예절=시츠케, 습관=슈우칸의 각각의 머리글자S), QC서클 활동, 제안제도가 있다.

다른 제도들은 서서히 조직 내에 침투하고 있는데 비하여 QC서클 활동은 정착하고 있지 못하다. 사회주의 체제하에서 각종 집단 활동이 금지 내지 제약을 받았기 때문에 국민 정서상 낯설기도 할 뿐더러, 강제성을 싫어하는 점도 작용하고 있다. 이에 대한 기업 측의 대책으로 QC 활동 시간을 통상의 근무 시간에 포함시켜 잔업 수당을 지급하고, 전 유럽 QC 대회에 참가시켜서 다른 국가의 자회사, 사업소가 벌이는 QC 활동에 자극을 받게 하는 것이다.

7) 체코의 소소한 정보

■ 기질

테니스의 나브라틸로바, 음악의 멘델스존과 드보르작, 문학의 카프카(유대계) 등의 유명인사가 있고, 아이스하키는 축구를 능가하는 국민 스포츠이다. 1969년 세계선수권 대회에서는 소련을 무찌르고 우승을 차지하였고, 이에 열광한 프라하의 시민들은 러시아항공사 '아에로플로트(Aeroflot)'의 사무실에 방화를 하는 폭동을 일으켰다. 1970년대에 들어와서도 세계선수권 대회 3회 우승의 경력을 지녔고, 슬로바키아와 분리된 이후 1998년 일본 나가노 올림픽에서 금메달을 수상했다. 맥주의 호프는 체코 산(産)이 세계 최고의 품질을 자랑한다. 미국에도 동일 브랜드가 있는 필스너 버드와이저는 체코의 대표적 맥주 브랜드이다. 승용차 생산 시기는 1897년으로 미국의 포드자동차보다 앞섰다. 2차 세계대전 이전까지만 하더라도 1인당 국민소득이 세계 7위의 선진 공업국이었다. 발명으로도 유명하여 각설탕, 노면전차, 엘리베이터, 전자레인지, 일렉트로닉 기타, 플라스틱 폭탄, 콘택트 렌즈, VTR의 기초기술, LED(발광다이오드) 등의 다수 발명품을 낳았다. 체코인들은 숫자에 강해서, 가령 어느 목적지까지의 거리나 시간을 물으면 정확하게 '몇 킬로미터'라고 대답하는 식이다. 또한 기계조작에도 능해서 자가용이 고장 나면 스스로 수리하고, 단독주택을 지을 때도 일부 전문가의 손을 빌리기는 하지만 대부분 가족끼리 해치운다. 아쉬운 점은 이러한 다기능의 숙련이 조직 차원에서 발휘되지 못한다는 점이다. 여기에 기업의 경영능력, 지도력이 수반되어야 한다. 지식의 사유화, 상사의 부하 육성의 부족 등의 문제가 해결해야 할 과제이다. 특히 지식의 조직 내 공유를 위해서는 인사 평가를 개인 업적과 소속부서의 업적을 합산하여 하는 방식을 취할 필요가 있다.

■ 프라하의 식생활

빵과 유제품, 육류, 소시지 등의 가공식품은 가격이 저렴할 뿐 아니라 보존료를 함유하고 있지 않은 것들이 대부분이라서 유통 기한이 짧다. 프라하의 대기는 1년 내내 건조하므로 빵이나 야채가 금방 마르거나 굳어진다. 프라하와 같은 대도시의 간선도로 주변이나 교외 지역에는 넓은 주차장이 구비된 대규모 복합 쇼핑센터가 있다.

■ 일상생활

학비는 무료이고, 의료비도 지극히 저렴하며, 대부분의 가정에는 후지기는 하였으나 자가용이 있다. 실질노동시간이 짧아서 여가시간에 부수입 활동을 하고, 친구나 친지를 방문한다든가 연주회나 연극 등의 관람(비용 저렴)도 한다. 따라서 명목소득 수준만으로 이들의 삶의 질을 단정 지을 수 없다.

[글로벌 문화 배우기 2 : 신발]

2016.3.26.에 바르셀로나 프로축구팀의 리오넬 메시 선수가 사우디아라비아의 TV 프로그램 '나는 유명인'(이집트 여성이 사회자)에 출연

하여 자신의 축구화를 자선바자에 기부하였다. 이를 시청한 이집트 사람들은 메시가 자신들을 모욕했다고 격노했다. 아랍권을 방문하여 구두를 선물하는 것은 큰 실례이다. 중앙아시아, 터키, 이란, 아랍제국, 북유럽에서는 신발을 벗고 양말만 신은 채로 집에 들어간다.

〈출처: 阿門禮(2017). 世界のタブー〉

(3) 슬로바키아

1) 기본 통계

인구: 541만 명, 면적: 49,037㎢, 수도: 브라티슬라바, 민족: 슬로바키아인 80.6%, 헝가리인 8.5%, 종교: 로마가톨릭 69%, 개신교(루터회) 7%, 정치체제: 공화제, 1원제(국회의석 150석, 임기 4년), 국민소득: 935억 달러, 1인당 소득: 17,171 달러(2017년)

2) 노사관계

슬로바키아의 실업률은 2008년 8.39%에서 2013년 13.50%로 줄곧 상승하다가 2017년에는 8.1%로 감소하였다(통계청, 국제통계). 실업자 중 12개월 간 일을 하지 못하고 있는 장기실업자가 70%를 차지한다는 점이 심각하다(日本在外企業協會, 2015: 25). 이처럼 실업이 슬로바키아 사회·경제 차원의 최대의 난제로 자리잡게 된 원인은, 도시 이외의 지역에서는 교육과 기술 수준이 낮다는 점이다. 고용의 산업별 구성은 1차 산업 5%, 2차 산업 35%, 3차 산업 60%로 되어 있다. 슬로바키아 경제 성장은 폭스바겐, PSA푸조시트로엥, 기아자동차, 포드트랜스미션 등 외국기업의 투자 증대에 힘입은 바가 크다. 이들 외국기업은 슬로바키아 정부의 보조금과 저렴한 노동력, 낮은 세율 등에 이끌려 투자를 하였다. 현재 슬로바키아의 노조연합에 가입한 조합원 수는 33만 명 전후인데, 이는 1990년의 1/7 수준에 불과하다. 이처럼 대폭 감소한 원인은 대규모 사업체의 해체와 노동력 구조의 변화, 실업 증대 등에 기인한다. 아울러 중소·영세 기업에는 노조가 존재하지 않는데, 슬로바키아의 종업원 규모별 회사 구성비를 보면, 9명 이하 종업원의 사업체 73%, 10-49명 19.4%, 50-249명 6.2%, 250명 이상 1%이고, 1,000명 이상의 종업원을 거느린 대규모 사업체는 115개에 불과하다(日本在外企業協會, 2015: 27).

3) 근무관리

슬로바키아에서 생산법인을 경영할 경우의 가장 큰 고민거리의 하나는, 언제 누가 병가로 결근을 할지 모른다는 점이다. 병가 결근을 할 경우, 결근 3일까지는 법정 보상액의 70%, 4일부터는 90%가 국가의 사회보험에 의해 지급되기 때문에(日本在外企業協會, 2015: 91), 의사가 간단히 발급해주는 신난서를 첨부하여 결근하는 일이 다반사이다. 결근에 따른 경영상의 어려움 중에는 종업원들이 노동계약서에 기재된 항목의 업무만을 수행하기 때문에, 동료가 결근할 경우 그의 업무를 대신 지원해 주지 않는다는 점이다. 개개인의 성과 차이에 관계없이 동일 직종이라면 동일 수준의 급료를 받는다는 사고방식이 자리 잡고 있다.

4) 공장 운영

슬로바키아에서 공장을 합작 운영할 경우, 가장 커다란 단점은 인재 면에서 마이너스의 유산을 물려받는다는 점이다. 관리자 가운데 상당수를 합작 상대로부터 받아들이는데, 이전에 국영기업에서 하던 관리 스타일을 그대로 적용하여 효율을 저해한다. 이는 시간의 경과를 두고 파트너의 지분을 인수하여 100% 단독투자 법인으로 전환하여 해결하기도 한다. 이를 통하여 신입 사원에 대한 본사(외국기업)의 교육 방식이 전수될 수 있다.

5) 상하 관계

현지인 중간관리자 중 평가가 낮은 자의 경우에는 3가지 유형으로 구분 지을 수 있다. 하나는 승진 지향성이 낮은 관리자이다. 책임감을 짊어지는 데서 오는 스트레스를 감내하지 못하여 직급 강등을 요청하는 경우도 있다. 승진으로 심신이 힘들어지느니 차라리 평범한 사원으로 맘 편하게 살겠다는 경향이 강하다. 둘은 철저한 보신(保身)형 관리자이다. 자신의 노하우를 타인에게 전수하지도 않고, 자신을 위협할 수 있는 유능한 부하를 거느리려고 하지도 않는다. 셋은 남의 이목에 민감한 관리자이다. 부하에게 연약한 태도를 보인다든가 모든 부하를 평등하게 대하려는 행동을 취한다. 이러한 부정적 유형의 관리자를 극소화하기 위해서는 관리직에 대한 연수를 강화하고 평가기준을 재조정할 필요가 있다. 특히 부하에 대한 권한 위임(empowerment)의 실천 정도를 평가 기준에 크게 반영하는 것이 필요하다. 연수 장소도 다른 국가에 소재한 자회사로 하여, 자신을 상대 평가할 수 있는 계기를 마련해주는 일도 바람직하다.

6) 슬로바키아의 소소한 정보

체코와 분리 독립할 때 국경과 재산, 군대의 분할은 양국의 당시 수상 간에 협의로 이루어져서 국민투표를 거치지 않고 연방의회에서 가결 처리되었다. 국가(national anthem)의 경우에도 분리 이전의 가사 중 전반부가 체코, 후반부가 슬로바키아의 내용이어서 절반으로 나누어 각각의 국가로 사용하고 있다. 사실 양국은 사용하는 언어가 다르고, 체코가 약 300년간 오스트리아의 일부로 편입되어 독립을 상실하였고, 슬로바키아는 1000년 간 헝가리 왕국의 영토에 귀속되었었다. 이러한 두 나라가 체코슬로바키아로 통일된 것은 1차 세계대전 이후의 일이다. 그러나 체코가 공업 수준이 발달하고 교육수준도 높은 반면, 슬로바키아는 열악한 수준에 머물러서 체코의 훈수를 듣는 처지였다. 2차 대전 이후에 슬로바키아의 공업화가 진전을 보였지만, 인구와 국토, 국민소득 모두 체코의 절반 수준에 불과하였다. 그럼에도 국가예산은 균등하게 분배되었다. 공산당 체제 붕괴 이후 슬로바키아의 정치 지도자들은 분리 독립을 요구하였고, 체코 입장에서도 짐스러운 슬로바키아를 흔쾌히 독립시켜 주었다. 슬로바키아에서 실업률이 가장 낮은 지역이 체코에서 실업률이 가장 높은 지역보다 수치가 높은 열악한 사정은 개선되고 있지 못하다. 결국 심리적 측면에서만 독립이 반가웠을 뿐 경제적으로는 손실을 본 셈이다. 독립 전에는 체코에 대하여 불만이 많았던 슬로바키아이지만, 2001년의 여론조사에서는 95%의 슬로바키아인이 체코인들에 대하여 호감을 갖고 있는 것으로 나타났다.

[글로벌 문화 배우기 3 : Evil eye]

악마의 눈(邪視)에 관한 미신이 강한 지역에서는 함부로 남을 칭찬하면, 상대방은 악마의 눈이 지닌 마력에 걸려든다는 두려움에 불쾌하게 받아들일 수 있으므로 조심해야 한다. 인도에서는 자식의 뛰어난 기량을 칭찬받은 모친이 악마의 눈에 강한 미신을 갖고 있다면, 급히 귀가하여 주문을 외우면서 소금과 옥수수가루를 불에 지펴 깨끗이 한다. 아랍인이 소지한 물건을 칭찬하면 건네주기도 하는 이유는, 상대가 그걸 갖고 싶어 한다고 해석하기 때문이기도 하지만, 악마의 눈을 피하기 위함이 더 큰 이유이다.

〈출처: 阿門禮(2017). 世界のタブー〉

(4) 헝가리

1) 기본 통계

인구: 990만 명, 면적: 9만3천 ㎢, 수도: 부다페스트, 민족: 헝가리인 86%, 종교: 가톨릭 39%, 개신교(캘빈회) 12%, 정치체제: 일원제(의석 199, 임기 4년), 국민소득: 1,334억 달러, 1인당 소득: 13,727 달러(2017년)

2) 노사관계

헝가리의 노조 조직률은 2010년 기준으로 17%이고, 이는 민간부문 5%, 공공부문 25%의 평균치이다. 2011년의 노조 가입 노동자 수는 41만 명으로, 1992년 270만 명의 15% 수준에 불과하다(日本在外企業協會, 2015: 33). 2012년의 개정 노동법은 노조가 결성되지 않은 종업원 50명 이상의 기업의 경우 노동평의회에게 단체협약체결권을 부여하였다. 헝가리는 부문 단위와 지부 단위의 단체 교섭이 거의 이루어지고 있지 않으며, 전력에너지 부문과 제빵 부문만이 부문 차원의 협약을 체결하고 있을 뿐이다. 이는 부문과 지부 단위의 경영자 단체가 존재하지 않기 때문이다. 결국 기업 차원에서 단체교섭을 체결하다보니 노조의 권력이 크게 약해졌다.

3) 채용

입지를 정한 해당 지역에 다른 외국계 기업이 진출해오면 인력 수급에 애를 먹는다. 수도권이 아니라 지방에 공장을 세우게 되면, 지방지에 구인 광고를 내더라도 응모자가 별로 없는데, 이는 지방 거주자 중에서 신문 구독을 하는 사람들이 적기 때문이다(日本在外企業協會, 2015: 105). 효과적인 구인 방법으로는 마을순회 구인

(求人) 설명회, 기존 종업원에 의한 입소문(채용이 이루어지면 해당 종업원에게 성공보수 제공), 직업소개소를 통한 설명회, 버스광고, 케이블TV광고, 고등학교순회 구인 설명회 등이 있다. 지방에서 채용을 할 경우에 부닥치는 또 다른 문제는 신입직원들의 통근 문제이다. 자택에서 직장까지 버스로 출퇴근 가능한 노선 수가 별로 없어서 노선 확장에 회사 측이 비용을 지출해야 한다.

4) 사원 육성

본사의 문화와 현지인의 문화를 아우르는 제3의 기업문화를 조성하는 일은 대립-이해-협조-창조라고 하는 과정을 수없이 반복하면서 이루어지는데, 특히 중간관리자 계층이 제3의 기업문화를 제대로 몸에 배어야만 대립에서 이해로 넘어가는 과정을 무사히 통과할 수 있다.

5) 대우

본국에서 파견된 사원과 현지 사원 간에는 전자에게 주택과 차량, 교육비 지원 등을 해주기 때문에 대우 면에서 격차가 크다는 점이 현지인 사원들에게는 불만사항이다. 현지법인이 이익을 낼 때까지는 본사가 파견 사원에 대한 급여를 부담하기도 한다. 헝가리의 경우에는 생필품 가격은 저렴한 반면 자동차 가격은 비싸서, 가령 2천cc급 신차는 현지인 부장급의 연봉보다 높은 고급차로 여겨진다. 그런 이유로 이런 배기량의 차량을 회사로부터 제공받는 것이 중간관리자의 꿈이다. 따라서 회사차를 간부급에게 할당할 때도 직책별로 배기량을 달리하는 규정을 내규에 삽입해야 한다.

6) 규율, 징계

고용 계약에 퇴직에 관해서는 1개월 전에 문서로 통지할 것이 의무로 되어 있으나, 고용주와 피고용주 간의 계약에 이와는 다른 기간을 설정하면, 그 조항이 헝가리 노동기준법의 1개월 요건에 우선하게 된다. 어느 일본기업에 근무하던 품질관리 담당 현지인 관리자가 돌연 사직서를 제출한 일이 있는데, 통근 거리가 너무 멀어서 자택 근처의 회사로 옮기기로 했다는 것이다. 그런데 알고 보니 다른 일본기업으로 전직한 것이었고, 퇴직한 바로 다음날 일본으로 연수를 간 것이다. 양자 간의 고용계약서에는 '2개월 전 통지'가 의무화되어 있었는데, 이런 사례를 그대로 방치하면 고용계약서가 유명무실해질 우려가 있었다. 회사는 고문변호사와 상담한 끝에, 갑작스런 사직으로 업무의 인수인계가 이루어지지 못하고, 품질검사의 지연으로 납기에 문제가 발생하였고, 기술부문에서 업무를 대행하는 바람에 잔업까지 하게 된 점 등을 이유로 손해배상 청구를 하였다. 전직한 일본기업에게는 이중계약의 가능성을 지적(퇴직 다음날 그 회사의 일본연수에 참가한 점에 근거)하여 해고조치를 취해줄 것을 요청하였다. 결국 전직한 일본기업에서는 해당 현지인을 해고하기에 이르렀다. 아울러 종업원 관리 차원에서 공장평의회와는 별도로 상담사를 사내에 배치하여, 평의회에 공개적으로 말할 수 없는 개인 사정이나 혹은 말하기를 꺼려하는 성격의 종업원들을 배려하는 점도 고려할 만하다.

7) 헝가리의 소소한 정보

■ 부다페스트의 대중교통

오부다, 부다, 페스트의 3개 지역이 하나가 되어 만들어진 부다페스트에서 택시를 탈 때는 택시회사마다 요금이 천차만별이라는 점에 유의해야 한다. 이를 모르고 투숙 호텔이나 레스토랑에 택시를 불러줄 것을 요청하여 해당 호텔이나 레스토랑 전속의 택시(BMW, 벤츠 차량)를 이용하게 되면 요금이 2배 이상 비싸다(日本在外企業協會, 2015: 107). 좌(左) 파리, 우(右) 부다페스트라고 할 만큼 부다페스트에는 박물관과 미술관 등의 역사, 문화유산이 많고 대형 쇼핑몰도 늘어나고 있다.

■ 헝가리인

구 소련시대에는 헝가리 민족은 우랄산맥에서 기원했다고 하였으나, 최근에는 티베트, 몽골 기원설 등도 제기되고 있다. 훈족이 헝가리족의 조상이라는 주장에 대해서는 헝가리인들이 무슨 이유에서인지는 몰라도 탐탁찮게 여기고 있다. 언어 체계를 보면, 우리말과 같이 1인칭 주어를 생략하기도 하고 동사가 부사나 목적어 뒤에 위치한다. 가령, “나는 부다페스트에 간다.”라는 문장은 헝가리어로 “Buadapestba megyek”인데 이를 해석하면 “부다페스트에 간다.”이다. 성명 표기도 우리처럼 성씨 다음에 이름을 쓴다는 점에서 서양인의 표기법과는 정반대이고(日本在外企業協會, 2015: 109), 주소 표기도 대단위 행정구역부터 소단위 구역의 순서로 이루어진다. 헝가리 남성의 자살률은 세계 1,2위를 다툴 정도이다. 노벨상 수상자가 컴퓨터의 아버지로 불리는 노이만 박사를 비롯하여 11명이나 배출된 점은 특기할 만하다.

헝가리인들은 근면성실하고 개개인은 컴퓨터 능력, IT 관련 능력 면에서 서유럽에 비하여 손색이 없지만, 조직 차원의 응집력이 부족하다. 사회주의 체제의 영향인지 개인주의 성향이 강한 점이 작용하고 있는 것 같다. 자신의 가정은 청결히 유지하면서 직장의 청결에는 매우 소홀하여, 그런 일은 전문업자에게 맡기면 된다는 사고방식을 갖고 있다. 소극적 성격으로 남들 앞에서 프리젠테이션을 하는 능력은 떨어지는 편이다.

[글로벌 문화 배우기 4 : 성명]

성경(탈출기 34장5절)에는 하느님을 야훼(Yhwh)라고 하지만, 일반적으로는 그냥 신(God)이라고 부른다. 모세가 시나이 산에서 하느님으로부터 받은 10계명의 세 번째가 "하느님의 이름을 부당하게 불러서는 안 된다."이다. 우리나라에서도 옛날에는 마찬가지 이유로 자 대신 호(nom de plume)를 사용하였다. 일본의 아이누 족은 사망률이 높은 3세까지는 아이를 이름으로 부르지 않고 "똥덩어리"처럼 더럽게 불러서 병마에 걸리지 않게 기원하는 풍습이 있다.

〈출처: 阿門禮(2017). 世界のタブー〉

(5) 영국

1) 기본 통계

정식 국명: United Kingdom of Great Britain and Northern Ireland, 인구: 6,180만 명, 면적: 24.3만 ㎢, 종교: 영국국교, 정치체제: 입헌군주제/원수 엘리자베스2세(1952년2월6일 즉위)/양원제, 국민소득: 2조5,796억 달러, 1인당소득: 38,978 달러(2017년)

2) 노사관계

민간부문에서 볼 수 있는 영국의 노사관계는 다음과 같은 특징을 갖고 있다. 하나는, 산업별 내지 직업별로 조직된 기업횡단의 노동협약의 영향력이 매우 약해서 노조는 기업단위로 단체교섭을 행하는 경향이 강하다는 점이다. 따라서 노동협약이 체결 당사자의 범위를 넘어서서 사회적으로 확장, 적용되지 않는다. 둘은, 직장 차원에서 종업원대표제도가 법제화된 것은 불과 2004년도라서, 아직은 기업과 종업원대표가 노동조건에 대하여 노사협의를 행하는 제도가 제대로 발달되어 있지 않다는 점이다. 셋은, 이상과 같은 특징으로 인하여 고용주의 권리남용을 막기 위하여, 피고용자의 권리옹호를 위한 개별분쟁처리 제도가 독자적으로 발달해 있다는 점이다(日本在外企業協會, 2014: 4). 위에서 언급한 첫 번째 특징과 관련하여, 실은 1980년대 대처 정권의 집권 이전까지는 산업별 내지 직업별로 조직된 전국 차원의 노조가 사용자단체와 노동협약을 체결하여, 그 내용이 기업횡단적인 적용을 발휘하여 왔으나, 대처 정권의 강경한 노사관계 개혁 정책으로 크게 후퇴하게 되었다. 따라서 사용자단체는 직업훈련이나 직업자격인정 등과 같은 부분에서 역할을 보일 뿐이며, 기업 내지 공장 단위로 이루어지는 단체교섭의 사용자 대표는 개개 기업의 경영자 내지 공장 책임자이다.

영국의 노조 조직은 산업별 조합, 복수의 산별 노조가 합쳐진 일반조합, 직종별 조합의 세 가지 형태가 있는데, 이 중에서 일반조합의 세력이 강해지고 있으며, 직종별 노조는 소수파에 그치고 있다. 이 세 가지 형태의 조직 가운데 누가 개별 기업이나 공장의 노동자 대표로서 사용자와 단체교섭을 할 것인가를 결정짓는 일은 사용자의 권리이며, 이를 두고 노조 인정(union recognition)에 관한 자발적 합의(voluntary agreement)라고 한다(日本在外企業協會, 2014: 5). 그런데 이러한 자발적 합의를 보완하는 조치가 1999년 노동관계법에 도입되었다. 사용자가 노조를 단체교섭의 당사자로 인정하지 않은 경우, 노조는 중앙중재위원회(Central Arbitration Committee)에 중재를 요청할 수 있다. 이런 요청을 하려면 조직의 종업원 규모가 20명 이상이어야 하고, 중재를 요청하는 노조가 해당 조직 종업원의 10% 이상을 조합원으로 확보하고 있어야 한다. 중앙중재위원회는 교섭 단위(bargaining unit)를 결정하는 과정에서, 교섭 단위의 50% 이상의 종업원이 조합원인 경우에는 자동적으로 해당 노조를 교섭대표로 인정할 것을 사용자에게 의무로 부과하며, 조직률이 50% 미만일 경우에는 40%의 지지를 얻어 동일한 의무를 부과할 수 있다. 2000년에 시행을 개시한 이래 10년간 220건이 중재의 최종 결정을 받았다는 점에 비추어 보면, 실제 효과는 크지 않다. 단, 이 제도의 시행 이후에 자발적 합의 건수가 늘어난 점을 고려할 필요는 있다. 영국의 노동자 중에 노동협약의 적용을 받는 비율은 31.2%이고, 민간부문만을 떼어놓고 보면 16.9%에 불과하다는 점은, 앞서 지적한 대로 전국 조직의 개입에 의한 협약의 확장 적용이 이루어지고 있지 않는 점에 기인한다. 아울러 단체교섭의 대상은 임금과 노동시간에 집약되어 있고, 직업능력의 개발, 직업자격의 정비, 기능 인정 등의 기타 노동조건은 전국 차원의 노사정협의회에서 다루어지고 있다.

노동재판소는 3명의 배심원으로 구성된 중립적인 심판기관으로서, 의장은 변호사가 맡고, 나머지 2명은 피고용자와 고용주의 경력을 지닌 인물 가운데 지명한다. 노동재판소가 다루는 분쟁 영역은 임금(평등임금, 공제, 최저임금 등), 차별(성, 인종, 조합가입 여부, 장애, 종교, 성적 지향성 등), 해고(고용계약 종결, 불공정 해고, 잉여인원 해고, 기업 양도 등), 노동시간(휴가, 육아휴가 등)이며, 사회보장 관련 분쟁은 노동재판소 관할 영역이 아니다. 재판소에 소송을 제기할 수 있는 주체는 어디까지나 개인이며, 동일 사용자에 대하여 복수의 개인(종업원)이 한 번에 제기하는 Multiple Claim도 가능하다. 구제 방법은 영역별로 달라서, 가령 불공정 해고의 경우에는 복직이나 재고용, 금전보상 등이 있는데, 대부분은 금전보상의 형태를 취한다. 2010년의 통계를 보면, 236,100 건의 소송이 이루어졌는데 이는 전년대비 56%의 증가를 보인 것이다. 건수 중에서 불공정 해고 관련이 126,300 건으로 절반을 차지하고 있는데, 이는 불황에 의한 고용 불안이 원인으로 작용한 것이다(日本在外企業協會, 2014: 10). 소송을 제기한 안건 중 사전심사에서 각하된 건이 심사된 건의 3배에 달하므로, 2010년의 경우에는 총 100만 여 건의 신청이 이루어졌음을 알 수 있다.

그런데 사용자단체는 노동재판소에 대하여 다음과 같은 비판을 제기하고 있다. 하나는, 소송 대응 비용의 부담이다. 건당 8,500 파운드가 드는데 이 점이 경영에 압박을 가하여 고용창출을 저해한다는 것이다. 둘은, 소송비가 패소 시에 지불해야 하는 평균보상액 5,400 파운드보다 많기 때문에, 근거가 의심스런 소송에 대해서도 소를 제기한 개인과 화해를 선택하는 경우가 늘어남으로써, 노동관계의 법적 정의(正義) 측면에서 바람직하지 못한 상황을 초래한다는 것이다. 셋은, 재판소가 처리할 수 있는 용량을 넘어서는 건수의 제기로 인하여, 소송 제기에서부터 결심(結審: 변론 종결. close a hearing)에 이르기까지의 소요 기간이 평균 22주로 지나치게 길다는 점이다. 이에 영국정부는 2013년에 제도개혁을 단행하여 첫째, 소를 신청할 수 있는 종업원의 해당 기업 재직 기간을 1년에서 2년으로 늘렸고, 둘째, 사전 심사 기간을 단축하였으며, 셋째, 소를 제기하는 개인에 대하여 요금을 부과(불공정 해고의 경우 1,200 파운드)하였다(日本在外企業協會, 2014:11).

3) 채용

어느 일본기업에서는 현지인 직원이 작성한 보고서가 어느 기업에게도 적용가능한 일반적 분석 틀을 사용한 것으로서 해당 기업만의 상황이 반영된 것이 아니었다. 일본인 임원은 이에 대하여 가령 대리점을 방문하여 정보를 수집한다든가 제품의 최종사용자에 의한 평가에 관한 정보를 수집하여 분석에 반영하기를 요청하였다. 그러나 해당 현지인 직원은 자신이 확보한 정보원을 총가동하여 만든 보고서이므로, 추가 보완을 위해서는 1-2명의 관리자를 증원하든가 아니면 외부의 전문 컨설턴트에게 의뢰해야 한다고 반박하였다. 이 사례에서 해당 기업이 실수한 점은, 채용 면접 시에 회사가 신입예정자에게 기대하는 바가 무엇인지를 최대한 구체적으로 설명하지 않은 점이다. 단순히 미국계기업에 마케팅관리자로 근무한 경험과 MBA학위 보유자라고 하는 이력만을 갖고 낙점한 점이 기대치 이하의 결과를 가져왔다.

4) 임금

영국 기업에서는 주어진 예산 범위 내에서 자신이 거느리고 있는 부하직원들의 연봉 배분을 결정하므로, 부하는 회사에 소속되어 있다기보다는 상사에 소속되어 있다는 의식이 자리 잡고 있다. 즉 개인별 업무분담이 명확하고, 상사와 부하 간에 명령계통이 단일화되어 있는 영국의 기업조직에서는, 부하의 급여에 대해서도 상사가 직접 관리하는 관행이 뿌리를 내리고 있다. 부하의 임금 결정은, 분기별로 목표를 수치로 설정하여 중간 점검을 하고, 부하의 자기 신고 표를 활용하여 업적 평가를 하고, 그 평가 결과를 다시 부하에게 피드백으로 전하는 일련의 과정이 상사와 부하의 1대1 면담으로 이루어진다. 부하가 이에 납득하지 못하여 동의의 서명을 하지 않을 경우에는 면담을 반복하게 된다. 따라서 성과 평가에 대한 원만한 상호 합의를 신속히 맺으려면 면담의 협상력, 절충기법과 같은 것에 신경을 쓸 것이 아니라, 평상시에 부하에게 업무 지시를 하는 방식, 점검 방식, 결과를 피드백으로 알리는 방식 등을 제대로 해야 한다(日本在外企業協會, 2014: 42). 영국에서 일반직 사원(workers)의 임금은 주급제이다.

5) 노동시간, 안전위생

일본기업의 영국 현지 공장 직원이 동일한 산재(產災.work accident, industrial accident)를 두 번씩이나 일으킨 일이 있었다. 기계 부품을 미끄럽게 하여 발끝에 떨어뜨리는 식으로 자신에게 사고를 입힌 것이다. 안전화를 착용하였기에 대단한 사고는 아니었지만, 어쨌든 산재처리 대상이다. 게다가 목격자도 없어서 본인 진술에 의존할 수밖에 없었다. 이에 회사는 다음과 같이 처리하였다. 이번 사고 책임은 회사에 있는 것으로 한다. 그 이유는, 사고를 일으킨 직원에게 안전교육을 실시하지 않았고, 재발 방지를 위한 방안도 확립하고 있지 못하기 때문이다. 따라서 직원의 안전을 고려하여 보다 안전한 근무 공간으로 직무순환을 단행한다. 실은, 이 사원은 2교대 근무체제에서 오는 교대수당을 받고 있었는데, 직무순환으로 인하여 교대수당이 없어지게 되었다. 사소한 신체 손상으로 산재보험(industrial health & safety insurance)의 혜택을 보려는 얄팍한 술수가 자충수가 된 셈이다.

6) 인사제도의 설계

종업원 규모가 일정 수준을 넘어서게 되면 체계적 관리를 위하여 사내자격제도라고 하는 직능자격제도를 도입할 필요가 있다. 이 제도에 의하여 직무배치와 임금, 승진 및 승격, 인사평가, 교육훈련 등의 일체의 인사제도가 전개된다. 이처럼 기존 제도를 새로운 제도로 변경, 개정할 때는 개별 종업원들을 대상으로 1대1 설명을 철저히 해두어야 하는 것이 영국의 사정이다. 이는 개별 종업원들의 처우가 불리해지지 않더라도 마찬가지이다. 규정 내용은 추상적 표현에 그쳐서는 안 되고, 개개인의 업무에 기초한 구체적 내용을 담아야 한다.

7) 직무와 인간관계

사내정보시스템의 정비 및 유지 업무를 계약사원(contract engineer)에게 맡기는 이유는 정규직에게 맡겼을 때 후계자 양성에 애를 먹는 경우가 있을 수 있기 때문이다. 영국기업의 업무관행에서는 개인별 직무기술서가 명확하게 규정되어 있어서 다른 구성원의 업무 영역을 함부로 침해하려 하지 않는 점이 그 배경에 자리 잡고 있다. 즉 경력자가 후임 양성을 소홀히 할 경우, 그가 퇴직하고 나면 정보시스템이 예전만큼 원활히 운용되지 않는 것이다. 영국에서는 IT 인력이 부족하여 우수한 계약사원에게는 상당액을 지불해야 함에도 위에서 언급한 문제점을 경험한 기업 입장에서는 범용 패키지의 정보시스템으로 전환하여 계약직원에게 운용을 맡기기도 한다. 영국에서는 이처럼 높은 숙련의 인력을 계약직으로 채용할 때 활용되는 기능인정의 공통척도로 SFIA(Skills Framework for the Information Age)라는 게 있다.

8) 차별 소송

어느 일본기업의 유럽본부에서 본사파견 주재원의 인사관리를 맡고 있는 일본인 관리자와 인사부문 전체를 관장하는 영국인 관리자 간에 조직인사 개정안의 도입을 놓고 회의실에서 화이트보드에 필기를 하면서 논의를 하였다. 새로운 조직도를 그리면서 각 직위 난에는 아직 특정인을 앉히겠다는 확정이 안 된 상태라서 "MR.△△"라는 식으로 이름을 적지 않았다. 회의를 마치고 자리로 돌아간 뒤에, 다른 여직원이 지워지지 않은 화이트보드를 보게 되었는데, 그녀는 "MR.△△"라는 표기를 보고 놀랐다. 즉 회사가 모든 직책을 남성 직원으로만 채우려 한다고 오해를 하였고, 자기가 본 사실을 다른 여직원들에게 알렸다. 영국에는 노동자의 개별적 권리 보호와 구제를 위하여 고용심판소(Employment Tribunal)를 운영하고 있다. 고용과 관련한 성차별, 인종차별의 소송을 맡는데, 여기에서 기업 측이 패소할 경우에 부과되는 보상금은 부당해고의 경우보다 많다. 따라서 위의 사례에서 비록 여직원들이 소송을 제기하지는 않았지만, 불리한 물적 증거로 채택될 수 있는 것을 만들지 않으려면 일상 업무에서 언어 선택에 민감한 의식을 기울여야 한다.

9) 해고와 구조조정

생산기술부와 생산관리부로 이루어진 공장에서 양 부서는 두 개의 사무실로 분리되어 있다. 양 부서의 공통 서무 일을 보는 영국인 여직원은 수다 떨기를 좋아하여 사무원이나 기술자들과 잡담을 일삼았다. 양 부서를 관장하는 일본인 관리자는 직속 부하인 슈퍼바이저 식급의 영국인 남성 직원을 불러서 여직원에게 주의를 주라고 일렀다. 1개월 동안 직장에 얼굴을 보이지 않던 여직원이 사직서를 제출했다는 인사부의 연락이 있었다. 그러고 나서 다시 2주가 경과한 시점에서 여직원의 담당 변호사로부터 편지가 왔는데, 일본인 관리자가 슈퍼바이저를 통해서 자신의 사무실 출입을 금하는 조치를 내렸기 때문에 일을 할 수 없었고, 이는 의원사직(voluntary termination)이 아니라 부당해고(unfair dismissal)에 해당한다는 것이다.

잉여 인원(surplus employee, worker)에 대한 정리해고와 관련하여 영국의 노동법규에서는 그에 해당하는 경우를 다음과 같이 규정하고 있다. 종업원이 고용된 해당 사업을 고용주가 중단할 경우, 종업원이 고용된 해당 사업장에서 고용주가 사업을 중단할 경우, 특정 업무를 수행하는 종업원에 대한 사업상의 필요성이 소멸하거나 감소하는 경우, 특정 업무를 특정 장소에서 수행하는 종업원에 대한 필요성이 소멸하거나 감소하는 경우로서 일반적인 해고와는 구분 짓고 있다(日本在外企業協會, 2014: 63). 이러한 잉여 인원의 정리해고가 법적 분쟁으로 번질 경우에 문제가 되는 점은 인선(人選)의 타당성이다. 이에 대해서는, 첫째, 사업 전체가 소멸될 경우에는 전 직원이 대상이 되므로 별 문제가 안 되지만, 사업 축소의 경우에는 자의적 인선이라는 비판을 피하기 위하여 객관적 데이터(근태=勤怠, 인사고과, 실적평가 등)에 근거하여 이루어져야 한다. 둘째, 전통적인 인선 방법인 'LIFO= Last In First Out'(근속연수가 적은 순으로 잉여 정리)만으로는 수긍 가능성에 한계가 있으므로 그 이상의 객관성을 확보해야 한다. 셋째, 인사고과는 객관성을 띤 것으로 볼 수 있지만, 실적과 지식, 숙련, 근태 등을 엄격히 평가하지 않으면 문제가 될 수 있다. 넷째, 인종차별, 성차별이 없도록 유의해야 한다. 다섯째, 부당해고라고 대상자가 소송을 걸지 않도록 해야 한다. 여섯째, 잉여 인원의 정리해고 이전에 회사가 사전 대응을 충분히 했다는 점을 보여주어야 한다. 가령, 희망퇴직의 사전 접수, 카운슬링(counseling)의 알선, 타사에 취업 알선, 타 사업부로 이동, 임시직 우선 해고, 신규 채용의 동결, 잔업 제한 등의 노력을 의미한다. 아울러 잉여 인원에 대한 강제 해고도 한

번에 단행하기 보다는 단계적 실시가 바람직하다. 잉여 인원의 해고 작업이 끝나고 나서는 남아 있는 종업원의 사기 앙양을 위한 노동 조건의 개선 조치에 신경을 써야 한다. 노조 결성이라든가 불안감에 따른 전직 사태가 일어나지 않도록 해야 한다. 잉여 인원의 정리해고가 10명 이상인 경우에는 노동교육부에 신고서를 제출해야 하는데, 이 사실은 일반에 정보 공개되어 언론이 보도할 수 있다. 외부의 문의에 대한 적절한 회답을 마련해두는 일도 잊지 말아야 한다.

10) 영국에 관한 소소한 정보

■ 본국 임직원의 출입국 문제

영국에서 일하기 위해서는 Work Permit라고 하는 취업허가증이 있어야 하는데, 단 하루를 일하더라도 이 허가증이 필요하다. 그렇기 때문에 영국 공항의 입국 심사장에서 '기술도입 건으로 입국했다', '소프트웨어 개발 건으로 입국했다' 는 식으로 심사관에게 말하게 되면 본의 아니게 곤경에 처할 수도 있다. 업무 출장 건으로 영국 입국을 허가받으려면, 회의라든가 세미나 참가 등으로 입국 목적이 한정되어야 한다.

[글로벌 문화 배우기 5 : 보디랭귀지]

서양인들의 몸짓 중에서 어깨를 움츠리며 양손 바닥을 펴는 동작 중에서 '양손 바닥 펴기'는 고대 이집트의 상형문자에서도 부정의 의미로 사용되었다. 또 다른 동작인 가운데 손가락만 치켜세우는 것은 고대 그리스·로마 시대에도 있었다. 로마제국 3대 황제인 칼리굴라는 폭군으로서 동성애자였던 부하를 우롱하기 위하여 치켜 세운 가운데 손가락을 부하가 키스하도록 했다.

승리의 V자 사인을 반대로 하는 reverse peace 동작(손바닥이 아니라 손등을 보이게 하는 것)은 미국에서는 왼편 어깨에 갖다 대기도 하여 아무런 문제가 안 되지만, 영국과 캐나다, 뉴질랜드 등에서는 성적 모욕을 뜻한다. 승리의 상징으로서 V자 사인은 영국의 처칠 수상이 독일 나치에 대한 저항의 상징으로 사용하였으나, 제안은 벨기에의 변호사이자 자유당 당수, 2차 대전 중에는 '벨기에 라디오'의 아나운서를 했던 빅토르 드 라브레(Victor de Laveleye)가 1941 년 1월에 하였다. 참고로 요즘은 사진을 찍으면 많은 사람들이 소셜 미디어에 올리는데, 이때 V자 사인을 하면서 2-3미터의 근거리에서 촬영하면 지문까지 보여서 지문인증서비스에 악용되는 위험 이 있다는 말도 있다.

우리나라, 일본 등에서 오케이 사인으로 하는 동그라미 만들기가 프랑스에서는 '제로, 무가치'의 뜻, 그리스와 터키, 중동, 러시아, 북유럽 일부국가와 브라질에서는 성적 모욕의 뜻을 담고 있다. 무화과의 손(fig hand)도 같은 의미를 지니지만, 미국에서는 수화의 T만을 의미할 뿐이다. 모욕을 담는 동작에는 검지와 새끼손가락을 치켜 세우고 중지와 약지는 접어서 엄지로 누르는 동작(이탈리아어로'뿔'을 뜻하는 corna)도 있는데, 기원전 5세기의 고대 이탈리아 중· 북부의 에트루리아(지금의 피렌체 근처 토스카나 지역) 벽화에도 그려 져 있다. 그러나 이 뿔 동작은 액운을 면할 수 있다는 의미로 상품으로도 판매되고 있다. 물론 미국에서는 모르는 동작이다.

방향을 표시하는 동작으로 미국에서는 엄지손가락, 영국에서는 얼굴, 인도에서는 턱, 필리핀에서는 혀를 사용한다.

소크라테스는 누군가가 자신의 우측에서 재채기를 하면 행동을 개시하고, 좌측에서 하면 행동을 멈추었다고 한다.

트림하는 건 중국, 인도, 동남아, 중동 등에서는 '식사가 맛있었다, 잘 먹었다'는 의미라서 관용적이다.

숫자와 관련해서는 짝수는 둘로 나뉜다는 의미를 지니고 있어서 일본에서는 축의금 액수에 사용하지 않고, 러시아에서는 꽃 선물을 할 때는 홀수로 하며, 짝수는 묘지에 헌화할 때뿐이다. 한자문화권에서 4가 죽는 사(死)와 발음이 같아서 꺼리는 현상을 tetraphobia라고 한다. 반면에 유럽과 미국, 이슬람권에서는 숫자 13을 두려워하는 triskaideka(고대 그리스어로 13)phobia가 있다. 예수님이 처형당한 날이 13일의 금요일이라는 소문, 사탄으로 타락한 천사 루시퍼가 13

번째의 천사라는 견해, 메소포타미아의 60진법이 12를 5회세는 것인데, 하나가 남는 13은 부조화의 의미로 기피한다고도 한다.

〈출처: 阿門禮(2017). 世界のタブー〉

(6) 독일

1) 기본 통계

인구: 8,052만 명, 면적: 35.7만 ㎢, 민족: 게르만 중심, 종교: 가톨릭 2,546만 명, 개신교 2,483만 명, 유대교: 11만 명, 정치체제: 연방공화제(16개 주=구 서독 10개 주, 구 동독 5개 주, 베를린 주), 양원제, 국민소득: 3조 7,533억 달러, 1인당 소득: 45,709 달러(2017년)

2) 노사관계

독일의 노사관계는 2가지 체제로 구성되어 있다. 하나는 기업의 틀을 초월한 산업별 노사관계제도인데, 이를 통하여 임금과 노동시간 등의 기본적인 노동조건을 단체교섭으로 확정짓는다. 다른 하나는 개별 사업소마다 결성된 종업원대표조직으로서, 직장의 일상적 사항에 관하여 경영자와 협의 및 정보교환을 행하는 사업소 내의 노사관계제도이다(日本在外企業協會, 2014: 13). 유념할 점은, 산별노조가 기업 내 노조의 연합체가 아니라 산업별, 지역별로 직접 노동자를 결성하는 조직체라는 점이다.

전국적 차원의 독일노동총연맹(Deutschen Gewerkschaftbund: DGB)은 각 조합의 관할 영역을 조정하며, 산하에 8개의 산별노조를 거느리고 있다. 이 중 최대 규모는 금속산업노조와 서비스산업노조로서, 각각 200만 명이 넘는 조합원을 갖고 있다. 이들 산별노조는 그에 상응하는 전국 규모의 업종별사용자단체와 협상을 벌인다. 2011년 기준으로 독일 노동자의 조합가입률은 전 산업 평균 18.0%로서 감소 경향에 있다. 그러나 산별노조와 산별사용자단체 간에 체결된 협약에 대하여 체결 당사자의 신청이 있을 경우에, 정부는 체결 내용이 일정 조건을 충족한다면 당사자에 포함되지 않은 사용자에게도 확장, 적용하도록 명할 수 있다. 2011년의 경우, 노동협약의 확장 적용을 받고 있는 노동자 비율은 서독 지구가 61%, 동독 지구가 49%이다(日本在外企業協會, 2014: 14). 산별노조에는 연방본부인 Vorstand, 지역본부인 Bezirk, 지구지부인 Ort가 있다. 각 주별로 설치된 지역본부 Bezirk의 최대의 역할은 노동협약 체결이다. 이는 독일이 연방국가로서 지역의 독자성이 강조되고 있기 때문이다. 지역별로 체결된 노동협약은 해당 지역의 사용자단체에 소속된 모든 기업에게 구속력을 지닌다. 그렇다고 해서 해당 지역 내의 동일 업종, 동일 직종에 있는 노동자들의 노동조건이 획일적인 것은 아니다. 가령, 임금 협정은 최저기준치만을 설정하며, 지불 능력이 높은 우량기업은 우수한 노동력을 확보하기 위하여 각종 인센티브를 최저기준치에 추가한다. 풀뿌리 조직에 해당하는 지구지부(Ortsverwaltungsstelle)는 각 도시에 설치되어 있는데, 조합원의 지역사회 생활과 밀착한 활동을 담당한다. 예로는 조합비 징수, 법률상담 등의 서비스 제공, 사업소 내 문제에 대한 컨설팅, 조합원 교육 등이 있다.

기업 내 노사관계의 당사자인 사업소종업원회(Betriebsrat)는 사업소조직법에 의거하여 5인 이상의 종업원을 거느린 모든 사업소에서 종업원의 요구가 있을 경우, 사용자의 부담으로 설치할 의무가 있는 종업원 조직이다. 여기에는 기업집단 차원의 Konzernbetriebsrat, 기업 차원의 Gesamtbetriebsrat, 사업소 차원의 Betriebsrat가 있다. 대의원 규모는 종업원 수에 따라 다른데, 5-20명의 종업원을 거느린 사업소는 1인, 21-50명의 사업소는 3인, 51-150명의 사업소는 5인, 151-300명의 사업소는 7인, 301-600명의 사업소는 9인을 선출한다. 사업소종업원회의 역할은 파업권한이 없는 대신, 노동협약에서 정하지 않는 직장 내의 일상적 노동활동과 관련된 사항, 기업의 실적과 경영계획 등에 관하여 사용자와 협의를 하고 정보제공을 요청한다. 일부 사항에 대해서는 종업원회의 합의가 없을 경우 결정을 내릴 수 없다는 점에서, 부분적이나마 공동결정권을 갖고 있다고도 말할 수 있다. 동일 기업이 복수의 사업소를 보유하고 있는 경우에는 사업소별 종업원회의 연합체라고 하는 조직도 결성된다. 종업원회 대표의 선출권과 피선출권은 조합원, 비조합원 모두에게 보장되며, 임기는 3년이다. 의장은 전임으로 근무하고, 이 자와 사측 대표인 인사부장 간에 신뢰관계가 없으면 원만한 진행이 어렵다. 사업소종업원회는 산별노조와는 완전히 독립된 운영을 하고 있지만, 노조로부터 활동에 관한 지원을 받고는 있다. 한편, 산별노조와 사용자단체 간에 체결한 합의는 원칙적 내용만을 담으며, 상세한 세칙과 규정은 사업소종업원회에 일임한다(日本在外企業協會, 2014: 20). 노조 조합원이 아니더라도 종업원대표가 될 수 있다. 종업원 규모가 100명 이상인 사업소에는 경제위원회가 추가로 설치된다. 3-7명의 위원은 사업소종업원회가 지명하는데, 최소 1인은 사업소종업원회 임원으로 한다. 월 1회 개최가 의무로 되어 있는데, 그 역할은 사용자와 경제 사항을 협의하여 그 정보를 사업소종업원회에 보고하는 일이다. 구체적인 경제 사항에는 기업의 경제적, 재무적 상황, 생산 및 판매 상황, 생산 및 투자

계획, 합리화 계획, 생산 및 작업 방법(특히 신작업방법의 도입), 경영조직 내지 그 일부의 휴지(休止) 및 이전, 합병, 조직 혹은 경영목적의 변경, 기타 종업원의 이해관계에 중대한 영향을 미치는 제반 조치 등이 포함된다.

3) 인사관리

기업 간 인력 이동이 일상화되어 있는 횡단적 노동시장의 독일에서 우수 인력은 다른 기업의 스카우트 대상이 된다. 전문직종별로 단체(Verein)가 조직되어 있고, 일반직은 지역마다 공공직업소개기관인 Arbeitsamt가 직업 소개는 물론 구조조정의 인허가 업무도 맡고 있다. 특히 신입 후 3년이 경과하여 업무 능력이 밴 시기가 인력 유출의 가장 위험한 시기이다(日本在外企業協會, 2014: 67). 따라서 인사부문의 역할은 우수 인력의 채용뿐 아니라 항상 노동시장의 동향을 파악하여 소속 종업원들의 노동조건을 조정하여 이들을 사내에 유지(retention)하는 일이다. 또한 인사관리 정보의 관리도 엄격히 하여, 헤드헌팅 등의 인재비즈니스 업체들에게 장사의 재료로 넘어가지 않도록 해야 한다.

독일에서는 일부 상급관리자를 제외하고는 이사를 동반하는 전근을 수용하는 종업원은 드물다. 역으로 말하면, 생활환경의 변화에 구애받지 않고 적극적으로 전근을 하려는 종업원은 그만큼 야심찬 인물이라고 봐야 할 것이다(日本在外企業協會, 2014: 75).

상사와 부하의 관계는 기본적으로 협상의 연속이다. 1년에 한 번 이루어지는 실적평가와 급여사정 작업에도 일상적인 합의 형성의 관행이 적용되어, 얼마만큼 부하를 설득할 수 있느냐가 상사의 수완 중의 하나이다. 이런 일은 한국이나 일본의 풍토에서는 낯선 것이라서, 현지 부임 이전부터 외국어 실력을 쌓고 논리적 사고의 스킬을 체득하여 끈기 있는 설득 기술을 발휘할 수 있어야 한다.

4) 독일에 관한 소소한 정보

■ 양국 간 사회보장협정

본국 임직원이 현지국 법인에 주재원으로 가게 되면, 현지국의 공적연금제도에 가입하는 일이 의무로 되어 있다. 그런데 현지국의 연금제도의 수혜를 받으려면 일정 기간을 현지국에 체재해야 한다. 따라서 중도에 본국으로 귀국하는 주재원 입장에서는 연금을 이중 지불하는 셈이다. 이런 불합리한 점을 해소하기 위하여 본국과 현지국 간에 사회보장협정이 체결되면, 주재원 1인당 연간 수백만 원의 경비 절감이 이루어진다(日本在外企業協會, 2014: 72).

■ 유아기의 생활 속 협상력

놀이터에 가서 다른 아이가 갖고 있는 물건을 자신의 아이가 갖고 싶어 할 때 독일 엄마와 일본 엄마의 행동의 차이를 보면 다음과 같다. 독일 엄마는 자기 아이에게 말하기를, "그렇게 갖고 놀고 싶으면 가서 빌려 달라고 말해 보렴."이라고 하고, 반대로 다른 아이가 자기애한테 와서 빌려 달라고 말하여 자기 아이가 난처한 입장을 보면, "빌려주고 싶지 않으면 네가 갖고 놀아야 하니까 빌려 줄 수가 없다고 말하렴."이라고 한다. 반면, 일본 엄마는 전자의 상황에서는 다른 아이에게 가서 "애야, 이거 좀 빌려 줄 수 있니?" 하며 자기 아이를 도와주고, 후자의 상황에서는 "저 애가 갖고 싶다고 하니 빌려줘서 사이좋게 놀렴." 하고 말한다.

[글로벌 문화 배우기 6 : 성 풍속]

구약성경(창세기 38장)에는 유다의 장남 에르가 죽자 며느리 타마르가 유다의 차남 오난에게 시집을 가서 후손을 잇는 것이 관습인데, 오난이 질외 사정을 함으로써 이를 거부하였다. 후에 자위행위가 오나니즘(onanism = masturbation)으로 명명된 것의 기원이 바로 이것이다. 구약성경에서 일부일처제는 이사악과 그의 아내 레베카뿐이다. 고대 그리스의 7인의 현인 중 하나인 솔론은 아테네에 다양한 제도개혁을 도입하였는데, 최초로 공창가(公娼街)를 만들어 세금을 징수하였다. 고대 그리스, 이집트, 기타 지중해 연안국에는 신전창부라는 여자가 있어서, 신전에 참배하러 온 사람들을 상대로 성행위를 하였다. 이는 신에 대한 숭배 내지 신과의 교접으로 여겨졌다.

고대 바빌로니아의 여성들은 일생에 한 번은 이슈타르 신전에서 매춘을 하는 것이 통과의례(rite of passage)이었다. 기독교에서 간음과 매춘은 분명히 구분되어, 13세기의 성직자 토마스 아퀴나스는 매춘을 궁궐 안의 하수구에 비유, 하수구가 없으면 궁궐이 오물투성이 되듯이, 매춘을 박멸하면 세상은 sodomy(소돔에서 연유한 용어: 남색, 수간 등)의 죄업으로 넘쳐날 것이라고 말하였다. Greek love라는 단어는 그리스에서 동성애가 발달했음을 보여주는 것이고, 고대 그리스 철학자 플라톤은 "향연(symposion = symposium)"에서 남자를 사랑하는 남자야말로 가장 남성스럽다고 말했고, 남성애의연인을 한 조로 묶으면 최강의 전사가 될 것이라고 주장했다. 플라톤은 소크라테스가 소년의 육체를 사랑한 것이 아니라, 소년의 모습에서 보편적인 미(美)를 본다는 추상적 표현을 사용하였다. 후대 의 이탈리아 르네상스 시기 어느 인문학자가 이를 두고 플라톤식 사랑이라고 독자적인 해석을 하면서 Platonic love라는 단어가 생겨났다. 레즈비언이라는 단어의 기원이 된 그리스의 레스보스 섬에는 기원전 7세기경 여류시인 사포가 활약하는 등 여성의 지위가 상대적으로 높았다.

〈출처: 阿門禮(2017), 世界のタブー〉

(7) 프랑스

1) 기본 통계

인구: 6,582만 명, 면적: 54.4만 ㎢, 수도: 파리(221만 명), 정치체제: 공화제, 양원제, 국민소득: 2조 6,393억 달러, 1인당 소득:

40,617 달러(2017년)

2) 노사관계

프랑스의 노사관계 체제는 전국차원의 노조와 사용자단체 간에 전개되는 기업횡단적 산별노사관계, 전국노조의 산하에 있는 기업내 노조와 개별 기업 간에 전개되는 기업내 노사관계, 종업원에서 선출된 종업원대표와 개별 기업 간에 전개되는 기업내 노사협의제라고 하는 3차원으로 이루어져 있다(日本在外企業協會, 2014: 21).

2014년 기준 프랑스의 노조가입률은 10% 이하에 그치고 있지만, 노조가 사용자와 체결한 노동협약은 전체 노동자의 90%에 적용된다. 이는 앞서 독일에서 언급한 바와 같이 국가가 개입하기 때문이다. 산별 노동협약이 규제하는 노동조건의 내용에는 최저임금, 직급 설정(직종별 직무등급의 설정 등), 남녀평등, 직업교육, 사회보험기금, 노동자 경력형성, 노조활동의 권리 등이다. 이런 협약 내용은 특정 지역, 특정 업종에 속하는 노동자들에게 폭넓게 적용되는 최저 조건이며, 개별 기업의 구체적 노동조건은 산업별 협약을 구체화한 것이다. 여기에는 기업 규모와 실적에 따른 임금 상승, 수당, 개별 고용, 노동시간, 인사평가 등이 포함된다. 종업원 규모가 50명 이상인 사업소는 모두 산별노조가 기업 내부에 지부(section syndical)를 설치하고 조합대표(delegue syndical)를 지명하는 방식이 취해진다. 1982년 법규에서는 노조의 요구가 없더라도 사용자는 임금과 노동시간에 관하여 년 1회 단체교섭을 행해야 할 의무를 부여받았다. 단체교섭의 사용자 측 대표는 해당 기업의 경영자이며, 노동자 측의 대표는 산별 노조가 종업원 중에서 지명한다. 기업 내에 복수의 노조가 결성되어 있는 경우 어느 노조가 대표노조의 자격을 얻을 것인가에 관해 2008년도 개정법에서는 7

개의 요건을 규정하고 있는데, 그 중 하나가 선거를 통하여 노동자의 10% 이상으로부터 지지를 얻어야 한다는 점이다. 합의에 이르지 못할 경우, 사용자 측은 단독으로 결정할 수 있으나, 이때는 교섭 내용에 관한 보고서를 지방 노동청에 제출해야 한다.

종업원들이 선출한 대표와 사용자 간에 이루어지는 기업 내 노사협의제에서는 노조는 단지 지원자 내지 참관자의 역할에 머문다. 종업원대표제도는 11명 이상의 종업원을 거느린 사업소에 설치할 의무가 있다. 종업원 대표의 선출 규모는 4명(종업원 규모 100명 이상의 사업소), 9명(1,000명 규모 미만), 1,000명 이상의 종업원을 거느린 사업소에서는 250명당 1명의 대표를 추가한다. 임기는 1년이고 재임도 가능하다. 사용자는 매월 종업원대표위원 모두를 정기적으로 소집하여 월례회를 개최할 의무가 있으며, 종업원대표의 청구에 의한 임시 소집도 가능하다. 종업원대표제도의 기본 기능은 법령이나 협약에서 정해진 노동자의 기득권을 옹호하기 위하여 각종 고충처리를 행하는 일이다. 기업위원회제도는 50명 이상의 종업원을 거느린 기업에서 설치할 의무가 있는데, 종업원대표와 기업경영자가 그 구성원이다. 노조대표는 회의에 참가하여 발언할 수는 있지만 투표권은 없다. 기업위원회 위원 중에 노동자 대표는 종업원대표제도와 마찬가지 방식으로 선출되고 임기는 2년, 재임 가능하다. 기업은 기업위원회 운영비로 매년 총급여액의 0.2%를 갹출할 의무가 있다(日本在外企業協會, 2014: 27). 위원회 의장은 경영자 혹은 그의 대리인이 맡으며, 월 1회 개최가 의무로 되어 있고, 위원의 과반수가 요구할 경우에도 개최해야 한다. 기업위원회는 노사의 정보공유와 의견교환의 장으로서 기능하며, 일부 복리후생 시책에 국한하여 결정권을 지니고 있다. 정보공유의 대상에는 노동자의 수 및 구성, 노동시간, 고용, 종업원의 직업양성 조건에 영향을 미치는 조치, 기업의 경제적, 법적 조직 변경(특히 기업 합병과 양도, 생산조직의 변경, 자회사의 취득 혹은 양도, 타 회사에 자본참여), 노동자의 노동과 고용 조건의 개선에 관한 조치, 노동 편성과 생산기술, 노동조건, 노동시간 편성, 직무자격, 보수산정, 고용 변화(특히 노동자 삭감, 정리해고, 일시휴직), 종업원대표기관의 위원 해고, 산업의사의 선임 혹은 해고, 신기술 도입, 안전위생, 노동자 주택, 가격, 연구정책, 취업규칙, 노동자 행동 감시(비디오, 전화, 배지카드 등에 의한)의 방법 혹은 기술, 종업원 모집 방법과 관리 방법 등이 있다. 기업위원회 대표는 참관인(observer)의 자격으로 회사 임원회의에도 참석한다. 기업이 프랑스 내의 복수 지역에 사업장을 거느리고 있는 경우에는 중앙기업위원회(CCE), 유럽의 다른 국가에도 사업장을 갖고 있는 경우에는 유럽노사협의회(EWC)까지 설치된다. 종업원대표와 기업위원회의 선거는 2회에 걸쳐 이루어진다. 1차 선거는 기업 내 노조 대표를 지명하는 외부 노조가 작성한 입후보자 명부에 입각하여 치러지는데, 과반수 득표에 실패하면 일반 종업원을 입후보자로 한 2차 선거가 실시된다.

실례를 보면, 어느 일본계 기업의 프랑스 지방에 입지한 공장(종업원 200명)에는 법률에 의해 규정된 기업위원회(CE), 안전위생위원회(CHSCT), 종업원대표(DP)의 3개 조직이 있는데, 기업위원회 위원의 경우에는 월 20시간을 활동시간으로, 종업원대표 위원은 월 15시간을 활동시간으로 인정받는다. 따라서 양 조직의 위원을 겸임하게 되면 월 35시간, 즉 1주일을 공장에 있지 않아도 되는 특권을 누린다. 또한 어지간한 이유가 아니고서는 해직시키기 어렵다는 점도 위원의 매력이다(日本在外企業協會, 2014: 115). 그렇기 때문에 근무태만으로 해고될 것을 걱정하는 종업원이 입후보하는 일도 있다. 종업원대표 입후보자는 6개월, 기업위원회 입후보자는 3개월 간, 각각 낙선하더라도 보호를 받는다. 게다가 당선되면 임기 중(각각 1년과 2년)에는 물론이거니와 임기 만료 후 6개월 간 보호 혜택을 받는다. 이들 조직에는 대부분 기업 내 노조의 대표가 임원 중 한 사람으로 선출된다.

3) 채용

관리직 이상의 고위직 채용은 헤드헌팅 회사, 채용 컨설팅 회사와 계약을 맺어 다소 비용이 들더라도 우수한 인재를 확보하도록 한다. 판매원과 현장 기술자(field technician) 등의 일반직은 주로 신문광고를 활용하고, 엔지니어처럼 달리 채용방법이 마땅찮은 직종의 인력은 인재파견회사를 통한 외주에 의존하고, 인터넷 구인광고는 사무직의 상시 선발 인력의 확보 방법으로 중시하도록 한다. 선발 과정은 인사부문에 의한 1차 서류 전형, 인사부문과 배치부서관리자에 의한 2차 합동면접, 면접 통과자에 대한 3차 심리 테스트(지능이 아니라 성격과 업무 태도의 평가)를 거쳐 최종 고용계약을 체결하게 된다(日本在外企業協會, 2014: 96). 공석이 발생할 경우, 필요에 따라서는 사내 승진(promotion within)의 방법도 가능한데 이는 인사부문이 판단할 일이다. 사무직과 기능직 종업원 모집의 가장 일반적인 방법은 리크루트 회사를 통하는 길이다. 인터넷과 기타 매체에 모집 광고를 게재한 뒤에, 리크루트 회사가 지원자 가운데 서류심사와 면접심사를 통하여 회사가 원하는 조건에 가장 적합하다고 여겨지는 후보자를 선발하여 의뢰 기업에 제안을 한다. 의뢰 기업에서는 인사과장 차원의 1차 심사, 채용 부문의 책임자(직급에 따라서는 임원도 가담)에 의한 2차 심사를 거쳐 최종 후보자 1인을 가린다. 이어 서면으로 후보자에게 기업의 고용 조건을 제시한다. 최종 후보자가 다른 회사에 근무 중이라면 사직서를 제출해야 하는데, 보통 3개월의 고지 기간이 설정되어 있기 때문에 곧장 자사에 합류하지는 못한다는 점을 염두에 두어야 한다(日本在外企業協會, 2014: 97). 아울러 전문직, 영업직의 경우에는 동일 업종의 경쟁사에 전직을 일정 기간 금지한다는 계약 조건이 있는 경우도 있으므로, 이를 모르고 채용했다가는 상대방 기업과 손해배상의 소송에 휘말릴 수도 있다. 채용 후에는 통상적으로 3개월의 수습기간을 설정하여 그 기간 동안 기대만큼의 역할을 하지 못할 경우에는 채용을 취소할 수 있다. 물론 이 경우에 수습기간을 3개월 추가로 연장할 수도 있다. 간부 사원을 모집할 경우에는 마찬가지로 리크루트 회사를 통할 수도 있지만, 이보다 비용이 더 들지만 적재적소의 서비스를 제공해주는 헤드헌팅 회사를 이용할 수도 있다. 고교와 전문학교 가운데는 산업연수 프로그램(3-6개월)을 교과과정에 두고 있는 곳도 있어서, 이들을 연수생으로 활용하면 사전에 자질과 성격을 파악할 수 있어서 매력적인 채용 방법이기도 하다. 인재파견회사를 이용하는 일은 사회복지제도의 충실이 기업에게 주는 부담을 경감할 수 있는 채용 방법이긴 하지만 고용 기간이 1회 연장에 그친다는 단점이 있다. 따라서 아웃소싱을 할 경우에는 사내 인력 가운데 일부를 파견직원으로 활용하기보다는 업무를 일괄 외주 주는 형식을 취하기도 한다. 이런 유형의 업무로는 외상판매대금 회수, 정보시스템 관리, 급여 계산, 창고 하역 등이 있다.

4) 임금 관리

종업원들과의 임금 협상은 보통 다음과 같은 단계를 거친다. 1단계는 지역의 동업자 단체, 인사 관리자 간의 비공식 회합, 인사컨설턴트의 조언 등의 외부 네트워크를 총동원하여 다른 회사들의 임금에 관한 정보 수집을 토대로 직위별 기본급 인상을 일률적으로 확정한다. 2단계는 부하의 소속 부서장과의 개별 면담이다. 이 단계에서는 인사부문이 당사자 간 협상에 개입하는 일은 없다. 예산통제권도 직속 부서장에게 있다. 3단계는 상사의 제안에 부하가 도저히 동의하지 않는 경우, 인사부문이 개입하여 조정을 한다. 3단계까지 가는 종업원은 전체의 5% 정도이다(日本在外企業協會, 2014: 99).

사무직과 관리직, 이른바 화이트칼라에 대한 프랑스 기업에서의 임금 관리는 동일 업무에 대하여 동일 임금을 적용한다고 하는 코에피샹(coefficient: 호봉) 척도를 사용하는데, 업종별 업무 내용에 대하여 상세한 등급을 설정하고 있다. 호봉 조정은 1년에 한 번, 상사가 부하의 능력과 지속적 기여도를 감안하여 승격 후보자를 결정한 뒤에, 인사부문이 회사 차원의 균형을 검토하여 조정을 행하고 나면 최종적으로는 최고경영자가 승격을 확정짓는다. 이 때 상사는 호봉 인상의 약속을 개별 부하와의 협상에서 언급하는 일이 없도록 해야 한다. 사업년도 도중에 개별 종업원에 대한 급여 조정을 해야 하는 특별한 상황이 발생할 경우에는, 승급을 도중에 해줄 것이 아니라, 기존 호봉과 특별 승급 호봉 간의 급료 차이를 특별수당의 형태로 차기 승급이 이루어질 기간 동안에 지급하는 방법이 낫다. 기술직 사원에 대해서는 일반 급여에 기능수당을 별도로 지급하는데, 이는 급성장을 보이고 있는 ICT 계열의 기술직 사원의 경우에는 단순히 기능 수준에 입각하여 급여를 지급하게 되면 업계의 평균 임금 수준과의 격차를 메울 수 없기 때문이다.

프랑스 기업에서는 이익배분제도를 실시하고 있는데, 기업활동의 성과를 종업원에게 돌려주는 커다란 인센티브이다. 분배된 이익금은 외부의 금융기관에 신탁되는데, 연금기금과 마찬가지로 종업원 개인별로 계좌가 관리된다. 재직 중에는 특별한 사유(본인상, 가족 경조사, 주택 구입 등)가 없는 한 지급되지 않으며, 퇴직 시에 지급된다. 물론 이러한 이익배분제도는 회사에게 부담으로 작용하고 있기는 하지만, 종업원의 회사 충성심을 높이고 이직률을 낮추는 효과를 발휘하고 있다. 문제는, 회사 입장에서 그만 두었으면 하고 바라는 저성과자가 자리를 지키고 장기 근속하는 일이다. 이익분배금의 공식은 다음과 같다. RPS = (B-Cx0.05) × (S/VA) × 1/2RPS: Reserve Special de Participation (종업원이익분배금) B: 세후 이익, C: 자기자본, S: 총급여(사회보험부담 공제 前), VA: 부가가치

5) 이동, 승진

목표관리(MBO: Management By Objective)는 미국식 평가 방식인데, 프랑스 기업에서는 부서별 할당된 목표를 토대로 하여 관리자가 모든 부하와 면담을 행한다. 면담 과정에서는 저마다의 업무 내용에 부응한 목표치를 작성한 뒤에 상사와 부하가 합의의 서명을 한다. 작성 과정에서 주도권은 부하에게 있으며, 상사는 필요한 경우에 수정을 가하여 승인하는 입장이다. 면담을 원만히 진행하고 부하 입장에서 공평하다는 인식을 심어주기 위해서, 기업은 관리자들을 대상으로 면담 연수를 실시하고 면담 핸드북을 배포한다. 원래대로라면 목표달성도의 평가와 급여 사정을 연계시키는 것이 당연하지만, 프랑스 기업에서는 양자를 직결시킬 경우에 종업원이 보이는 불만과 저항을 고려하여 정착될 때까지는 양자를 분리하

기도 한다.

6) 규율, 징계 및 해고

출장 경비에 대한 기업의 점검 관리는, 출장을 다녀온 직원이 제출한 영수증을 철저하게 점검한다. 하등의 부정행위가 발견되면, 가령 숙박한 호텔에 직접 연락을 하여 문서에 의한 확인을 한다. 구체적으로는 해당 영수증을 발급한 사실이 있는지, 해당 일자에 직원이 투숙한 적이 있는지 등을 확인한다. 부정행위로 판명되면 그 정도에 관계없이 곧바로 해고조치에 들어간다. 출장자 본인과 상사가 동석한 회의에서 확인을 한 뒤에 서면에 의한 해고 통지를 한다. 확인을 위한 회의 소집은 문서를 통해서 하고, 소집문서 및 해고통지서를 내용증명으로 우편발송하든가 혹은 직접 해고 대상 직원에게 건네주고 서명을 받도록 한다. 부정행위의 발견 시점을 기준으로 2개월이 경과한 시점부터는 부정행위에 대한 해고 시효가 만료되므로 신속한 절차를 밟아야 한다(日本在外企業協會, 2014: 105). 해고당하는 직원이 퇴직금(최소한 통상 임금의 6개월 분)을 요구하지 않는 대신에 의원퇴직으로 해달라고 부탁하는 경우, 절대 이에 응해서는 안 된다. 의원퇴직을 해줄 경우에 해당 직원은 나중에 과혹한 조건 하에 무리한 퇴직을 강요받았다거나, 퇴직금조차 지급받지 못했다는 등의 이유를 대고 노동심판소에 소를 제기할 우려가 있기 때문이다. 환언하면, 부정행위로 인하여 해고당할 경우, 해당 직원은 재취업이 어려울 뿐 아니라, 실업보험의 수취 조건도 불리해진다.

프랑스에서는 3개월 이내에 누계 10명 이상의 종업원을 경제적 이유로 해고해야 하는 상황이 발생하면, 그 경제적 이유와 고용확보 방안, 재고용 알선 활동계획, 해고 조건, 지역재개발 계획 등 구조조정과 관련한 폭넓은 내용의 '사회계획서'를 작성해야 한다. 이는 공공정책의 틀에서 다루어지기 때문에, 당사자 간의 사적 동의에 의해 그 절차가 생략될 수는 없다. 우선, 구조조정이 불가피하게 된 경제적 어려움에 대한 정보를 기업위원회와 노조에 제공하고 협의를 거쳐 이들의 의견표명을 얻어야 한다(日本在外企業協會, 2014: 110). 그러나 이들이 반대의견을 표명하더라도 절차상의 문제는 없다. 그 다음 단계는, 해고 조건 등을 상세히 기술한 '사회계획서'에 대해서도 마찬가지의 정보제공과 협의를 거쳐 의견표명을 구하되, 마찬가지로 종업원대표의 합의를 요하는 것은 아니다. 중요한 점은, 이들이 충분한 정보를 제공받았느냐 하는 점이다. 정보제공의 충분성 여부는 객관적 측정이 어려운 만큼, 노사 간에는 아전인수 격의 논쟁이 반복될 것이다. 이 때 노조, 기업위원회는 사측이 다음 단계로 이행하는 것을 저지하기 위하여 법원에 구조조정 절차의 동결 내지 취소를 청구하는 소를 제기하기도 한다. 이 때 노조, 기업위원회는 사측의 비용부담으로 외부 감정인(공인회계사)을 임명하여 자신들에게 유리한 보고서를 제출받는다. 설령 법원에서 자신들이 기대한 판결이 나오지 않더라도 최소 수개월이 걸리는 소송 기간 중에 해고 절차를 지연시킴으로써, 그 기간 동안의 통상 급여를 계속 받을 수 있다는 계산이 깔려 있다. 사회계획서는 노동감독국의 승인을 얻어야 하는데, 이를 위해서는 되도록 빠른 시점에 비공식의 상의를 하는 게 좋다. 단, 노동감독국과 노조본부 간에는 정보교환이 긴밀히 이루어진다는 점을 고려하여, 비공식 상의의 시기를 '경제적 어려움'의 발표 직전 혹은 직후로 잡는 것이 좋다. 아울러 공업부, 투자촉진국, 지역의회, 도지사, 시장 등 관계 각 관청에도 사전 설명을 해 둘 필요가 있다. 설명의 목적은 사업철수의 필요성, 해고와 병행한 지역재개발 계획의 전개 의사 등을 이해시키는데 있다. 시기는 경제적 어려움을 발표하기 직전이 낫다. 만약에 해당 지역에 투자를 개시하였을 때 당국으로부터 각종 직간접의 지원(자금원조, 세금 감면 등)을 받았다면, 지원의 부수 조건으로 부여된 각종 의무(설비투자, 고용창출 등)를 다하였는지도 확인해두어야 한다. 의무 이행이 불충분하다고 판단되면, 받았던 각종 지원을 반환해야 할 수 있다는 점도 염두에 두어야 한다. 대량해고를 감행하는 기업은 지자체(도지사)에 지역재개발 계획의 제출 및 이행 의무가 있는데, 그 목적은 기업이 삭감하려는 고용 인력의 크기 이상으로 신규 사업과 고용을 해당 지역에 유치하기 위한 활동을 전개시키려는 데 있다. 이러한 내용은 사회계획서에도 포함되므로, 지자체의 합의를 구하지 못하면 사회계획서가 완성될 수 없어서 노조, 기업위원회에 대한 정보 제공의 절차가 진전을 보이지 못하게 된다. 지역재개발 계획의 이행 상황은 정기적으로 보고해야 하며, 이행 실적을 책임져야 하는 것은 아니지만 적어도 기업의 사회적 책임, 도의적 책임을 묻게 된다.

프랑스의 노동법은 대단히 난해해서 현지인 인사책임자가 노동법 전문가라 할지라도 대량해고를 수반하는 구조조정과 같은 중요 안건에 관해서는 고문변호사의 자문과 확인을 구하면서 일을 진행해야 한다. 고문변호사를 선정할 때는 현지 사정에 정통한가 여부는 물론, 본사에 보고해야 할 일도 고려하여 국제적 지명도를 갖춘 법률사무소를 고르는 게 바람직하다. 물론 그만큼 늘어나는 변호사 비용은 감내해야 할 것이다. 고문변호사뿐 아니라, 경제적 어려움의 내용을 객관적으로 설득력 있게 보고서로 작성할 능력을 갖춘 노동분쟁 전문 회계사무소도 임명해두어야 한다. 법원에 회계감사인으로 등록된 회계사 중에서 선정하면 된다. 끝으로 대외 홍보를 담당할 홍보전문가도 임명하여 제한된 시간 내에 관련 정보를 모니터하고 대응할 수 있어야 할 것이다. 지역재개발 계획과 관련해서는 외국기업이 프랑스에 투자, M&A를 행하는 프로젝트를 전문적으로 다루는 투자고문회사를 선정하여 지역재개발사업을 대행시키면 좋다. 관련 관청과의 절충 작업을 본사가 나서서 하게 되면 필요 이상의 기대치를 줄 수 있기 때문에, 현지법인이 주도적으로 행하고 본사는 권한을 위임하고 후방 지원에 그치는 게 바람직하다. 프랑스는 노사관계가 가장 어렵고 까다로운 국가 중의 하나임을 명심해야 한다.

7) 상하 관계

본국에서 프랑스 자회사로 주재원을 파견할 때, 대부분의 경우에는 본국에서의 경력과 실적을 중시하여 파견 주재원을 선발하는데, 리더십이 결여된 주재원의 파견은 당사자 본인은 물론 자회사에게도 손해일 뿐이다. 프랑스 조직에서는 온화한 조정자의 역할보다는 강렬한 개성을 지닌 리더를 기대하는 경향이 있다. 따라서 본국과 프랑스 간의 문화, 가치관의 차이를 가뿐히 극복하여 현지인의 마음을 사로잡는 강력한 리더십을 발휘할 수 있는 인재를 파견해야 한다(日本在外企業協會, 2014: 107). 이심전심으로 일의 요령을 전수할 수 있으리라고 착각하여 말주변이 부족한 주재원 관리자를 파견하면 현지인 프랑스 직원들을 통솔하기가 벅차다. 상사라 함은 부하 한 사람 한 사람의 일상 업무, 그들의 고유 역량 등을 꼼꼼히 파악하고, 교육 훈련의 기회를 체계적, 단계적으로 부여하며, 업무를 맡길 수 있어야 한다. 아울러 부하가 태만을 보일 경우에는 온정에 휘말리지 않고 구두로 지적을 한 뒤에 수차례 반복 발생할 경우에는 문서로 주의를 주는 등, 자신의 권한을 강력히 행사할 줄도 알아야 한다. 단지 상사라는 이유만으로 권위를 내세워 명령, 지시만을 할 것이 아니라, 언어적 표현을 구사하여 부하를 설득할 수 있는 담력도 필요하다. 프랑스에서 관리직은 Cadre라고 불리는 사회적 지위를 지닌 자이다. 일반 종업원과는 사회적 거리가 큰 존재인 만큼, 그에 걸맞은 능력, 지도력의 구비가 당연시된다. 본사가 주재원을 파견할 때는 애당초 맡아야 할 보직과 직위를 부여하는 일이 요구된다. 가령 부장 자리에 취임할 사람을 부임 초기에 벅찰 것이라는 우려 속에 배려한답시고 차장 직위로 발령을 내면 안 된다는 것이다. 차장으로 동격이라고 여긴 자가 나중에 부장 자리로 보직을 바꾼다고 해서 동등관계가 상하관계로 자동 변환되기가 어렵기 때문이다.

8) 프랑스에 관한 소소한 정보

■ 기업의 휴가

유급휴가는 30일(주말을 포함하면 5주간)인데, 흔히 여름에 2-3주간, 겨울에 1-2주간, 자녀 방학 때 1주간 정도를 휴가로 갖는다.

[글로벌 문화 배우기 7 : 근친혼]

유럽에서는 중세 이래 가톨릭교회가 결혼을 금하는 친족의 범위를 대단히 넓게 규정하여 사촌 간 결혼은 금기시하였다. 따라서 근친상간은 늘 골칫거리였다. 사실 구약성서에서 아담과 하와(이브)라는 한쌍의 남녀로부터 인류의 조상이 시작되었다고 보게 되면, 근친혼이 불가피해진다. 아브라함의 부인 사라도 그의 이복 여동생이다. 심지어 소돔에서 나그네살이를 하다가 구원을 받아 탈출에 성공한 아브라함의 조카 롯의 두 딸은 동굴에서 피신생활을 하다 보니 시집을 가지 못하게 된 자신들의 신세를 한탄한 뒤에, 후손을 얻기 위하여 아버지에게 술을 먹인 뒤에 이틀에 걸쳐 차례대로 부녀 간 관계를 맺어 각각 모압(모압인의 조상)과 암미(암몬인의조상)라는 자식을 얻었다. 이 두 자식은 후에 이스라엘 민족과 적대관계를 이룬다. 고대 이집트의 최후의 여왕인 클레오파트라 7세도 남동생인 프톨레마이오스 13세, 14세와 연이어 결혼하였다. 미국에서는 절반 정도의 주에서 사촌 간 결혼이 금지되어 있다.

〈출처: 阿門禮(2017), 世界のタブー〉

(8) 네덜란드

1) 기본 통계

인구: 1,679만 명, 면적: 41,864 ㎢, 종교: 가톨릭 27%, 개신교 16.6 %, 이슬람 5.7%, 힌두교 1.3%, 불교 1%, 무교 및 기타 48.4%, 정치체제: 입헌군주제, 양원제(상원 75석, 하원 150석. 하원에 법안 및 조약에 대한 선결권 있음), 국민소득: 8,215억 달러, 1인당 소득: 48,221 달러(2017년)

2) 노사관계

네덜란드의 노사관계제도 역시 독일과 흡사하다. 산업별 노사관계제도는 산별노조와 사용자단체가 단체교섭을 행하고, 거기에서 체결된 노동협약이 기업횡단적으로 해당 산업 전체에 적용된다. 따라서 노조 가입률이 21%(2011년 기준)임에도 불구하고 협약은 전체 노동자의 84%에게 확장 적용된다. 산별노조만으로는 요구하기 힘든 정치적 요구 사항의 실현을 위하여 각 산별노조가 연합한 전국적 센터가 있다. 1981년에 신설된 통일조직 FNV(네덜란드노동총동맹)는 전국노조원의 60%를 관장하는 센터이다. 직장노조(Works Councils: 네덜란드어로는 OR)는 개별 직장, 기업의 경영자와 개별 직장 노조 간에 전개되는 노사협의제도로서, 종업원

50명 이상을 고용하는 사용자는 이를 설치할 법적 의무를 지니며, 사무경비를 부담한다. 종업원의 선거에 의하여 선출된 대의원은 산별노조와는 접촉하지 않고, 직장의 일상사에 대하여 경영자에게 정보 제공을 요청하고 정기적 협의의 장(연간 최소 2회)을 통하여 의견을 전달한다(日本在外企業協會, 2014: 29-31). 구체적으로는, 조언의 권리(대규모 기술 도입 내지 기술혁신의 실시, 중요한 환경대책조치의 도입, 다른 사업소나 회사에 상당액의 신용대출을 해주거나 역으로 융자를 받는 일, 이사의 임면)가 있는데, 사용자의 계획에 찬성하지 않을 경우에는 법원에 재정 신청을 할 수 있다. 또 다른 권리인 회사의 제안을 승인할 권리(노동시간, 휴가, 노동안전위생, 환경조건, 교육훈련, 채용, 승진, 해고, 개인정보취급, 근무상황, 병가결근규정)에 대해서도 찬성하지 않을 경우에는 법원에 재정 신청을 할 수 있다. 제안의 권리(사회적 측면, 노조, 재무, 투자, 경제 등)에 대해서 사용자는 최소한 1회의 협의를 해야 한다. 알 권리(연도결산보고, 사회적 측면의 연차보고, 향후의 경영계획과 경영전략 등)에 대해서도 사용자는 정보제공의 의무를 지닌다. 대의원의 종업원회 활동 시간은 업무시간에 포함된다. 이들 산업별노사관계와 사업소노사협의제도에 영향을 미치는 상위 조직이 국가 차원의 노사정단체로서 조정 역할을 맡는다. 노사정조정기구에는 사회경제평의회와 노동재단이 있다. 사회경제평의회(www.ser.nl)는 1950년 산업조직법에 근거하여 정부가 관여하고 노사대표가 참가하는 조직이다. 구체적으로는 전국차원의 노사조직 대표와 중립적인 입장의 전문가라고 하는 3자간 구성기관으로서, 사무국에는 정부의 관계기관에서 파견된 직원들이 근무한다. 주된 역할은 사회정책, 경제정책에 대한 조언과 고용정책 관련법의 실행을 감독하는 일이다. 조언에는 매년 임금협상에서 임금인상의 가이드라인을 제안하는 일이 포함된다. 감독에는 사업소종업원법의 운영에 대한 지도와 개별 중재, 조정에 관여하는 일이 포함된다. 노동재단은 전국 차원의 노사조직 대표가 공동운영하는 조언기관인데, 설립 목적은 경제부흥을 위한 협조의 장으로서, 노동시장정책이나 사회정책에 관한 정부 대응에 정책 제언을 한다. 가령, 노동시장규제완화에 관한 '유연성 및 보장법'의 입법과정에서 지대한 역할을 하였다. 종업원대표와 교섭을 할 때는 철저하게 네덜란드어로 진행된다. 따라서 본국에서 온 주재원 관리자들은 종업원대표와의 정기 회합에 신뢰할 만한 현지인 인사 관리자를 출석시키고 추후 보고를 받는다.

3) 채용

네덜란드의 인재파견회사는 단순히 기간 한정의 파견사원만을 공급하는 것이 아니라, 고객 니즈에 맞는 종업원 교육과 인사제도 설계 등의 폭넓은 종합 인재제공 서비스를 하고 있기 때문에, 외국계 진출 기업에게는 더할 나위 없는 존재이다. 어느 일본계 기업의 경우에도, 정규직 사원의 60%는 최초에 파견사원으로 근무를 시작하여 후에 정규직으로 전환되었다. 따라서 파견사원 제도는 기업 입장에서는 우수한 기간요원을 선발할 수 있는 채용 루트로서 중요한 자리를 차지하고 있으며, 파견사원 입장에서는 근무할 회사, 업무가 자신과 맞는지를 판단할 수 있는 직업 탐색의 기회로 활용할 수 있다(日本在外企業協會, 2014: 121).

네덜란드의 'Flexicurity' 법(flexibility 유연성+security 보장의 합성어)은 해고 규칙을 엄격히 하여 정규직의 노동시장에 주어진 철저한 고용보장과, 이와는 반대로 비정규직의 노동시장에 주어진 불안정과 유동성이라고 하는 양극화의 노동시장 구조를 해소함으로써, 유연성과 보장이라고 하는 두 마리의 토끼를 잡기 위하여 제정되었다. 해고 규칙의 경우, 고지 기간을 종전의 6개월 전에서 4개월 전으로 단축하였고, 비정규직 노동자의 지위 개선을 위하여 12개월 이내의 기한 한정 노동자의 수습기간을 2주간, 1년 이상의 기한 한정 노동자는 1개월로 상한선을 단축하였고, 기한 연장을 2회, 3년까지 가능토록 하였다. 인재파견 사업은 허가제와 최장 파견기간(기존 6개월)을 폐지함으로써 규제를 완화하였다(日本在外企業協會, 2014: 122).

4) 임금, 노동시간

네덜란드에서는 연말이 되면 당해 연도의 실적 평가와 그에 연동된 이듬해의 임금 교섭이 시작되는데, 화이트칼라의 경우에는 종업원 한 명씩 개별 교섭이 이루어진다. 임금 결정에서 연공(근속년수) 요소는 철저히 배제된다. 목표치 달성 수준이 일정 기준치를 밑돌게 되면, 직무능력이 없다는 판정을 받아서 감봉 내지 해고와 같은 처우의 불이익을 받게 된다.

네덜란드는 단시간(주당 30시간미만) 취업자의 비율이 남녀 공히 세계에서 가장 높은 국가이다(2012년 기준). 어느 일본계 기업은 생산 공장의 작업원 가운데 정규직 90명, 파트직 40명이 근무하고 있는데, 파트직원은 2명이 한 조가 되어 하나의 직무를 공유하는 시스템을 갖추고 있다. 파트직의 노동시간은 주 2일 전일제(1일 7시간 36분), 주 3일 전일제, 주 4일 전일제, 반일제(반일 근무 일수는 다양하게 설정)로 여러 형태를 취하고 있다. 네덜란드의 노동법은 파트직과 정규직의 차별을 명확히 금지하고 있어서, 시간당 임금은 물론 각종 부대 편익(fringe benefits), 사회보장의 사용자 부담분도 동일하다. 연차유급휴가도 노동시간의 장단에 맞추어 일자가 계산된다. 2000년 7월부터 시행된 신노동시간법은 노동자의 노동시간 선택권을 강화하였다. 이에 따라 노동자는 단시간 정사원 근무와 표준시간 정사원 근무의 양자 사이를 오갈 수 있는 선택권을 경영자에게 사전 통지하여 행사할 수 있다. 기업이 이러한 노동자의 선택권을 거부하려면, 경영상의 합리적 이유를 입증해야 하는데 이 점은 용이하지 않다. 가령, 사장 비서가 정규직에서 파트직으로 전환을 신청한 경우, 비서라는 업무 성격 상 파트직은 곤란하기 때문에, 이 경우에는 파트직 비서가 아니라 파트직 근무가 가능한 다른 업무로 직무이동(job rotation)을 하게 된다. 이처럼 노동자가 단시간 노동의 선택권을 보장받게 된 배경에는 일과 가정의 균형을 개선하려는 점이 깔려 있다.

5) 규율, 징계

네덜란드에서는 일반사무직의 경우 정기적으로 병가를 끊어 회사를 쉬는 일이 일반화되어 있다. 이는 건강관리 차원에서 예방적 노력의 권리 행사라고도 볼 수 있지만, 병가를 끊을 경우에 의사의 진단서를 첨부하면 수당이 지급되는 점도 작용하고 있다. 가정의에게 부탁하면 진단서 발급은 용이하게 이루어진다. 이런 상습적 병가 제도의 활용에 대한 기업 측의 대응으로는, 병가자에 대한 가정방문, 사내 낙터제도, 사내 카운슬러의 배치, 악용한 직원에 대한 증거 제시와 경고 조치 등이 있다.

6) 노동관

네덜란드는 1년 내내 비오는 날이 많아 우산을 늘 휴대해야 하고, 하늘은 잿빛으로 어둡고 기온이 낮다. 어느 지역을 가더라도 가축 분의 냄새가 진동하는 낙농국이며, 위도가 높은 국가라서(암

스테르담: 북위 52.22도) 겨울철 날이 밝는 것은 더디다. 아침 일찍 일어나 일을 시작하는 근면성으로 네덜란드 사람들은 아침 6-7시의 아직 어두운 시간에 어두운 표정으로 소박한 복장을 입고 출근한다. 대기업을 제외하고는 공장에서 근로자들에게 식사를 제공하지 않기 때문에, 노동자들은 각자 점심을 싸갖고 온다. 커다란 사각의 타파웨어 그릇에 버터와 치즈를 넣은 식빵을 가득 채운다. 이를 오전 휴식시간과 점심, 오후 휴식시간의 3회에 걸쳐 나누어 먹는다. 다른 과일이나 부식도 없이 매일 같은 빵만을 먹고, 음료수는 공장에서 준비한 것을 마신다. 퇴근 후에 들르는 펍에서도 맥주나 위스키를 마실 때도 기껏해야 견과류의 안주만을 먹을 따름이다. 이처럼 평상시에 소박하고 검소한 생활을 하는 네덜란드 노동자들에게 최대의 즐거움은 여름에 3주간 활용하는 장기 휴가를 통하여 세계의 휴양지에 여행을 가는 일이다. 블루칼라들은 화이트칼라와는 달리 조금이라도 대우가 많은 직장으로 이직하는 일이 많다. 이처럼 근면성을 지닌 네덜란드인들도 복지국가정책 덕분에 여러 가지 급부가 철저히 주어지게 된 1970년대부터는 노동관에 변화를 가져오고 있다. 복지병으로 불리는 이런 사태에 대하여 병가제도와 노동장애 급부제도를 강력히 비판하는 사람들도 있다. 이로 인하여 경제성장의 정체를 겪게 된 1980년대에는 복지개혁을 단행하기도 하였다(日本在外企業協會, 2014: 132-133).

7) 네덜란드의 소소한 정보

■ 사육제

네덜란드의 라인강 이남 지역은 가톨릭 권역에 속하여, 매년 2-3월에 걸쳐 카니발이 열린다. 가톨릭의 사육제는 부활절(easter) 직전의 40일(사순:四旬)간 육식을 하지 않고 정진하기 위하여, 그 전에 즐기자는 축제 행사이다. 4-5일 간 계속되는 사육제를 즐기느라고 직원들도 일을 제대로 할 수 없을 지경이라서, 많은 기업들은 이 기간에 6-8일의 휴일을 정하여 회사 단위로 전원이 펍에서 술을 마시고 춤을 즐기기도 하는 일종의 회사 주체의 후생복리사업이기도 하다. 구성원 간의 연대감 제고 효과가 있어서, 노무대책으로 대단히 효과적인 행사이다.

[글로벌 문화 배우기 8 : 여성]

인도에서는 지금도 아이를 출산한 집에서 만든 음식을 먹어서는 안 된다. 여성노동자의 생리휴가를 최초로 법제화한 나라는 일본이다. 이는 가혹한 노동조건에 놓여 있는 여성노동자를 제도적으로 보호하자는 운동이 있었기 때문이다. 이 밖에 우리나라와 인도네시아 정도가 생리휴가가 있다고 한다. 물론 생리 중의 여성을 격리시킨 고대의 발상과 연계지어 비판하는 측도 있고, 모성 보호라는 미명하에 여성을 한 사람의 노동자로 간주하지 않는 차별이라는 지적도 있다. 그리스의 아토스 산에 여성이 입산을 하면 최장 2년의 금고형을 받는다. 까닭은, 약 2천 명의 그리스정교회 수도자들이 수행하고 있기 때문이다. 15세기 초부터 고양이 외에는 가축의 수컷도 입산금지이다.

〈출처: 阿門禮(2017). 世界のタブー〉

(9) 스페인

1) 기본 통계

인구: 4,651만 명, 면적: 50.6만 ㎢, 수도: 마드리드(인구 321만 명), 언어: 스페인어(바스크어, 카탈루냐어, 가르시아어, 발렌시아어 등도 공용어로 인정), 종교: 가톨릭(75%), 정치체제: 의회군주제, 양원제(하원 350석, 상원 266석, 각 임기 4년, 해산제도 있음), 국민소득: 1조 3,112억 달러, 1인당 소득: 28,287 달러(2017년)

2) 노사관계

2010년에 긴급피난의 노동시장개혁을 단행하기 위한 법안에는 기한한정고용계약의 갱신에 의한 최장계약기간의 상한선 단축, 해고의 금전적 보상액 인하, 기업별노조로 변경 가능한 산업별노동협약 범위의 확대, 청년 및 중장년층 실업자를 고용하는 사용자에 대한 소득세 감면의 네 가지 조치를 담아 노동시장의 유연성을 높이고 고용기회를 확대하려는 의도를 갖고 있다. 2011년 11월의 총선거에서 중도우파의 국민당이 단독 과반수 의석을 획득하여 정권을 교체하면서 실업대책으로 취한 노동입법개혁 패키지는 노동시장의 유연성 제고를 위하여 다음과 같은 내용을 담았다(日本在外企業協會, 2014: 34). 첫째, 경제적 이유에 의한 공정 해고의 인정 범위를 확대하였다. 가령, 9개월 연속 매출이 감소할 경우에는 인정 범위에 포함되어 해고 규제를 완화한다. 둘째, 종업원 규모 50명 이하의 기업에게는 채용 후 1년간 중도해약이 가능한 자유재량고용계약(open-ended employment contract)을 허용하였다. 이를 통하여 청년(16-30세), 중장년(45세 이상)의 실업자를 채용하거나, 남성중심의 섹터에 여성을 채용할 경우에는 사회보장갹출에 대하여 감세조치를 강구한다. 이를 통하여 채용된 신규노동자에게는 실업수당의 20%에 상당하는 금액을 수당으로 보전해준다. 셋째, 산업별노조에 대한 기업별협약의 우위성을 한층 강화하여 내부노동시장의 유연성을 높였다. 가령, 6개월 연속 매출이 감소한 기업에게는 산업별노동협약에서 빠져나갈(opt-out) 것을 허용한다. 아울러 기술관점 내지 조직관점에서 임금제도의 변경을 허용함으로써, 임금인하에 의한 경쟁을 장려한다.

[글로벌 문화 배우기 9 : 음식]

고대 이집트 초기에 피라미드를 건설할 때만 해도 돼지는 식용이었는데, 기원전 1000년경부터 혐오의 대상이 되었다. 여기서 말하는 돼지는 '흙돼지'로서 개미와 흰개미를 잡아먹고 야행성 동물이다. 밭 경작물에 피해를 주어서 이집트의 신화에 나오는 악의 신 세트(Seth)의 화신으로 여겨졌다. 유대교의 식재를 규정한 율법을 히브리어로 '카슈르트'라고 하고, 이에 맞게 조리된 음식을 '카쉐르'라고 한다. 카슈르트에 따르면, 산 동물을 예리한 칼 등으로 경동맥(목동맥)을 단번에 잘라서 가장 고통을 적게 해야 한다. 쇼헤트(shohet)라는 자격증 소지자가 이를 처리해야 한다. 조리할 때는 동물의 피를 쓸 수 없기 때문에 소시지도 안 되고, 스테이크도 '레어'로 구어서는 안 된다. 조리도구와 식기들도 육식용과 비육식용의 두 세트를 준비해야 하며, 싱크대가 하나밖에 없을 때는 한 세트를 씻고 나서 싱크대를 깨끗이 한 뒤에 다른 세트를 설거지해야 한다.

이슬람교 역시 율법에 맞게 만들어진 음식을 할랄(halal: 아랍어로 '신에게 허락받은 것'), 그렇지 못한 음식을 하람(haram)이라고 한다. 제비뽑기나 내기를 해서 얻은 음식, 에탄올이나 콜라겐이 들어간 화장품, 젤라틴(돼지껍질, 뼈를 사용)이 들어간 과자도 하람에 해당한다. 무슬림은 식사를 시작할 때 '비스밀라(bismillah: 하느님의 이름으로)', 식사를 마칠 때는 '알함두릴라(Alhamdulillah: 하느님 덕분에)'라고 말한다. 이슬람 식사법은 오른손의 엄지, 검지, 중지를 모아 음식을 한 입 크기로 집어서 꼭꼭 씹어 먹으며, 음식이 입에 있는 상태에서 다른 음식에 손을 대서는 안 되며, 식사 도중에 손가락을 핥아서도 안 된다. 음식이 뜨겁다고 입으로 호호 불어서도 안 되고, 뱉은 씨는 왼손 등에 얹어서 버려야 하고, 과일과 씨를 같은 접시에 담아서도 안 된다. 식사 중 양손은 테이블에 올려놓는데, 왼손을 부정하다고 보는 힌두교에서는 왼손을 내려놓는다. 음료는 단번에 마셔서는 안 되고, 무함마드가 했던 것처럼 세 번에 나눠 마시는 것이 가장 바람직하다.

힌두교는 소를 신성시하는데, 여기서 소는 혹소(zebu: 등에 혹이 있는 인도 소)를 말한다. 따라서 인도가 세계최대 소고기 수출국가라고 말할 때는 혹소가 아니라 물소를 가리킨다. 인도신화에 따르면 물소는 악마인 마히샤수라의 화신이고, 사자(死者)의 왕인 야마가타는 것이라서 식용으로 한다. 힌두교도의 식사법에는 자신이 먹던 음식을 남에게 준다든가 다른 이의 음식에 손을 대서는 안 된다. 또한 여럿이 함께 먹을 때는 음식을 각자의 접시에 덜어서 먹는다. 채식주의 힌두교도에게는 채소 중에도 깨끗한 정도가 떨어지는 근채류를 먹는지 묻도록 한다.

소는 농사짓는데 노동력으로 쓸 수 있고, 젖도 얻을 수 있으며, 먹이는 보릿짚처럼 인간이 소화할 수 없는 종류의 식물을 주면 될 뿐인데다가 소똥은 건조시켜서 연료로 쓸 수 있는 등 살려두면 얻는 편익이 한두 가지가 아니다. 반면 돼지는 수목이 풍부한 환경에서 서식하는 멧돼지를 가축으로 적응시킨 거라서 건조하고 고온의 환경에는 맞지 않는다. 또한 되새김질(반추)을 하지 않기 때문에 소, 염소, 양처럼 셀룰로스(섬유질)의 함유량이 많은 식물은 먹을 수 없다. 결국 사람이 먹으려고 재배한 곡물, 콩 등을 주어야 한다는 점에서 이집트나 서아시아에서는 못마땅한 가축이었다.

우리나라의 개고기 문화를 외국에서 비방하고 있지만, 독일, 스위스, 프랑스에서도 20세기 전반기까지는 개고기를 먹은 일이 희귀하지는 않았다. 일본에서도 예전에 카고시마(鹿兒島) 현에서는 개고기를 먹었다고 한다.

에스키모라는 호칭이 '날고기를 먹는 자'라는 의미로 곡해되고 있지만, 사실은 '설피(눈에 신발이 빠지지 않도록 밑창에 대는 것)를 짜다'라는 뜻이다. 이누이트를 대용하는 것도, 툰드라 지대에 사는 원주민 중에는 이누이트(innuit) 부족 이외의 사람들도 있다는 점에서 온전한 호칭은 아니다.

대항해시대인 16세기 후반에 남미에서 가져온 감자는 성경에 쓰여 있지 않다는 이유로 기독교에서는 음식으로 인정하지 않았다. 일반인들 중에는 독이 들어 있다거나 전염병을 일으킨다고 믿는 이들도 있었다. 프랑스에서는 오랫동안 돼지 먹이로만 인식되어 왔다. 이러한 감자에 대한 편견을 불식한 것이 프로이센의 프리드리히 대왕이 1740년에 즉위한 일이다. 당시에 각지에서 기근이 발생하여 위정자의 근심거리가 되었는데, 감자가 보리보다도 수확량이 많고 냉해에 강하다는 점에 주목하였다. 아일랜드에서는 이미 감자로 기근을 면하게 되었다. 그리하여 독일 포츠담의 상수시 궁전에 있는 프리드리히 대왕의 묘에는 감자를 봉헌하는 일이 끊이지 않는다고 한다.

유럽에서는 튀김을 가난한 이들이 먹는 손이 덜 가는 음식으로 간주한다. 신선도가 떨어지는 식자재를 튀기면 조리에 수고를 덜 해도 된다. 게다가 칼로리마저 높아서 상류층은 좋아하지 않는다. 포테이토칩에 마요네즈까지 얹어 먹는 걸 좋아하는 벨기에 사람들을 영국인들이 경시하는 이유가 바로 이 점에 있다. 한편 흑인 음식으로서 전 세계인의 애호식품이 된 것은 프라이드치킨이다.

유럽에서는 건조시킨 인육 가루를 불노장생의 묘약으로 믿기도 했다. 중세에 몰약의 효능이 유럽에 전파되자, 죽은 지 얼마 안 되어 미라(포르투갈어 mirra, 영어는 mummy) 처리를 하지 않은 상태의 시체를 건조시켜서 가루로 만들기도 했다.

식인종을 뜻하는 스페인어 canibal은 콜럼부스가 카리브 해의 원주민인 카리브족을 그렇게 부른 것이 시초이다. 또한 카리브족과 적대관계에 있던 아라와크족은 '바르바코아'라는 판 위에 고기를 구워 먹었는데 사람의 다리도 있었다고 한다. 바비큐는 바로 여기에서 유래한 단어이다. 물론 유럽인의 침략과 식민 행위를 정당화하기 위하여 원주민을 야만인으로 묘사했다는 점에서 신뢰성에는 의문이 간다.

1. 2 미국 비즈니스 문화

(1) 채용

미국에 처음 진출하여 회사를 설립할 때는 현지 업계에 정통한 같은 한국계 기업에게 자문을 구하는 일이 효과적이고, 특히 미국에 진출한 자국 은행들의 지점에 문의하는 것이 좋다. 시간의 경과와 더불어 기업 규모가 커지게 되면 요구되는 관리자의 자질이 바뀔 수 있으므로, 최초에 채용한 현지인 관리자에게 과도한 의존을 하지 않도록 한다. 즉 회사의 장기적 관점에 입각한 현지 인력의 활용과 처우가 중요하다. 미국인은 자신보다 우수한 부하를 신규로 채용하기를 꺼린다. 이는 자신의 경력 개발에 장애가 된다고 보기 때문이다(日本在外企業協會, 2013: 7). 그렇기 때문에 최초 채용의 관리자는 상당히 수준 높은 자질을 구비한 자라야만 한다. 신규 채용 인력에 대한 신원 조회와 관련하여, 미국은 주의 경계를 넘어서게 되면 이전 주(州)에서 해당 인력이 지닌 경력이 위조되어 제출되기도 한다. 대략 지원자 4명 중에 1명꼴로 이력서의 기재 내용에 오류가 발견된다. 미국에서는 'Fair Credit Reporting Act'라고 하는 연방정부의 법이 있어서 타인의 개인 정보를 함부로 조사하는 것은 금지되어 있다. 그렇기 때문에 지원자의 신원조회에 대해 사전에 지원자의 동의를 얻어야만 한다. 법무에 정통한 사내 인력이 없는 경우에는 사외의 전문조사기관에 신원조회를 의뢰하도록 한다. 반대로 다른 회사로부터 자사에 근무한 경력이 있는 자에 대한 신원조회를 의뢰받게 되면, 근무기간과 최종 직책, 근무지, 급여 정도만 답변하면 된다. 그 밖의 개인 정보는 알려주지 않는 편이 낫다. 답변은 그가 소속했던 부서의 장이 아니라 인사담당자가 일괄 처리하도록 한다.

고용기회균등법(Equal Employment Opportunity: EEO)에 의거하여 면접 시에는 다음 사항에 유의해야 한다. 개인의 직무능력과 적성 파악에 필요한 질문 이외에는 하지 않도록 한다. 필요한 질문 사항으로는 주소, 현주소 거주 기간, 지금까지 해온 일의 내용, 그만 둔 이유, 직무 수행을 어렵게 하는 신체적·정신적·의학적 장애의 유무, 본인의 장점과 단점, 근무시간, 주말작업이나 잔업의 유무를 설명하고 종교상 혹은 신념상 지장 유무의 확인, 취미 활동, 업무 수행에 지장이 없을 만큼의 읽기와 쓰기가 가능한 언어 종류, 지금까지 일을 해오면서 범한 과실 여부와 그 내용, 유죄 판결 유무, 지금까지의 일에서 가장 좋았던 점과 가장 싫었던 점, 업무 관련 단체에 가입 여부, 향후 5년 혹은 10년 뒤에 하고 싶은 일, 희망하는 급료 수준 등이 있다. 가령, 학력 사항에서는 전일제 등록생이었는지 아니면 야간 등록생이었는지를 확인하고, 야간 등록생인 경우에는 학업과 병행한 일이 있는지를 물어보도록 한다. 이는 전직 회사에게 신원 조회할 수 있는 기회를 얻을 수 있기 때문이다. 또한 이력서에 공백 기간이 있을 경우에는 그 이유를 법에 저촉되지 않는 범위 내에서 묻도록 한다. 추천서의 제출을 요구하는 것도 지원자에 대한 제3자의 평가를 구할 수 있다는 점에서 권할 만하다. 금기 사항으로는 국적, 성별, 연령, 가족관계, 신체장애, 출신지 등에 관한 질문이 있다. 또한 이력서 제출에 사진 첨부는 금지되어 있다(日本在外企業協會, 2013: 13). 따라서 자사의 지원 서식(application form)을 전문 변호사와 상의하여 작성해둔다. 본사 직원을 미국 법인에 파견할 때는 사전 교육에서 단순한 지식으로 전할 게 아니라 역할 연기(role play)를 통하여 유사 체험을 익히도록 하는 게 효과적이다. 채용되지 못한 지원자는 낙방의 이유를 회사에 물을 권리가 있다는 점도 알아두어야 한다.

(2) 퇴직, 해고, 인사평가

미국인들은 인간관계가 좋더라도 직무 내용에 걸맞은 급여를 받지 않으면 사직을 한다. 따라서 채용 에이전시 등을 통하여 급여 시세에 관한 정보를 입수하여 직원들의 급료 수준을 정기적으로 점검해둘 필요가 있다. "조금만 더 열심히 하면 진급할 수 있어."라는 식의 공수표는 남발하지 않도록 한다.

종업원을 해고하는 데는 다섯 가지의 이유가 있다(日本在外企業協會, 2013: 27). 하나는 성과의 저조인데, 기술이나 능력 수준이 낮다는 점, 태만이나 과실을 범하는 점 등이 있다. 이를 입증하려면 인사고과, 사정(査定) 시스템이 확실히 갖추어져 있어야 한다. 둘은 취업규칙 위반인데, 가장 빈번한 위반은 지각, 조퇴, 결근이다. 원인에는 마약이나 알코올 중독과 같은 사회악이 있기도 하다. 셋은 부정행위인데, 사내에서 파괴, 절도, 폭행, 싸움 등이 이에 해당한다. 넷은 상사에 대한 반항이다. 단, 위법행위 혹은 공공의 안전에 반하는 명령은 따르지 않을 수 있다. 다섯은 사생활의 문제인데, 회사의 명예를 훼손하는 행위가 이에 해당한다. 이러한 사유로 인하여 종업원을 해고할 때 거치는 단계로는, 하나, 구두에 의한 주의(반드시 직속 상사가 본인에게 직접 할 것), 둘, 개별 면접 혹은 카운슬링(결점을 구체적으로 지적하고 개선 방법을 제시), 셋, 문서에 의한 경고(Warning Letter: 면접이나 카운슬링에서 나누었던 이야기의 내용, 개선의 진척 상황에 대한 평가를 기재하고, 경고 후 타당한 기간을 설정하여 재차 개선의 기회를 제공할 것), 넷, 정직 또는 감봉(해당 조치를 취한다는 내용을 문서화하여 인사파일에 보관), 다섯, 최종 경고(3단계의 경고문을 복사 첨부하여 이번에 개선하지 않을 경우 해고한다고 통고)의 5단계를 밟게 된다.

미국에서 시간외수당을 지급하지 않아도 되는 종업원에는 다섯 가지 유형이 있는데, 2명 이상의 부하를 거느린 자, 경영계획에 가담하는 직무를 가진 자, 학구적이거나 혹은 예술적인 전문직을 가진 자, 컴퓨터 전문직을 가진 자, 사무소 소재지에서 떨어진 곳에서 일을 하는 영업직을 가진 자가 이에 해당한다(日本在外企業協會, 2013: 31).

인사평가를 위하여 부하 직원들과 면담을 할 때는 부족한 점뿐 아니라 잘한 점까지 균형 있게 언급하는 것이 좋다. 부족한 점을 언급할 때도, 가령 동료들과의 협조가 부족한 점으로 인해 업무 수행에 어떤 영향이 있는지 구체적으로 지적해 주는 게 필요하다. 평소에 그런 점을 기록해 두지 않으면, 평가 시점에서 현지인 부하 직원들은 수긍할 수 없다는 반응을 보일 뿐이다.

(3) 업무 추진 방식

현지법인에 부임하여 업무를 추진할 때는 현지인 직원 중에 자신의 생각을 잘 이해하는 인물을 발견해서 그의 지원을 받는 편이 효과적이다. 그러나 이 때 지원역할을 해주는 부하 직원과 다른 현지인 직원 간의 상하관계를 유념해야 한다. 지원역할의 직원이 다른 직원보다 직위가 낮을 경우, 마치 지휘명령계통에서 벗어나는 관계가 성립되어 상호 의사소통에 악영향을 미칠 수 있다.

종업원 한 사람 한 사람을 소중이 여기는 자세는 미국에서도 조직 관리의 기본이므로, 가령 생일 축하 카드를 보낸다든가, 근무 5년차, 10년차 직원들에게 격려의 선물을 보내는 등의 세심한 배려도 잊지 말아야 한다.

(4) 차별

미국기업에서는 승급이나 승진이라는 당근 혹은 강등이나 해고라고 하는 채찍을 교환조건으로 내세워 성적 요구를 행하는 Quid Pro Quo를 하였다가는 큰 코 다친다.

직원 관리 면에서도 단순히 차별하지 않는다는 차원이 아니라, 적극적으로 채용, 승진, 훈련을 실시한다는 자세를 보여야 한다. 가령, 신입 직원을 선발하여 업무 특성상 수습사원에게 4개월의 연수를 실시하면서 2회에 걸친 테스트를 한 어느 일본기업을 보자. 화학지식과 기계조작에 관한 기본교육을 실시한 뒤에 1차 서류테스트와 실기 테스트를 행하였고, 2개월의 실습 훈련을 마치고 나서는 2차 테스트를 실시하여, 1차와 2차 테스트 성적을 합산하여 성적표를 공개하였다. 상위권 50명을 정규 채용하고, 나머지 인력은 1개월 후에 추가 테스트를 실시하여 합격자는 정규 채용하고 불합격자는 정식 채용을 하지 않는다는 발표를 하였다. 그런데 하위권은 대부분이 흑인들이었다. 이들은 자신들이 이러한 종류의 테스트를 통과할 만한 정규 학교교육을 받은 적이 없기에 처음부터 불리한 조건을 갖고 경쟁하게 되었다고 이의를 제기하였다. 테스트를 통한 선발 시스템에 익숙하지 않은 흑인들에게, 백인과 동등한 경쟁을 실시했다는 회사 측의 주장은 차별 행위로 받아들여진 것이다. 게다가 성적표를 공개함으로써 개인의 명예마저 손상당했다고 하는 설상가상의 사태로 번지게 되었다.

미국에는 공민권법을 집행하는 기관으로서 평등고용기회위원회(Equal Employment Opportunity Commission: EEOC)가 있는데, 여기에서 정의하는 차별(disparate treatment)은 "동일 직무, 자격의 종업원이 인종, 피부색, 종교, 성별, 출신국가에 의해 다른 종업원보다 불리한 처우를 받는 일"이라고 되어 있다(日本在外企業協會, 2013: 91). 차별의 유형에는 불리한 영향(adverse impact: 인사방침이 공평, 중립적이어도 운용의 결과로 보호집단에게 불리한 영향이 나오는 일), 과거 차별의 계속(perpetuation of past discrimination: 형식상으로는 공평한 고용방침일지라도 고용차별을 지속시키는 영향력이 있는 행위로서, 가령 내부모집 혹은 연고채용만으로 직원을 보충하여 백인 이외의 다른 인종들이 배제되는 사태가 지속되는 일), 수용의 실패(failure to accommodate: 종교상 주말이나 공휴일에 노동을 금지하고 있는 종업원에게 그러한 종교적 관습을 지킬 수 있도록 전환배치 혹은 자유근무제 등의 조치를 강구하지 않는 일), 보복 조치(retaliation: 공민권법에 기초하여 소송을 제기한다든가 혹은 평등고용기회위원회의 조사에 협력한 종업원에게 보복적 인사를 단행하는 일)가 있다.

종업원 입장에서는 다음의 5가지 항목을 입증하기만 하면, 차별을 받은 것이라는 1978년 미국연방대법원의 규정이 있다. 차별받은 종업원이 보호집단(protected group)에 속한다는 점(유색인종, 히스패닉계, 여성, 장애인, 퇴역군인, 40세 이상의 남성이 이 집단에 속함), 일자리를 구하기 위하여 지원한 점, 회사가 구인 직종에 요구하는 제반 자격을 구비하고 있다는 점, 이러한 자격을 구비했음에도 채용되지 못했다는 점, 기업 측이 구인 직종에 지원자와는 인종, 피부색, 종교, 성별, 출신국가가 다른 자를 채용했다는 점이 바로 그것이다. 종교상의 차별 문제와 관련하여 EEOC가 제시하는 지침은 다음과 같다. 경영자는 종업원(채용 내정자 포함)이 종교상의 관습을 지키기 위한 조치를 요청하면, 타당하고 최소한의 비용이라는 범위 내에서, 그리고 다른 종업원의 노동조건을 불리하게 하지 않는다는 전제 하에서 협력해야 한다. 그러한 조치를 실행하기 위하여 대체요원의 모집, 유연근무시간제도, 배치전환 등을 행하는 것은 타당하고 최소한의 비용이라는 범위에 속하는 것으로 간주하지만, 그 인정 여부는 기업 규모에 따라 상이하다. 채용 면접 시에 지원자가 어떤 종교를 믿고 있는지, 그런 종교가 어떤 제약이나 관습을 갖고 있는지 등의 질문은 피해야 하고, 대신에 자사의 근무조건(가령, 주말 근무의 유무 등)을 설명하고 그러한 근무조건이 상대방에게 문제가 되는지 여부를 답변하도록 하는 것이 낫다.

(5) 소송, 계약마찰

직장에서 종업원이 갖고 있는 개인영역(privacy zone)에는 물리적 영역과 사회적 영역이 있다. 물리적 영역으로는 외부 영역과 내부 영역 및 신체 영역이 있고, 사회적 영역으로는 심리 영역, 행동 영역, 생활 영역이 있다. 물리적 영역의 외부 영역은 회사가 종업원에게 사용 및 관리를 맡긴 비품(책상, 라커, 컴퓨터 등)을 의미하고, 내부 영역은 종업원의 개인 장신구(핸드백, 의류, 자가용, 서류가방 등)를 의미하며, 신체 영역은 종업원의 신체 부분(팔다리와 몸, 신체 기능, 건강 및 질병 상태, 용모 등)을 의미한다. 사회적 영역의 심리 영역은 종업원의 심리적 상태(심리, 성향, 취미와 기호, 신앙, 정신상태, 질환 등)를 의미하고, 행동 영역은 종업원의 개인행동(사상과 신조, 주의주장, 정치 및 사회 활동, 범죄 등)을 의미하며, 생활 영역은 종업원의 사생활(라이프스타일, 가족관계, 지인, 재정상태 등)을 의미한다(日本在外企業協會, 2013: 105). 사내에서 발생하는 도난사건이나 기업비밀 누설을 방지할 목적으로 종업원의 개인영역에 대하여 회사가 검사(거짓말탐지기, 약물테스트 등)를 하는 일은 일정 범위 내에서는 인정될 수 있지만, 그 범위를 제한하는 방향으로 규정이 강화되고 있다. 일례로 회사가 도장(塗裝) 라인에서 근무하는 생산직 여종업원들에게 도장 작업에서 기다란 손톱으로 제품에 흠이 생기거나 매니큐어 칠이 묻는 일이 발생하자 손톱을 자르라고 지시한 일이 인권침해로까지 번진 일이 있다. 손톱은 신체의 일부이며 미적 표현인데 이를 자르라고 명령한 것은 인격을 부정하는 일이라는 것이다. 회사가 개선책을 강구하지 않고 단지 손톱을 자르라고 명령하는 일은 부당하다고 받아들여진 것이다. 소송에서 회사는 패소하였고, 이후 일부 여직원은 다른 부서로 배치 전환되었고, 나머지는 장갑을 끼고 작업하는 일을 받아들였다. 단지, 장갑을 끼고 하는 작업은 맨손 작업에 비하여 능률이 떨어질 수밖에 없다.

일본기업에서는 인사부가 직원의 인사문제에 대단한 권한을 보유하고 있는데 비하여 미국기업에서는 라인부문의 관리자가 이런 권한을 보유하고 있다는 점이 차이점이다. 미국기업에서 신규 직원을 수습기간을 두고 정식 채용할 경우에는 다음과 같은 점에 유념해야 한다. 하나는, 채용 면접을 직속 상사가 될 자가 하도록 한다. 둘은, 지원자의 능력과 경력을 정확하게 판단하기 위하여 미국인 채용 담당자가 면접에 입회하도록 한다. 셋은, 열심히 하면 정규직으로 될 수 있다는 약속을 수습사원에게 하는 일은 삼간다. 넷은, 문제가 발생하여 대비책을 강구해야 할 경우에는 반드시 변호사와 상담해야 하므로, 평상시에 전속 변호사처럼 기댈 만한 인물을 확보해둔다. 미국인 여직원이 수습기간 경과 후 정규직원으로 채용되지 못한 점에 이의를 달아 변호사에게 의뢰하여 소송을 건 사례가 있다. 비서로서 채용되었는데, 그 이외의 추가 업무를 부여하고 그 성과가 저조하다고 정규직 채용을 거부한 것은 부당하다는 점이다. 실은, 상사는 비서로서 일을 잘 해내고 있는 이 여직원에게 능력을 평가하여 신규 사업에 관한 조사업무를 추가로 맡겼던 것이다. 따라서 명확한 직무 규정에 입각하여 채용과 평가, 배치를 해야 한다는 점을 외국기업의 관리자들은 명심해야 한다. 신규 직원의 능력 향상 여하에 따라 업무의 폭을 확대할 수 있다는 유연한 대응을 사전에 마련하기 위해서는, 채용 당시에 직무 규정에 특약사항에 해당하는 직무를 추가해 두는 게 필요하다.

미국의 인사제도 중에 선임우선주의(seniority system)라는 것이 있다. 작업자(workers) 계급을 대상으로 적용되는 이 제도는, 가령 어느 직위가 공석이 될 경우에 희망자 가운데 근무 경력이 가장 오래된 자(최고참)를 앉혀야 한다. 물론 그에 필요한 자격, 기술 등의 조건을 구비하고 있다는 점이 전제가 된다(日本在外企業協會, 2013b: 3). 반대로 구조조정을 할 경우에는 근무 경력이 가장 짧은 자(신참)부터 순서대로 해고를 해야 한다. 이러한 선임우선주의는 경영자, 관리자의 주관적 판단을 배제한다는 점에서 공평한 제도로 여겨지고 있다.

(6) 기업문화의 차이

미국의 공장에서는 부문주의(sectionalism)가 만연하다. 가령,

불량품이 발생한 경우에 도구의 설계와 유지에 문제가 있는지 아니면 도구의 사용에 문제가 있는지를 둘러싸고, 전자가 원인이면 생산기술 부문의 책임이고 후자가 원인이면 생산현장 부문의 책임이다. 이런 부문 간 마찰의 해결법으로 본사에 생산현장 감독자를 파견하여 공장 내의 부문 간 협업을 견학시키는 일이 효과를 거둘 수 있다. 그 결과, 미국의 생산 공장의 풍토가 I don't know에서 I have to know로, It's not my job에서 I will try로, You can fix에서 We can fix로 바뀔 수가 있다. 결국, 본국 방식을 미국의 생산 현장에 이식시키려면 공장의 현지인 간부의 이해를 구하는 일이 관건이다. 그런 이해는 본사 공장 견학을 통하여 백문이 불여일견이라는 사실로 구현될 수 있다. 미국의 경영 체제와 문화, 풍토에서 배양되어 온 부문이기주의의 개혁은 실제 사례의 제시와 학습을 통하여 시간을 두고 달성하려는 노력이 요구된다.

미국에서는 가격, 수량, 납기 등과 관련한 거래 당사자 간의 협상에서 합리성이 합의의 근간을 이룬다. 가령, 발주업체가 납품업체에게 거래 조건의 변경을 요청할 때도 납품업체가 납득할 만한 합리적 근거가 없다면 이를 받아들이려 하지 않는다. 따라서 발주업체 입장에서는 복수의 납품업체와 거래하여 이들 간에 경쟁을 유발하는 방법도 참고할 만하다.

사장의 역할에 대한 본국과 현지국 간의 문화적 차이도 유념해야 한다. 본사에서 파견된 사장이 공장을 시찰하면서 일일이 작업자들에게 지도하는 소위 MBWA(Management By Walking Around) 스타일은 생산책임자들의 반발을 살 수도 있다. 그 이유는, 작업자들에 대한 교육지도 역할이 생산책임자에게 있기 때문에 한마디로 영역을 침범한 것이 되고 만다. 또한 사장이라는 직위가 보여줄 역할이 공장 작업에 대하여 시시콜콜하게 일일이 감독, 지도하는 일이 아니기 때문에 그러한 사장의 관리스타일이 매우 이질적인 것으로 비춰진 것이다. 오히려 사장으로서는 생산책임자들에게 사전의 설명을 통한 납득을 구하여 기술향상을 위한 지원프로그램을 실시하는 편이 낫다.

일본기업에서 생활화되어 있는 품질관리(QC: Quality Control) 활동도 여차하면 미국 공장에 도입해봐야 실패하기 십상이다. 생산직들은 자신의 업무 이외의 일(품질개선을 위한 공부)을 해야 하는 이유를 납득하지 못하며, 품질개선을 통한 생산성 향상은 자신들의 업무라고 보지 않는다. 품질관리 활동을 근무시간에 하든 아니면 종무 후에 시간외 수당을 지급하면서 장려하든, 직장에서 동료 간에 그룹을 형성하여 대화하고 제안을 한다는 일이 미국인 근로자들에게는 너무도 낯설다. 그런 점에서 품질관리 활동이 시기상조라고 보고 그 대신에 제안제도를 도입하는 외국계 기업들도 있다. 가령, 종업원들의 제안에 대하여 우수성, 실효성을 판단하여 건당 10, 15, 25 달러의 차등 지급을 할 수 있다. 물론 제안을 수용한 결과가 어떻게 되었는지에 대한 피드백을 되도록 빠른 시간 안에 제안자에게 알려주는 일도 중요하다. 결론은 본국의 경영스타일을 이문화의 현지국에 적용하려면, 무엇보다도 실행에 옮겨야 할 현지인 종업원들과의 신뢰 관계를 형성하는 일이 급선무이다.

사장이라는 직책이 갖는 사회적 지위에 관한 관념에도 문화 간 차이가 있다. 미국의 남부 지역에 위치한 중간 규모의 도시에 농산물 전문 무역회사를 설립한 외국인 사장이 도심부에 사무실을 두고 자택은 사무실에서 몇 블록 떨어진 곳에 두었다. 이곳은 원래 다운타운의 고급주택가이었으나 현재는 낙후하고 빈 집도 있으며, 재개발된 지구에 있는 아파트 한 채를 자택으로 구입하였다. 자녀가 대입 진학을 앞두고 있는 사장은 가족을 남겨두고 홀로 부임하였다. 사무실을 구하자마자 곧바로 시의 상공회의소에 회원 등록을 하러 갔다. 그런데 등록 신청 후 3개월이 지나서도 아무런 연락이 오지 않아서 다시 상공회의소를 방문하니 가입 인정을 받지 못하였다는 것이다. 이유는 바로 사장의 자택에 있었다. 사업가의 격식과 신용을 존중하는 상공회의소 회원에 어울리지 않는 지구에 입지하였고, 가족도 없이 홀로 부임하였으며, 아파트에 거주하는 자라는 점이 불신감을 준 것이다. 자유와 평등을 부르짖는 미국사회이지만 사회적 지위의 격차는 여전히 존재한다. 사회적 지위(social status)는 평등한 조건 하에서 자유로운 경쟁을 거쳐 쟁취한 것이므로 아메리칸드림의 결정체로 받아들여진다. 사람들은 기업이라는 추상적 조직이 아니라 그 조직의 경영권을 쥐고 있는 대표라고 하는 개인을 평가하고 존경하므로, 사회적 지위에 걸맞은 가시적 상징물, 가령, 돈과 물질을 보유하고 있어야 한다고 생각한 것이다. 사장의 자택이라면 적어도 정원과 수영장이 있는 집에서 살아야 한다는 것이다. 다소 슬럼가로 변한 도심부에 위치한 아파트라는 점, 사장 차원의 사교에 불가결한 부인을 동반하지 않은 점은 불신감을 줄 수밖에 없다.

미국인 상사와 본사주재원 간의 호흡이 맞느냐의 여부도 무시할 수 없는 점이다. 미국 자회사에서 이익관리의 책임을 맡고 있는 현지인 관리자가 그의 부하인 주재원에 대한 인사권을 쥐고 있지 않기 때문에 불만이 나온다. 이 경우, 양자 간의 호흡이 맞는지 여부를 확인하기 위하여, 주재원으로 정식 파견하기 전에 궁합을 점검할 목적으로 단기간의 임시 발령을 내는 것도 하나의 방안이 될 수 있다. 임시 발령 기간 중에 현지인 상사와 문제가 없는 것으로 판명되면, 일단 귀국 후에 정식 발령을 내는 것이다. 주재원이 현지인 관리자의 라인 상의 부하가 아니라 기술지도사(adviser)의 역할로 현지 자회사에서 근무할 경우에도 또 다른 문제가 발생한다. 라인 상에 속한 직책이 아니다보니 현지인 관리자가 인사권을 행사하지 못하고, 해당 지도사가 우수한 능력을 발휘할 경우에 승진 등의 인사평가를 해주고 싶어도 하지 못하는 상황이 생길 수 있다. 그렇다고 현지인 관리자 아래의 대리(assistant manager) 직책으로 있게 되면, 본사로 복귀할 때 어떤 조치나 대우를 받게 될지가 불투명할 수 있다. 이런 문제점의 발생을 방지하기 위하여, 주재원의 역할과 배치, 처우 등에 관한 인사 규정을 명확히 하여 자회사의 현지인 관리자들에게 충분히 설명, 이해를 구하는 일이 필요하다. 가령, 주재원으로 파견할 때의 역할을 라인에 배속시키는 방안, 참모로 발령을 내는 방안, 주재원만으로 구성된 프로젝트팀에 배치시키는 방안 등이 있다. 이 중에 참모로 발령을 내게 되면 주재원이 자회사 내의 정보(조직의 업무 수행, 개개 사원들의 행태 등)를 수집하여 본사에 보고하는데 애를 먹을 수 있다는 단점이 있다.

인사평가에 대한 주재원의 인식 차이가 현지인 부하들의 고충을 야기할 수도 있다. 가령, 본사에서는 인사고과표를 인사부서에 전달하는 정도에 그쳤을 경우, 그런 스타일에 익숙한 주재원이 미국의 자회사 부하들에게 평가 결과를 피드백해주지 않게 되면, 상사로서의 책임을 다하지 않은 것으로 여겨진다. 평가 결과가 그렇게 나오게 된 이유를 부하에게 객관적인 자료를 바탕으로 설명하고 납득을 구하는 노력이 수반되어야 한다.

미국인 노동자들의 참가의식과 노동의욕을 고취시키려면 미국식의 직장 관리도 고안, 실행해야 한다. 가령, 공장의 조립라인에 생산 대수의 실적을 표시하는 간판을 세워 생산의 진척 상황을 확인할 수 있게 하더라도 이왕이면 라스베가스 카지노호텔 풍의 게시판을 걸어두면 한결 효과가 낫다. 게시판은 100미터 앞에서도 생산대수를 확인할 수 있을 만큼 커다란 크기로 만들어서 생산 근로자 전원이 생산 상황에 관한 정보를 공유할 수 있게 하고, 계획과 실적의 차이를 곧바로 알 수 있도록 시간 단위로 차이를 자동 표시할 수 있도록 하며, 계획을 달성하게 되면 화려한 전광판 표시가 되도록 제작한다. 눈으로 볼 수 있는 공장 관리의 또 다른 아이디어로는, 작업 능률과 생산성, 품질, 손실 등의 각종 데이터를 정리한 보드, 그래프 등을 다수의 공장 근로자들의 눈에 들어오는 곳곳에 설치하며, 시간적 여유가 있을 때는 데이터를 갖고 근로자들을 위한 공부 모임을 갖고, 감독자 계급의 결산회의에도 자료로 활용한다. 이러한 일련의 작업은 노력의 성과물을 함께 인식하고 기뻐한다는 팀워크를 조성하고 노동의식을 고취하는데 기본이 된다. 말단 근로자들에게까지 생산성에 관한 정보를 제공하여 공유함으로써, 생산성과 품질에 관한 교육을 가능케 한다. 이러한 노력이 누적됨으로써 비로소 현장의 역량이 강화된다. 그 과정에는 사측의 끈기가 필요한데, 아무리 훌륭한 아이디어라도 현지인의 공감을 얻지 못하면 조직 내에 침투할 수 없기 때문이다.

(7) 규율

미국에는 종업원 핸드북이라는 게 있는데, 일종의 취업규칙인 셈이다. 핸드북에 담긴 내용에는 다음과 같은 것들이 있다(日本在外

企業協會, 2013b: 27). 회사 소개 및 인사방침의 설명(사장의 인사말과 회사 연혁, 제품과 사업 소개, 경영방침 설명 등), 임금(지급일, 지급방법, 초과근무수당 등의 설명), 복리후생(각종보험, 유급/무급/특별 휴가, 휴일 규정, 복리후생 조건 등의 설명), 신분(정사원, 임시사원의 등급 및 각각의 복리후생과 노동조건의 구분 등), 고충처리(시스템 소개, 절차, 처리방법 등의 설명), 복무규율(복장, 몸치장, 매너, 부업[1])의 가부 등 제반 규정의 설명), 징계 규정, 퇴직, 핸드북의 수령 및 이해에 대한 종업원 서명 등의 순이다.

가령, 지각을 하면 5회째 문서에 의한 경고, 10회째 정직, 그 이후에도 시정되지 않을 시에는 해고 등으로 규정하는 것이 미국기업의 평균적 규제이다. 다른 직원의 타임카드를 대리로 찍어준 경우에는 첫 회 발각 시 곧바로 정직이나 해고로 이어지기도 한다.

또 다른 예를 들면, 결근의 연락을 당사자가 부서 책임자에게 통화로 알려야 하는 상황에서, 책임자가 자리에 없어서 대신 다른 직원에게 전달을 부탁할 수도 있다. 이때 책임자가 그런 연락을 전달받지 못하였고, 누구와 결근 당사자가 통화했는지 확인이 안 될 경우에는 무단결근으로 처분하기가 여의치 않다. 위의 종업원 핸드북에 "직속 상사에게 직접 연락을 하지 않을 시에는 무단결근으로 처리한다."는 조항을 삽입하지 않은 회사 측 실수로 돌릴 수밖에 없다.

휴게 시간에 관한 미국노동기준법의 규정을 보면, 1일 최소 20분 이상을 종업원들에게 휴게시간으로 주는 일을 사측의 의무로 보고 있다. 휴게란, 종업원이 업무에서 벗어나서 자유로이 사용할 수 있

1) 미국에서는 부업을 'Moon Lighting'이라고 한다. 퇴근 후에 밤에 달이 떠 있는 동안에 부업을 한다고 해서 그런 표현이 생긴 것이다.

는 시간이라는 개념인데, 커피 브레이크는 휴게 시간에 포함되지 않는다. 이유는, 상사의 명령이 있으면 곧장 업무에 돌아올 상태에 있다고 보기 때문이다. 반면 회의, 연수, 훈련, 작업교대를 위한 인수인계 시간 등은 근무시간에 포함된다. 그러나 근무 개시 전과 종료 후에 옷을 갈아입는 시간과 투표(미국의 공직선거 투표일은 주중에 실시)시간은 근무시간 외이다. 식사 시간은 원칙적으로 근무 외 시간이지만, 식사하면서 업무를 수행한다면 근무시간에 포함된다. 미국노동부가 2,000개 대규모 및 중규모 기업을 대상으로 조사한 바에 따르면, 평균 휴게시간은 1일 26분이며, 기술직과 사무직은 오전과 오후에 각각 15분씩으로 평균치보다 조금 많다. 점심식사 시간도 휴게시간과 마찬가지로 1일 평균 26분으로 나왔다(日本在外企業協會, 2013b: 33).

미국사회는 우리와 달리 마약이 심각한 사회 문제라는 점이 기업 경영과도 관련을 맺고 있다. 미국의 '1988년 마약 없는 작업장법(Drug-Free Work Place Act of 1988)'이라고 하는 연방정부의 조례에 의거하여 일정 규모 이상의 기업에서는 마약남용정책(Drug Abusion Policy)을 규정하여 마약 박멸에 노력을 기울여야 한다. 동 규정 하에, 신규 입사자는 반드시 소변 검사를 받아야 하고, 기존 사원들은 마약 문제가 있을 시에는 회사에 통지해야 할 의무가 있으며, 사내에서 마약을 사용하다가 발각되면 징계(해고까지 포함) 혹은 재활치료 프로그램을 받아야 한다. 마약을 포함한 약물을 상용하는 직원은 다른 직원에 비하여 휴가를 취하는 경우가 16배, 업무상 사고를 일으킬 위험과 실업보험 청구가 각각 4배, 본인 능력의 발휘도 2/3, 질병보험 청구 3배 등의 손실을 일으킨다고 한다(日本在外企業協會, 2013b: 41). 마약(코카인), 환각제(마리화나)와 더불어 Drug에 포함되는 알코올 의존자는 미국에서 총 1,800만 명으로 마약 의존자 300만 명의 여섯 배에 달한다(WHO, 2008년 통계). 종업원 가운데 월요일 결근이 많거나 초보적 작업 실수를 되풀이하는 자가 있다면 알코올 중독일 가능성이 있다. 알코올 중독이라는 사실 하나만으로는 종업원을 해고할 수 없으며, 술에 취하여 일을 할 수 없는 상태로 출근한다든가, 직장에서 음주를 하는 소위 현행범이어야만 해고가 가능하다. 미국에서 기업들은 Drug 박멸을 위하여 힘을 쓰고 있는데, 외부 전문기관에 위탁하여 이루어지는 검사 방법에는 신입 사원의 면접 시, 안전과 보안이 요구되는 직종(건설, 교통기관, 병원 등), Drug에 의한 영향으로 작업 실수나 사고가 발생한 경우 원인 조사와 병행한 검사, Drug 상용자에 대한 재활 효과를 측정하기 위한 검사, 전체 종업원에 대한 일제 검사(사전 통지가 필요), 무작위로 추출된 종업원에 대한 예고 없는 검사 등이 있다. 그러나 1회의 검사 결과에서 양성 반응이 나왔다고 해당 종업원에 대하여 곧바로 조치를 취할 수는 없다. 미국 FBI의 조사에 의하면, 미국 근로자의 20%가 직장에서 Drug을 복용하고, 이로 인하여 회사가 부담하는 비용(생산성 저하, 의료비 증가, 산재 사고 증가 등에 의함)은 연간 600억 달러에 달한다(日本在外企業協會, 2013b: 53).

(8) 처우

일본계 은행의 지점장이 비서를 채용하면서 일본계 단체 모임의 임원 역할로 대외 활동이 바빠지자 단체에서 오는 서신의 처리까지 부탁하였다. 그러나 일본어로 오는 서신을 읽을 수 없었기에 일본인 차장이 측면 지원을 하였다. 차장은 다시 현지채용 일본인 여직원에게 일을 맡겼고, 이 여직원은 직접 지점장에게 보고를 하였다. 이에 미국인 여성 비서는 자신의 업무 영역이 침해되었다고 일본인 여직원에게 항의하였다. 일본인 여직원은 이에 지점장에게 가서, 자신은 영어와 일본어를 구사하지만 미국인 비서는 영어밖에 할 줄 모르는데 자신의 급료가 비서보다 적은 이유를 납득할 수 없다는 점, 자신이 미국인 비서의 보좌역을 해야 하는 점에 대하여 설명을 해 달라고 이의를 제기하였다. 같은 동포라는 이유만으로 부당하게 일을 떠맡기는 것은 일종의 인종차별로 받아들여질 수 있다. 국적에 관계없이 직급과 직무에 걸맞은 대우를 제공해야 할 것이다. 아울러 현지법인 대표자로서 현지인 직원을 야단칠 때도 직접 하지 말고, 신뢰할 만한 현지인 관리자를 통하여 대표의 메시지라고 하면서 전하는 편이 낫다. 직원을 공개 장소가 아닌 곳에서 둘 만이 있을 때 칭찬하는 일이 몇 번 일어나게 되면, 해당 직원은 승급 등의 요구를 한다는 점에도 유념해야 한다.

외부의 딜러들로부터 복사기 팸플릿을 모아서 최적의 기종을 발주하는 등의 총무 업무를 담당하는 현지인 직원에게 형식적이나마 직위를 달아준 명함을 주면 좋겠다는 본인의 요청에 'Office Manager'라는 관리직의 직책을 부여하였다. 잔업수당이 지급되지 않는 직책이기에 그 대신 월 200 달러의 승급을 제공하였다. 직원의 업무량이 늘어나면서 오후 5시가 지나면서도 사무실에 남아 일을 하는 적도 많았다. 잔업수당을 지급하지 않았기에 회사로서는 득을 본 셈이다. 2년 뒤에 현지법인 책임자가 교대되자, 이 직원은 새로 부임한 책임자에게 지난 2년간의 잔업수당을 요구하였다. 명색이 오피스매니저일 뿐, 결정권도 없고 거느리는 부하도 없다고 하면서, 자신이 기록한 잔업시간 메모를 보여주었다. 신임 책임자는 법정에 가더라도 회사가 불리할 것이라고 판단하여 수당을 지급하기로 하였다. 미국의 관련법규에서는 대외적 이유로 명목상의 직책을 부여하는 일이 당연히 지급해야 할 잔업수당을 아끼려는 회사측의 탈법 행위로 악용될 것을 우려하여 엄격히 금지하고 있다. 이 일본계 기업 입장에서는해당 직원의 사기앙양을 위하여 단순히 명목 직책을 설정해준 것에 불과하지만, 수당지급의 회피라는 오해를 면할 길이 없다. 잔업수당을 지급하지 않아도 되는 면제직종(exempt)에는 관리직, 전문직, (수수료 기반의) 영업직, 가사 노무직(가정부), 농업, 병원 및 복지 시설, 철도 및 항공사 직원, 선원, 소매점 종업원(한정 조건 있음) 등이 있고, 경영자가 이 범위를 자의적으로 결정할 수는 없다.

미국의 연방노동기준법에 따르면, 주당 40시간을 초과하는 근무를 할 경우의 임금은 통상 임금의 150%이다. 1일 8시간을 초과하는 근무와 휴일 근무 수당에 대해서는 주정부의 노동기준법에 맡기고 있는데, 캘리포니아 주의 경우, 주 40시간 초과 혹은 1일 8시간 초과 근무에 대한 수당은 연방법과 동일한 기준을 적용하지만, 1일 12시간 초과 근무에 대해서는 통상 임금의 200%로 규정하고 있다(日本在外企業協會, 2013b: 51). 단, 종업원에게는 잔업거부권이 있기 때문에, 종업원이 잔업을 하지 않는 점을 명령불복종으로 징계하게 되면 소송으로 번질 수 있다.

(9) 산재

어느 일본계 기업의 생산 공장에서 현지인 생산직원이 기계 청소를 하다가 부상을 당한 일이 발생했다. 알고 보니 기계를 정지시키지 않고 청소를 한 본인의 과실이다. 작업과장은 평소 해당직원이 성실히 일을 하는 점을 고려하여 경고장(warning letter)을 발급하지 말자고 하였으나, 안전의무 규정을 위반하였기 때문에 반드시 경고장을 발급하도록 해야 한다.

창고에서 출하업무를 하던 현지인 직원이 산재 신청을 하였다. 신청 1주일 전에 출하 작업을 하다가 허리를 다쳤다는 것이다. 몸을 다쳤을 당시에는 상사에게 보고를 하지 않은 채 1주일 후에 산재 신청을 하였기에, 직무 수행과 요통 간에 상관성을 인정하기가 여의치 않다. 이 경우, 사측이 산재 신청을 기각할 수 있으나, 해당 직원이 산재 소송을 제기한다면 산재에 의한 요통이 아니라는 입증 책임은 사측에 있다는 점을 알아야 한다.

산재 휴가로 6개월을 쉬고 있던 현지인 종업원이 의사의 허락이 있으니 복직하고 싶다는 의사를 표명하였고 이에 회사는 인정하였다. 그러나 무거운 물건을 들어 올리는 일은 하지 말라는 의사의 권고를 내세워 일을 제대로 하지 않았다. 해당 직원의 상사가 주재원 임원에게 애로를 하소연하였으나, 의사의 진단서를 제대로 읽지 않고 복귀를 수락한 회사 측의 잘못이 크다.

손목터널증후군이 공장 운영에 애를 먹이는 경우도 있다. 미국 공장에서 다루는 제품이 본국 공장의 제품에 비하여 무게가 3배 더 나가는 점으로 인하여 작업 과정에서 손목이 아프다는 근로자들이 늘어나는 문제가 발생하였다. 공장 책임자인 주재원은 1일 8시간 근무 중 4시간은 부하가 걸리지 않는 다른 공정에 배치시키고, 1회에 들어 올리는 양을 줄이고, 조금이라도 손목 통증을 느끼면 휴식 신고를 하여 쉬도록 하는 조치를 취하였다. 그런데 이 대책을 시행하자 손목 통증이 없는데도 아프다고 하면서 휴식 신청을 하는 종업원들이 늘어나는 문제가 새로 등장하였다. 이런 문제의 해결은,

평상시 관리자가 작업 현장을 세심히 살펴보고, 근로자들과의 신뢰 관계를 구축함으로써 이루어질 수밖에 없다.

(10) 노사 관계

8개의 생산라인 중에 5개를 자동화 라인으로 교체하게 된 공장에서 구 라인의 야근 베테랑급 지도원들이 속속 신 자동화 라인으로 주간 이동을 하면서, 구 라인에는 숙련도가 낮은 직원들만 남게 되었고, 이로 인하여 구 라인의 교대 근무체제가 원활히 이루어지지 못하였다. 그 결과, 구 라인의 작업자들의 출근율이 떨어지고 생산품의 품질에 문제가 발생하였다. 인사이동은 회사의 경영권에 속한다고 생각한 주재원 사장은 당황하였다. 실은 공석이 생기면 이동 희망자 가운데 선임자원칙(seniority)에 의거하여 이동한다는 규정이 있는데, 사장이 이를 숙지하지 못한 것이다. 노동협약, 노동관행이 회사 경영에 커다란 장애 요인으로 작용한다고 판단되면, 경영진은 그 변경의 필요성을 끈기 있게 노조와 교섭하여 납득을 구해야 한다.

선임권 원칙을 무시하고 복수의 공정 가운데 특정 공정 감독자가 제2 선임자에게 잔업을 할당하여 문제가 된 일도 있다. 노조 간부는 제1 선임자를 제친 점은 규정위반이니 제1 선임자에게도 잔업수당을 지급해야 한다고 주장하였다. 작업 할당의 권한이 각 공정의 감독자에게 있다고는 하지만, 이를 행사할 때는 선임권 원칙을 준수하여야 했다. 결국 잔업을 하지 않았음에도 불구하고 사측이 규정을 위반했다는 노조의 강한 자세에 회사는 잔업수당의 이중지급을 하게 되었다. 이처럼 선임자 원칙은 잔업 할당은 물론 회사 주차장 우선 사용, 휴가 일정의 할당, 교대 배치, 직무 이동, 해고

대상자 선정 등 모든 업무에 두루 적용된다. 선임자 원칙은 노사 협정에 의해 상세한 내용이 정해지는데, 적용 범위와 엄격성은 산업별, 지역별로 다르기 때문에 외국기업은 진출 대상 지역과 산업의 실태를 파악해두어야 한다(日本在外企業協會, 2013b: 75).

미국의 평등고용기회위원회(EEOC)는 출신국에 의한 차별의 정의를, "선조의 출신지 혹은 출신국의 문화, 관습, 언어의 차이를 이유로 불리한 처우를 하는 일"로 내리고 있다(日本在外企業協會, 2013b: 75). EEOC가 금지하는 차별 행위로는 출신국의 신체 혹은 용모 상의 특징, 영어 억양, 출신국 문화와 관련된 농담, 출신국 종교의 신도라는 점 혹은 종교행사에 참가하는 일, 종업원 자신 혹은 배우자의 성명이 출신국을 드러내는 점 등에 대한 모욕적 언동 등이 있다. 가령, 직장에서 사용하는 언어를 영어로 단일화(Speak English Only Rule)하는 일은, 사업상 영어를 사용하지 않고서는 중대한 장애와 손실을 초래한다는 점의 정당성 등이 없다면 위반으로 간주될 수 있다. 따라서 회의, 연수 등을 특정 언어로 통일하여 진행할 때는 사전에 종업원에게 통지해야 한다.

(11) 사회공헌

미국인이 가장 많이 기부를 하고 있는 민간단체에 United Way가 있다. 개인과 기업 등으로부터 기부를 모아서 자선단체, 프로그램 등에 기부금을 배분한다. 전국을 총괄하는 United Way of America의 산하에 각 카운티, 시별로 지부조직이 있다. 미국의 많은 기업들은 직장 단위로 대대적인 모금 캠페인을 전개하는데, 모금 방법으로는 첫째, 퍼센트 방식은 회사 단독의 기부로서 이익의 일정 비율을 갹출한다. 모금의 수혜 대상은 각 기업이 선택하는 것이 일반적이지만, 특정 대상 혹은 특정 목적을 위하여 기업들이 집단으로 기부하기도 한다. 둘째, 매칭 기프트 방식은 회사와 종업원이 협력하는 가장 대중적 방식인데, 종업원이 발의하여 사내에서 모은 기금액과 동일액수의 회사기금액을 합산하여 기부한다. 셋째, 기부예산부 급여방식인데, 연초에 종업원들로부터 각자 1년간 기부하고 싶은 금액(급여의 2% 정도를 한도로 함)을 신고 받은 뒤에 해당 금액을 급여에 가산하여 지불하고, 연말에 기부를 받은 단체로부터 영수증을 받아 회사에 제출하게 한다. 각 지부에는 회사의 간부나 종업원 대표가 자원봉사자로 간부 활동을 하면서 매년 모금캠페인의 추진 방법과 기부금의 배분 방법 등을 심의, 결정한다(日本在外企業協會, 2013b: 83). 가장 일반적인 배분 방식은 지역사회의 교육기관, 행정기관, 사회복지 관계기관의 신청을 접수하여 이들 중에서 선별하는 것이다. 그 중에 Adopt-A-School이라는 방식은 초중고교 가운데 선정하여 기부금을 지원할 뿐 아니라 종업원들이 보조교사로도 활동한다. 회사 입장에서는 연간 기부예산을 미리 세워놓고 건당 지원액, 지원대상, 지원분야, 지원주제 등을 명확히 정해두어야 한다. 기부를 부탁하는 의뢰자, 의뢰기관이 회사의 규정에 부합하지 않으면 그 취지를 충분히 설명하여 오해나 유감을 갖지 않도록 해야 한다.

한편 기업의 사회적 책임의 일환으로 행하는 기부활동, 봉사활동과 종업원 개인 차원의 활동 간에 구분을 해둘 필요도 있다. Philanthropy 라는 용어는 원래 그리스어로 '인류애'를 의미하는데, 빈자를 구제한다는 자선(charity)과는 달리, 인간의 행복과 복리, 문화를 촉진하고 삶의 질을 향상시키려는 사회적 행위이다. 그 뿌리는 기독교의 십일조(tithing)에 있으며, 이는 지극히 개인적인 발의와 행위인 것이다. 이를 기업 차원에서 행할 경우에는 개인에게는 없던 계획성, 조직성, 규모성을 지닌 공헌이 된다. 따라서 학술지원, 문화지원과 같은 거시 주제에는 기업이 나서서 기부를 하고, 지역사회의 초중고교에서 스포츠클럽의 코치를 한다든가 공원이나 도로의 청소와 같은 미시 행위는 개인의 창의와 역량에 맡기는 배려가 필요하다. 후자의 일을 기업이 나서서 독려하게 되면 오히려 참여 저조의 역효과를 가져올 수도 있다.

미국의 미술관들은 시민의 지원에 의해 유지되고 있다. 뉴욕현대미술관(MOMA)을 예로 들면, 연간 예산 4,500만 달러 가운데 연방정부와 주정부 등의 공적 원조는 65만 달러에 불과하다. 입장료 480만 달러, 레스토랑과 매점 등의 매출 1,770만 달러, 나머지 2,200만 달러는 개인과 기업의 기부, 회원의 연회비, 기본재산의 운용 수익 등으로 충당한다(日本在外企業協會, 2013b: 87).

마이크로소프트는 회사 차원은 물론이거니와 종업원 개인 차원에서도 자발적인 사회적 책임 활동을 장려하고 있다. Giving Campaign이라 불리는 MS의 지원 활동은, 직원이 학부모로서 자녀의 학교에 PTA 참가를 하면, 참가 1시간 당 17달러를 해당 PTA에 지원해준다. 또한 직원이 학교에 임의로 자기 소유의 물건이나 현금을 기부하면 동일 가치의 현금을 MS가 학교에 기부한다. 직원이 학교 PTA의 사무국장을 맡으면 연간 8천 달러 이상의 금전적 지원이 이루어진다. 2007년의 경우, 마이크로소프트 직원들 중 60%가 사회적 책임 활동을 자발적으로 하여 총 8,400만 달러의 기부가 이루어졌으며, 회사는 동일한 액수의 기부금을 각각의 활동 기관에 전달하였다(日本在外企業協會, 2013: 67).

(12) 미국에 관한 소소한 정보

■ 겨울철

뉴스에도 종종 보도되지만, 동부 지역 등에서 폭설이 내리면 제설차량이 등장하는 모습을 보게 된다. 회사 입장에서는 폭설의 일기예보를 접하게 되면 직원들에게 조퇴를 재촉해야 한다. 이는 폭설로 인한 사고를 직원들이 당할 경우에 회사가 책임을 져야하기 때문이다. 직원들도 겨울철에는 항시 자동차 안에 간이침구와 생수를 비상용품으로 보관한다. 여차하면 영하 10도를 밑도는 맹추위에 동사할 수도 있기 때문이다(日本在外企業協會, 2013b: 5).

■ 여름방학

여름방학이 되면 미국에서는 많은 아이들이 서머스쿨을 다닌다. 맞벌이 하는 가정이 많은데, 아이 혼자 집에 남겨두는 일은 법에서 허용하지 않기 때문에 누군가에게 맡길 수밖에 없다. 서머스쿨도 그런 필요성을 충족시켜 주는데, 공부가 부족한 아이들은 공립학교가 주최하는 서머스쿨에서 보충수업을 받는다. 여름방학 중에 급료가 나오지 않는 선생 입장에서는 좋은 아르바이트 기회가 된다. 공부 이외의 활동을 하고 싶은 아이들은 시청이 주최하는 수영, 테니스, 요리, 수공예, 체스, 하이킹, 캠핑 등의 교실에 참가한다.

[글로벌 문화 배우기 10: 일상의 금기]

일상생활에서 '뚱뚱하다'는 표현을 fat 대신 weight challenged라고 부르는 것은 과체중에 대한 완곡한 표현을 통해서 특정 집단에대한 차별을 피하려는 의도이다. 집시[원래는 인도 북부에서 기원한 유랑민족 롬(Rom)을 지칭]는 유럽 전역에서 차별을 받고 있는데, 루마니아에 가장 많이 거주한다. 왕실을 농담의 대상으로 삼는 것이 영국에서는 괜찮지만 벨기에에서는 금기시 된다. 태국에서는 왕실을 비판, 모독하면 3-15년의 금고형이 내려진다. 북유럽 3국에서는 알코올 도수가 높은 술은 주류전문점에서만 취급하며 구매 시간도제한되어 있다. 호주에서는 물을 낭비하는 것이 용납되지 않기 때문에, 자기 집 앞길에 물을 살포하면 빈축을 산다. 뿔의 손동작(gesture of the horns: 검지와 새끼손가락을 치켜세우고 중지와 약지는 굽혀서 엄지가 누르는 모양)도 터키에서는 금기시된다. 이유는, 터키 건국 신화에서 시조가 회색의 이리였다고도 하고, 시조가 되는 어린 아이를 이리가 키워줬다고도 하기 때문이다. 터키의 극우 무장단체의 상징도 이리이다.

독일과 오스트리아에서는 자동차번호판의 알파벳과 숫자선택에 제약이 있다. 나치즘을 의미하는 NS, 나치청년단의 HJ, 아돌프히틀러의 약자인 AH, 숫자 18(AH의 알파벳 순서를 숫자로 표시할 경우), 0420, 420(히틀러의 출생일 4월20일) 등이 그러하다. 2014년 6월 독일의 축구월드컵 개최를 맞이하여 P&G가 액체세제 용기에 독일대표팀의 유니폼과 함께 18이라는 숫자를 넣었다. 일반용기보다 증량을 하여 18회 세탁이 가능하다는 뜻이었는데, 나치를 연상시킨다는 논란이 일어 결국 출시를 중단한 사례가 있다. 유대인의 핍박은 14세기 유럽에서 흑사병이 돌았을 때도 유대인 때문이라는 소문이 났었다. 이렇게 차별받던 유대인들이기에 언제 자산을 몰수당할지 몰라서 물질보다는 지식과 기술, 경험을 자산으로 여겼다. 물건을 만드는 제조업보다는 상업을 택했고, 상거래의 위험에 대비하기 위하여 보험제도와 주식제도를 만들었다.

금기의 영어 표현인 taboo는 영국의 탐험가 제임스 쿡(1728-1779)이 소개한 남태평양의 섬나라 통가의 단어이다. 통가에서는 무엇을 먹거나 이용하는 것을 금하는 일을 두고 taboo라고 불렀던 것이다.

1. 3 문화와 비즈니스

우스갯소리지만, 미국의 대학 교수 중 이혼율이 가장 높은 교수는커뮤니케이션 전공 교수라고 한다(小坂貴志, 2017: 1). 이러한 커뮤니케이션 전공은 심리학, 인류학, 정치학, 생물학, 언어학 등 다양한 분야의 연구결과를 받아들이는 형태로 전개되었기에, 학문적 성과나 사회적 기여 양면에서 저조하였다. 이런 상황이 전환을 맞이하게 된 것은 이문화 커뮤니케이션이 등장하면서부터이다. 다양한 인종이 어울려 사는 미국사회가 그 시작이었다. 1946년에 창설된 미국 국무부의 외교연구원(Foreign Service Institute. www.state.gov/m/fsi)은 외교관의 해외근무를 지원하기 위한 사전연수를 개발, 실시하고 있다. Edward Hall은 Trager와 함께 이문화커뮤니케이션 교육을 1951-55년에 걸쳐 이끌어왔다. 원래는 본인의 연구 분야인 인류학의 관점에서 프로그램을 개발하였으나, 실천적 성격이 부족하다는 불만이 제기되어 브레인스토밍과 시행착오를 거쳐서 현재의 프로그램을 완성하였다(小坂貴志, 2017: 20). 1914년 미주리 주에서 출생한 Hall은 유년기~청소년기에 걸쳐 뉴멕시코 주에서 살면서 미국원주민인 나바호 족의 거류지(reservations)에서 근무한 경험이 있다. 이런 체험을 바탕으로 인류학을 공부하였고(덴버대 학사, 아리조나대 석사, 콜롬비아대 박사), 2차 대전에 참전한 뒤 1945년 전선에서 돌아와 덴버대학 인류학과장을 역임하고 1950년에 FSI의 원장으로 취임하였다. 그의 저서로는 The Silent Language(1959), The Hidden Dimension (1966), Beyond Culture(1976) 등이 있으며, 노스웨스턴대학 인류학과에서 마지막 교편을 잡은 뒤 2009년에 뉴멕시코 주의 자택에서 영면하였다.

(1) 국가 문화

국가 문화는 기업 문화에 영향을 미침으로써 눈에 보이지는 않지만 다국적 기업의 성공에 강력한 영향력을 발휘한다. 또한 기업의 수명주기의 특정 단계에서 기업 성장을 가속화시킨 동일한 국가 문화의 속성이 수명주기의 다른 단계 또는 불가피한 위기가 도래했을 때는 역으로 성장 궤도에서 일탈하게 만들기도 한다(Hammerich and Lewis, 2013: 1). 이러한 국가 문화의 중요성은 대부분의 프로세스와 제품이 모방되는 글로벌 세계에서 경쟁의 지속적 차별화의 원천으로 작용할 수 있다는 점에서, "문화는 점심으로 전략을 먹는다."는 말이 나올 정도이다.

기업 발전의 수명주기별로 적합한 국가문화가 다르다. 가령 기업 발전의 초기 단계, 혁신적 단계에서는 영국과 덴마크의 국가문화가 적합하고, 과정지향적인 성숙 단계에서는 독일, 일본, 한국과 같은 국가문화가 더 적합하다. 미국 문화는 수명주기의 전 단계에 두루 효과적이라는 점에서 독특하다고 말할 수 있으며, 중국 문화는 실리 지향적 비즈니스에 걸맞다는 점에서는 미국문화와 유사하지만, 단정 짓기에는 더 두고 봐야 할 것이다(Hammerich and Lewis, 2013: 4).

토요타자동차는 "모든 실수는 학습의 기회" 라고 하는 일본 문화의 개념을 고스란히 포용하면서 경영자들에게 이런 철학을 조직에 심어줄 것을 당부한다. 조립 라인의 생산 원칙에 이런 개념은 뿌리를 내리고 있다. 결과 지향적 사고를 지닌 유럽인과 미국인 경영자들은 실수가 생기면 나무라거나 책임을 전가하거나 무시하기 일쑤이기 때문에, 유럽과 미국의 자회사에 근무하는 현지인 경영자들에게 이런 원칙을 가르치는 데만 수년이 걸렸다. 앵글로색슨인들은 장기적 학습을 위하여 조사하는 것보다는 단기적 행동과 결과에 보다 초점을 맞춘다(Hammerich and Lewis, 2013: 6).

미국의 상장기업(listed corporations)의 시가총액(market capitalization)이 전 세계 주요 상장기업의 시가총액에서 차지하는 비중은 1980년 60%를 웃돌았으나 2011년에는 30% 미만으로 뚝 떨어졌다. 이는 미국기업의 실적이 저조해서가 아니라 신흥국 기업들의 실적이 초과 달성을 보인 점에 기인한다(Hammerich and Lewis, 2013: 7). 다수의 선진국이 포진해 있는 서양은 확실성과 사실을 다루기를 좋아한다. 그런 연유로 숫자로 표시할 수 있는 전략 영역, 가령 가격, 비용, 이윤, 점유율 등에서는 이런 서양의 성향이 잘 먹혀든다. 그러나 문화는 숫자로 표현하기가 어려운 스토리텔링의 영역에 속한다.

1980-90년대에 반짝 흥미를 일으킨 기업 문화에 대한 연구는 곧이어 미국 학계에서는 관심을 접었는데, 이는 "돈벌이가 안 되는데 뭣 하러 신경쓰냐?(If you can't make money out of it, why bother?)"는 미국적 관점을 여실히 보여주는 것이다(Hammerich and Lewis, 2013: 8). 유럽에서는 홉스테드가 국가문화를 다루는 공통의 5가지 차원을 규명하기 위하여 통계분석을 활용하면서 국가문화에 대한 연구 성과를 거둘 수 있었다. 단지 홉스테드의 연구는 국가문화의 공통 척도만을 활용할 뿐 독특성은 통계적 오차로 무시한다는 단점을 지니고 있다.

국가 문화에 대한 연구는 수십 년을 요한다는 점이 서양인에게는 또 다른 걸림돌이 된다. 서양의 주식 분석가와 기업은 다음 사분기 내지 기껏해야 다음 년도에 초점을 맞추며, 경영컨설턴트나 이론가들은 이보다 더 긴 시간을 측정 단위로 취할지라도 기껏해야 수년의 시간에 머물고 만다.

기업이 위기에 직면한다는 것은 지금까지와는 다른 새로운 무습의 수명주기로 이동한다는 것을 의미한다. IBM의 경우에는 1990년대 거스너(Gerstner)의 과감한 리더십 아래 하드웨어에서 소프트웨어로 전혀 다른 변신을 이루었고, 애플의 경우에는 스티브 잡스가 1997년에 회사에 복귀하면서 원래의 혁신 정신을 되살릴 수 있었다. 이처럼 새로운 모습의 수명주기로 이동한다는 것은 새로운 경쟁 환경에 직면한다는 것을 말한다(Hammerich and Lewis, 2013: 14).

글로벌 기업에서 말하는 '글로벌'의 진정한 의미를 구현하는 기업은 극소수이다. 유닐레버의 경우에는 영국과 네덜란드의 이중 문화를 보유하고 있으면서 성공을 거둔 기업으로 꼽히는데, 상인문화, 식민지문화가 양국의 공통점이고, 이는 창업주의 기업 가치관인 근면, 성실, 정직, 자율성, 인간관계의 중시에 그대로 배어 있다. 그렇다고 이러한 이중문화(dual culture)의 기업 경영이 늘 원만한 것은 아니다. 네덜란드의 기업문화는 합의제를 강조하여 공개적이고 솔직한 토론을 거친 뒤에 최종 의사결정을 내리는 것을 선호하는 반면, 영국의 기업문화는 공식 회의가 있기 전에 미리 논의를 거쳐 합의에 이르기를 선호한다(Hammerich and Lewis, 2013: 16).

이중문화의 성공이 어려운 점은 지리적 근접성과 역사의 일부를 공유한 덴마크와 스웨덴 기업 간에서도 엿볼 수 있다. 이는 기업 경영의 성공에 근간을 이루는 국가문화의 핵심 가치가 상충을 보이고 있기 때문이다. 덴마크의 문화는 단기적 실리주의, 민첩성, 기회주의, 흥겨운 비공식성을 보이는 반면, 스웨덴은 장기적 계획, 과정 중시, 합의, 격식을 갖춘 사교적 예의의 국가문화를 지니고 있다. 이러한 양국간 문화의 근본적 차이는 바이킹 시대가 막을 내리고 중세 시대로 접어들면서 양국이 직면한 지정학적 환경의 차이에 기인한다. 덴마크는 해상 교역과 비옥한 환경을 지닌 소국으로서 강대국들에 둘러싸였기 때문에 기민하게 행동할 필요가 있었던 반면, 스웨덴은 장기적인 집단주의 지향성을 발달시켜서 개발에 애를 먹는 풍부한 천연자원을 발굴하는데 성공을 거두었다. 덴마크는 개인에 대한 존중과 집단주의, 실용성과 개방성을 지니면서도 동시에 독립성을 보이기에 자신들이 만들지 않은 규칙과 규정에 대해 부정적인 반응을 보인다. 이는 태생기의 수명주기 단계에서 덴마크 기업들을 지원하는 역할을 한다. 그래서 글로벌 시장에서 존재감을 보이는(with a global presence) 다수의 중소기업들이 있다. 보청기 사업의 William Demant, 당뇨치료제 사업의 Novo Nordisk, 교육용 장난감 사업의 레고가 그 예이다. 그러나 글로벌 경쟁의 세계는 보다 규모를 요하고 있기에 성장의 야심을 지닌 중소기업에게는 시련이 닥칠 것이고, 이 점이 이웃나라 스웨덴과 비교하여 덴마크의 고민거리이다.

영국과 프랑스, 독일 간의 국가문화의 차이도 주목할 만하다. 영국은 독립심, 권위에 반하는 관점, 개인주의적 삶의 추구, 실용주의 등의 국가문화를 지닌 반면, 프랑스와 독일의 국가문화는 조직화된 체계, 강고한 프로세스를 설계하여 이를 가동시키는데 편안함을 느낀다.

여러 국가 문화를 간결하게 정리하면 다음과 같은 비교도 가능하다. 스웨덴인은 합의를 선호하고(We agree if all of us agree), 중국인은 모호함을 즐기고(We agree and disagree at the same time), 이태리인은 간접적이고(Let's go and have a Campari and talk about it tomorrow), 일본인은 체면손상을 신경 쓰고(We agree), 미국인은 냉소적이고, 스위스인은 정확하고(I agree with you, but I don't think my board of directors will), 필리핀인은 윗사람을 경외하고(You are the boss), 브라질인은 경쾌하며(I suppose anything's possible), 핀란드인은 유머감각의 과묵함을 보이고(Have another cup of coffee), 영국인의 반대 의사 표시는 I agree, up to a point. Let's agree to disagree이다.

이태리인이 보기에는, "독일인의 의사소통은 너무 솔직하고 개방적이어서 5분이면 그들이 하는 이야기의 전모를 파악할 수 있다. 그래서 이들과 어떻게 협상을 하거나 흥미 있는 대화를 시작할 수 있을지 모르겠다." "독일인은 새 옷을 구입하는데 많은 돈을 지출하는데, 우리가 보기에 옷을 잘 입는다고 할 정도는 아니다. 차콜(charcoal: 숯색)이나 그레이(회색)를 지겹게 즐기는데 마치 임원들의 유니폼처럼 보인다. 우리가 멋진 디자인의 스포츠재킷을 입고 오면 휴가를 막 끝내고 왔냐고 묻는다." "우리가 친하게 다가가려고 좀 오버하면 의심을 한다. 비즈니스 상담에서 직위를 많이 쓰는데, 대부분이 박사이다. 대표단의 리더가 누군지 금방 알 수 있는 이유는, 중요한 점을 말하기 전에 항상 그 사람을 쳐다보기 때문이다. 독일인들이 우리를 비판해도 전혀 개의치 않는다. 왜냐하면 이 세상에 누구도 완벽하지 않기 때문이다."

독일 기업의 임원이 브라질 자회사로 파견되어 질서정연한 회의를 주재할 수 없었다. 3-4명이 모이기만 해도 동시에 말하는 것이다. 그래도 브라질 동료들은 하나도 놓치지 않고 다 듣고 있다고 말하는 것이다. 독일인이 생각해낸 아이디어는, 자기 차례가 아닌데 말하는 회의 참석자에게 옐로카드를 주고, 위반이 반복되면 레드카드를 발급하여 30분 간 회의장 밖으로 내보내는 것이었다. 축구문화에 사는 브라질인에게 이 조치는 효과를 보였고, 독일인은 질서 정연한 회의를 이끌 수 있게 되었다.

미국인은 통화 중에 친구가 사무실에 갑자기 들어오면 그에게 자리에 앉으라고 손짓을 한 뒤 통화가 끝날 때까지 친구를 기다리게 하지만, 이태리인은 바로 통화를 끊고 친구를 정겹게 맞이한다.

북미인과 아시아인들은 120㎝를 편안한 거리(distance of comfort)로 받아들이지만, 중남미와 아랍, 아프리카인은 50-80㎝를 선호한다.

(2) 기업문화

1) 기업문화의 형성

기업문화는 하위계층(front line), 중간계층(middle management), 임원계층(executive)의 세 계층으로 이루어져 있다. 이 계층문화와 관련된 에피소드를 하나 살펴보자. 영국의 어느 소비자 대상 잡지는 대형 소매점 테스코의 가격 정책을 소개하였다(Hammerich, Lewis, 2013, p. 44). 우리나라의 대형 소매점에서도 마찬가지 정책이 시행되고 있음을 언론에서 보도한 적이 있는데, 테스코에서 낱개 판매의 단위가격보다 다발판매의 단위가격이 더 비싸다는 것이다. 어느 고객이 점장에게 두 번씩이나 개선을 요청하였으나, 그 고객이 다음번에 내방하였을 때는 놀랍게도 낱개 포장의 단위가격이 50%나 인상되었다. 테스코의 경영이념이자 광고 슬로건인 "Every Little Helps"는 임원진이 기대한 만큼 현장의 하위계층의 행동에 투영되지 못하였다. 점장(현장의 하위계층)은 다발포장 판매를 위하여 투자한 비용을 상실하고 싶지 않았거나, 아니면 다발포장 판매를 촉진할 수밖에 없는 핵심성과지표

(KPI)가 있었는지도 모른다. 기업문화의 변화는 작업 관행에서 보이는 실제 행동이 바뀌고 반복적으로 강화될 때 비로소 생겨난다.

이러한 기업문화의 형성 요인에는 크게 네 가지가 있다(Hammerich ,Lewis, 2013, pp. 50-51).

첫째, 국가 속성(nation-state traits): 초기단계에서 영향력을 발휘하는데, 계층구조가 없는 독일기업, 종업원복지가 없는 스웨덴 기업, 집단결속이 없는 일본기업을 상상하기란 어렵다는 점이 이를 말해 준다.

둘째, 역사적 요인(historical factors): 기업이 불황 시, 호황 시, 전시(戰時) 가운데 어떤 역사적 단계에서 탄생하였는가 하는 점이 기업의 야망과 목표, 행동 일정에 상이한 영향을 미친다.

셋째, 창업주(founders): 포드, 카네기, 록펠러, Krupp(독일 제강업), 마츠시타(파나소닉), 모리타(소니), Ollila(노키아), 빌 게이츠, 스티브 잡스, 지멘스 등의 창업주들은 해당 기업의 문화에 지대한 영향을 미쳤다.

넷째, 본사 소재지(region): 캘리포니아에 근거지를 두고 있는 미국기업들은 동부지역이나 중서부 지역에 본거지가 있는 미국기업들과는 기업 문화가 사뭇 다르다. 마찬가지로 펜실바니아 주, 웨스트버지니아 주에서 활동하는 기업인들은 워싱턴 주, 애리조나 주, 텍사스 주의 기업인들과는 별세계에서 살고 있다. 이탈리아에서도 밀라노, 토리노, 제노바, 베테노와 같은 북부공업지대에 있는 기업들은 시칠리아, 나폴리, 칼라브리아와 같은 남부지역에 있는 기업의 문화, 라이프스타일을 구시대의 것으로 치부하면서 전혀 관심을 보이지 않는다. 산업혁명의 후손이라 자부하는 영국 북부지역의 기업들은 런던의 기업과는 판이하다.

2) 산업수명주기

기업이 속한 산업이 급속한 변화를 보이는 역동적 환경을 보인다면, 단기적 민첩성, 혁신, 창의력, 고객에 초점 맞추기, 직원에 대한 권한 부여 등이 핵심적 문화 속성으로서 기업의 경쟁력에 기여할 것이다. 반면 보다 성숙되고 규제를 받는 환경의 산업이라면, 기업은 과정과 계획, 절제된 실행, 장기적 관점을 보이는 것이 보다 적절할 것이다.

산업의 수명주기는 단계별 경쟁에서 요하는 자질을 달리한다. 각 단계에서 요하는 경쟁 역량을 보면 다음과 같다(Hammerich, Lewis, 2013, p. 36).

유아단계(embryonic period)는 혁신과 초기의 국제확장이 주된 요소이다. 따라서 창의적 혁신, 성장지향, 수입초점, 고객지향, 위험감수, 권한부여, 신뢰, 기민성, 단기지향, 실용성, 국제문화간 관계구축 등이 구체적으로 구비되어야 할 자질이다.

성장단계(growth period)는 상품구색을 확대하여 지속적인 국제확장을 하고 규모와 효율성에 초기 집중을 보여야 한다. 따라서 절제된(disciplined) 혁신으로 제품포트폴리오를 확대하고, 프로세스를 지향하여 기획과 예산편성, 집행을 숙달하며, 상업지향으로 위험과 수입, 비용, 이윤 간의 균형을 도모하고, 파트너관계와 협력을 구축하며, 기민성을 통제 및 품질지향과 균형 있게 하며, 장기지향, 전략지향도 동시에 추구해야 한다.

성숙단계(maturity period)는 인수합병이 핵심이다. 따라서 글로벌 규모의 사업에서 복잡성을 관리할 수 있는 전략지향, 지속적인 구조조정과 재발명을 이룰 수 있는 상업지향, 체계적 효율성과 원가통제에 집중하는 프로세스 지향, 판매와 마케팅, 연구개발, 공급망 등의 일체의 분야를 통달하는데 초점을 두는 것들이 요구된다.

단계 간 이동을 잘못하면 기업은 멈추게 되고, 이는 국가의 영향에 크게 좌우되기도 한다. Austin은 유아단계와 성장단계 간 이동에서 실족을 했는데 창업주로부터 전문경영인으로의 전환을 제대로 하지 못한 점, 효과적 생산공정 및 국제확장을 통한 규모경제의 획득을 기업문화가 저해한 점 등이 그 원인이다. 노키아가 애플의 아이폰과 구글의 안드로이드에 도전을 받았을 때 취했어야 할 일은 웹2.0의 소프트웨어 개발과 경영능력이었으나 노키아와 나아가서 핀란드에는 이런 요소의 공급이 부족하였다. 노키아의 더딘 반응은 핀란드 문화에 의해 영향을 받았고, 결국에는 마이크로소프트와 손을 잡고 윈도모바일 플랫폼을 사용하는 선택을 할 수밖에 없었다. 특정 단계에서 성공을 가져다 준 것(enabler)이 다음 단계에서는 저해요인(derailer)으로 작용할 수 있다는 점에 유념해야 한다.

단계 간 이동을 저해하는 보다 사소한 원인들도 있다. 과정지향적인 60년 역사의 HP가 규모경제의 획득을 목적으로 20년 역사의 대담한 Compaq과 2002년 합병하였을 때, 두 기업의 문화와 작업관행이 판매 활동에서 충돌을 빚었다. 공격적이고 기민한 기업문화를 지닌 컴팩은 현지자회사들에게 보다 많은 재량권을 부여하여 최신의 재무정보를 주 단위로 제공하였다. 이에 비하여 초기 확장단계를 지나 보다 성숙해진 HP는 엄격한 중앙통제체제를 갖추고 사업 간 균형을 도모하며 자회사에게는 보다 적은 재량권만을 부여하고, 재무정보의 제공도 월 단위에 그쳤다. 합병 후에도 공격적 분기별 판매수입을 할당받은 판매부서는 매출에 기염을 토하였으나 주별 재무정보가 제공되지 않으면서 월말에는 총수익률이 30%대에서 10% 미만으로 곤두박질쳤다(Hammerich, Lewis, 2013, p. 37).

3) 국가문화와의 관계

① 미국

핵심 국가속성 : 자신감(아메리칸 드림), 행동 편중(속도), 결과(bottom- line) 중시, 남성주의

❖ 핵심 국가속성의 기업 문화 내에서의 발현

미국인과 상대할 때는 시간 엄수, 복장 단정, 청결, 왕성, 집중, 기업 목표 파악, 목표 추구에 성실, 근면, 시간낭비 금지, 휴가는 짧게, 금지사항(red tape) 유의, 위기 상황에서 사무실 지키기, 영어 숙달, 상사에게 경청하기 등에 유념해야 한다. 미국인 상사와 상대하면서 부하로서 이상의 주의 사항 가운데 3개 이상에서 실수를 범한다면 해고를 감수해야 할지도 모른다.

미국의 역사가 짧아서 젊고 혈기왕성하며 성공을 거두었다는 점, 세계정치, 경제 분야에서 권력을 쥐고 있다는 점은 미국 문화에 자신감(confidence)을 심어주었다. 이러한 자신감이 아메리칸 드림과 맞물려 미국기업의 경영진에게는 과감한 행동 취하기, 투자 의욕 보이기, 가장 많은 몫 챙기기 등을 심어주었다(Hammerich, Lewis, 2013, pp. 71-72). 서부 나아가서는 캘리포니아로 확장하려는 개척 활동은 멀고도 험한 여정이었기에 이를 극복해냈다는 점이 상기의 미국인 특성을 갖게 만들었다. 21세기의 미국 경영자들도 이러한 곤경을 극복하기 위한 원기왕성을 구비하고 있다. 긴박감을 갖고 신속하게 일처리 하는 것은 금이 소진되기 전에 캘리포

니아에 도착하자는 마음가짐에서 연유한 것이다. 실용을 추구하고 이슈를 단순화하려는 행동은 나는 마차와 말, 총을 갖고 있으니 이것들은 내 카드라는 생각에 기인한다. 협상을 끈질기게 하는 자세는 토지를 거래하여 토지로 생계를 이어나가는 법을 터득해야 한다는 생각에서 나왔으며, 평등주의 정신은 공작이니 백작이니 하는 직위는 영국에 묻어두고 왔다고 보기 때문이다. 내가 의지할 수 있는 것은 오직 나 자신과 내가 갖고 있는 말뿐이라는 점이 지금의 개인주의 문화를 낳았고, “이봐, 잭, 내 캠프파이어에 앉아서 커피나 한잔 하게” 라는 식의 대화가 격식을 따지지 않고 바로 성씨를 생략한 채 이름만을 호명하는 호형호제(first-name basis)의 문화를 낳았다. 천 에이커(122만 평)의 땅을 감시하고 지켜야 한다는 상황이 위험감수의 정신으로 무장하게 하였다. 우선순위는 생존이었기에 사업에 감상을 늘어놓은 짓은 하지 않으며, 끊임없는 이동을 해야 하는 삶이었기에 기본적으로 ‘모바일’이다. 과거가 많지 않기에 미래지향적이며, 짧은 역사의 젊은 미국은 물고 물리는 치열한 경쟁사회(dog-eat-dog society)라서 거친 모습을 연출하게 되고, 땅은 넓은데 나눠가질 사람은 상대적으로 적으니 낙관주의 자세를 지니게 되었다. 돈만을 좇는 물질지상주의인 것은 “안 그러면 더 이상 나아가지 않겠다.”는 모습에 기인한다. 버지니아에서부터 캘리포니아에 이르기까지 아메리칸 드림을 먹고 살아왔기에 미국에서 불가능은 없다고 생각하는 것이다.

❖핵심 국가속성의 잠재적 장단점

첫째: 자신감.

일본과 한국, 중국, 핀란드, 덴마크, 독일은 모두가 20세기 후반부에 와서 저마다의 독특한 성공스토리를 갖게 되었지만, 미국은 여전히 아메리칸 드림에 탐닉되어 있기 때문에 다른 문화가 지닌 장점을 인정하는데 인색하다. 따라서 미국과 교역을 하는 상대국들이 미국문화의 속성을 다루는 법을 숙지해야 하는 것이지, 그 반대의 일은 생기지 않을 것이다. 성공에서 연유한 타고난 자신감은 오만으로 변형되는 일도 잦고 심지어는 다른 문화의 행동을 혐오하기까지 한다. 일본기업과 합작사업을 논의하기 위하여 일본을 방문하는 미국기업인들에게 주일미상공회의소가 해주는 한결같은 조언은, 첫 모임에서는 상대를 아는 것에 그치라는 점이다. 그럼에도 방문하는 미국기업의 협상단의 과반수는 첫 모임의 점심자리에서부터 협상을 개시하고 심지어 이윤 분배 문제까지 거론한다. 상대방 문화를 심도 있게 공부하고 그에 적응하려는 자세를 보이지 않기 때문에 미국은 아시아와 남미, 기타 지역에서 주도권을 확보하는데 애를 먹는다.

둘째: 행동편중(속도)

프론티어 정신은 긴박감을 조성하면서 자신의 목표를 보다 신속하게 추구하려는 욕구와 능력을 미국인들에게 물려주었다. 이는 보다 정착된 역사를 지닌 국가의 국민들보다 심하다. 어제 완수하지 못한 과제는 내일이라도 당장 끝내야 한다. 그래서 미국기업인들은 쉴 새가 없다. 중국인이나 일본인들도 일련의 신속한 의사결정을 내릴 능력이 있다는 점을 보여주지만, 그건 어디까지나 작은 규모의 결정 사항에 관해서이다. 거대한 결정 사항에 대해서는 시간을 더 소요하기 마련이다. 중국, 일본, 베트남과 같은 유교국가에서는 인내가 미덕이다. 물론 인도나 혹은 같은 유교권의 한국은 위험감수 성향이 높아서 인내가 덜 하다.

셋째: 결과 중시

미국이 말하는 사업이란 멀지 않은 미래 시점에 이익을 실현하는 일을 의미한다. 그러나 오늘날 경쟁은 날로 격화되어 계약의 성사는 장기적 전략을 통해 이루어지는 일이 흔하다. 영국과 독일은 제안하는 기업 입장에서 장기 융자나 투자를 요하는 경우가 잦은 프로젝트를 끈기 있게 따내는데 능력이 출중하다. 프랑스와 스웨덴은 르노, 아에로스파티알(aerospatiale: 콩코드기 제조업체), 볼보, Saab 등과 같은 소위 국민기업(household names, flag-bearers)을 지원, 구제하는 결정은 신속히 내린다. 노르웨이는 핵심적인 국가 자산을 보전할 목적으로 북해 원유의 채취에서 신속하게 이득을 보려는 것을 자제한다. 중국은 전 세계 여러 나라에 중장기 투자를 하는 자세가 특출하다. 일본은 장기투자 전략에 전통적으로 활발한 모습을 보였다. 반면 한국 기업들은 신속한 이득의 수확을 추구해 왔다. 단지, 최근 삼성과 현대, LG 그룹은 이러한 성향을 자숙하고 있다.

넷째: 남성주의

미국에서 사업의 남성주의란 줄기찬 성장, 지속적 이윤, 부의 축적에 의한 인수합병, 공격적 마케팅과 광고에 의한 전세계적 상품판매 등을 밀한다. 그러나 세계의 사입은 아시아화 혹은 여성주의로 흐르고 있다. 사회적 진보가 1990년대에 화두(buzz-word)가 되었고, 스웨덴, 네덜란드, 캐나다, 핀란드, 노르웨이, 덴마크의 문화에서 오랫동안 추앙받아온 후원(nurture)의 개념이 브라질, 중국, 인도, 인도네시아, 보츠와나, 나미비아, 콜롬비아의 후원기업과 정부에 스며들고 있다. 그런 점에서 미국은 남성주의를 재고해봐야 할 것이다. 성장은 신중한 개발에 밀려 후순위가 될 수도 있다. 경쟁국들의 낮은 임금과 저가격으로 인해 미국의 이윤은 줄어들 수밖에 없다.

② 스웨덴

핵심 국가속성 : 이상적 복지국가, 인권에 대한 집착, 여성주의

❖핵심 국가 속성의 기업 문화 내 발현

일본을 열외로 치고, 스웨덴만큼이나 기업문화가 국가 신조를 반영하는 나라는 없다. 스웨덴 기업의 고용주는 종업원이 무례하거나 불충하거나 재능이 없더라도 해고하기가 거의 불가능에 가깝다. 그만큼 스웨덴이라는 국가는 인권에 집착하고 있다. 스웨덴에서 근무하는 외국인 경영자들은 이 점이 너무도 반기업적이라고 본다. 복지국가의 스웨덴 문화가 기업문화에 끼치는 또 다른 문제점은 합의에 집착한다는 것이다. 스탭의 합의를 필요로 한다고 했을 때, 스탭의 범위를 기업에 따라서는 중간관리자와 말단 직원은 물론 비서, 차 준비하는 여직원(tea-ladies), 청소부까지 포함하기도 한다. 외국인 직원을 채용하거나 외국기업과 거래하는 스웨덴 기업 입장에서 회의 투성이라는 외국인의 지적은 심각한 문제이다. 한 사람의 개인으로서 스웨덴인은 국제 팀의 일원으로 일할 때는 현대적, 혁신적, 정력적으로 비추어지지만, 스웨덴 기업의 틀에 박힌 스웨덴인들은 동력을 상실하고 만다. 이런 병폐를 타파한 스웨덴의 기업인으로는 Gyllenhammer(볼보그룹), Carstedt(볼보그룹), Barnevik(ABB) 등이 있다. 스웨덴은 과세 부담이 과다한 반면, 인구의 고령화로 인해 피부양자보다 부양자가 줄어들고 있다는 문제점을 안고 있다. 경쟁이 없는 사회라면 질 좋은 제품을 고가에 판매하여 삶의 수준을 지탱할 수 있겠지만, 21세기의 국가 간, 기업 간 경쟁은 피 말리는 것이다. 아시아와 미국의 기업들은

6주간의 휴가에 덧붙여 모든 공휴일과 주말을 즐긴다거나 여름철에 오후 4시가 되면 즉각 퇴근하는 관행을 갖고 있지 않다.

❖핵심 국가속성의 잠재적 장단점

첫째: 이상적 복지 국가

20세기 후반부에 스웨덴 기업들이 스탭들에게 동기부여, 좋은 보수, 주택 제공, 부당함과 질병·불상사로부터 보호해주었다는 점은 자비로운 일이다. 부족할 것이 없는(comfortable-off) 스웨덴 사람들은 정직, 현대성, 투명, 질 관리 등으로 다른 국가의 국민들에게 감명을 주었다. 그러나 풍요로운 삶을 유지해온 스웨덴인들은 의무보다는 권리에 집중한다. 21세기에 들어와서 많은 스웨덴인들은 인구의 고령화, 노동력의 감소, 응석받이 연금수령자, 여가에 대한 욕구의 증가라고 하는 현상들이 복합적으로 내재된 복지국가의 궁극적 도착지 내지 운명에 대해 의구심을 제기하고 있다.

둘째: 인권에 대한 집착

중소규모의 스웨덴 기업들은 6개월씩이나 하는 부부의 양육 휴가가 겹쳐 이루어질 경우에 무척이나 당황스러울 수 있다.

셋째: 여성주의 특성

홉스테드의 연구 결과에 따르면, 스웨덴은 가장 여성주의가 강하게 나타난 국가이다. 개발, 명성, 올바른 결정, 절묘함, 시의적절, 협력, 삶의 질, 보살핌 등은 2차 대전 이후의 스웨덴 기업에게 많은 도움이 되었지만, 21세기에 어찌 전개될지 우려된다.

③ 프랑스

핵심 국가속성 : 프랑스 중심의 자긍심, 이론과 아이디어·과정에

강함, 지적 우월감

❖핵심 국가속성의 기업문화 내 발현

앵글로 아메리칸의 국제 정치, 군사적 지배력에 대한 반감으로 프랑스는 유럽문화, 특히 프랑스 문화를 보호하는 일이 자신의 책무라고 여긴다. 그리하여 영국이 전세계의 영국문화원(British Council)에, 독일이 독일문화원(Goethe Institut)에 지원하는 금액보다 프랑스가 프랑스문화원(Alliance Francaise)에 더 많은 지원금을 쏟고 있다. 프랑스의 교육제도는 고도로 중앙집권화되어 있으며, 언어, 문학, 웅변, 철학과 같은 과목을 크게 중시하여 엘리트 비즈니스 학교인 HEC, Ecole Normale Superieure 등의 교과과정에 반영하고 있다.

프랑스의 고위직 기업인들이 받은 엘리트 교육은 기업경영의 성공에 직결되는 내용이라고 볼 수만은 없다. 사실보다는 이론을 선호하다보니 실수를 자주 하게 된다. 그러나 실수를 범하더라도 프랑스 기업인들이 해고될 가능성은 적다. 왜냐하면, 이사회는 최적의 인물을 선임했다고 생각하기 때문이다. 이윤보다는 명성이 소중하고, 경제적 성장보다는 보편적 복리가 우선된다.

❖핵심 국가 속성의 잠재적 장단점

프랑스의 자긍심은 미국의 자긍심과 대등하면서도 관점이 약간 다르다. 미국인은 행동과 효과적 사업의 챔피언이라고 자신을 생각하는 반면, 프랑스인은 유럽 문명의 기수라고 자신을 간주한다. 아프리카 대륙에서도 특히 세네갈과 모로코는 프랑스의 행정 기법과 도덕 가치를 오늘날까지도 고수하고 있다. 반면 알제리와 다른 아프리카 국가들에서는 열기가 떨어지는데, 그 이유는 21세기에 방해물이 된다고 여겨졌기 때문이다. 프랑스 입장에서는 영국, 독일 등

EU 파트너와 도덕적, 정치적으로 대등하다고 보는 인식의 전환이 향후 취해야 할 자세이다.

중국, 인도, 브라질과 같은 신흥 거대 권력과 시장의 출현으로 프랑스는 이제 상대적으로 소국으로 전락하였다. 과거의 원대한 목표를 다시 손에 쥐기는 어렵고, 유럽에서 3-4위의 자리에 만족해야 할지도 모른다. 영어 습득을 주저하는 자세는 전 세계 시장에서 지위를 상실하게 만든다. 기업문화가 국가문화를 충실히 따르는 국가군과 국가문화로부터 자유로운 기업문화를 지닌 국가군으로 양분한다면, 전자에는 미국, 스웨덴, 프랑스, 이탈리아, 독일, 일본, 중국, 싱가포르가 속하고, 후자에는 영국, 호주, 네덜란드, 핀란드, 홍콩 등이 속한다.

④ 이탈리아

핵심 국가속성: 인본주의, 유연성, 이상주의

❖핵심 국가속성의 기업 문화 내 발현

이탈리아의 민주주의는 어느 정도 도전을 받아오고 있다고 말할 수 있는데, 그 근거로는 일부 정치인과 권력 브로커들이 자신만의 왕국과 압력집단을 형성하고 있다는 점이 특히 남부지역에서 두드러진다. 가령, 시칠리아의 마피아, 나폴리의 Camorra, 칼라브리아의 N'drangehta 등은 해당 지역의 경제를 실질적으로 지배하고 있다.

수상의 부패를 부분적으로 인정하고 수상에 대한 저속한 익살을 눈감아준다는 점은 이탈리아의 유연성을 보여준다고 하겠다. 이탈리아에도 법이 있다고는 하지만, 수상이 아무런 처벌도 받지 않고 법을 위반할 수 있고, 범인들의 법정 출석이 핵심 커넥션에 의해 저지되고, 3개의 마피아 집단이 GDP의 10%를 차지하는 암시장을 장악하는 상황에서 과연 법의 적용이 어느 정도 이루어질 수 있을지는 의문이다. 이러한 이탈리아의 유연성 문화는 인본주의, 이상주의, (특정 지역에서의) 나태 성향과 연계되어 있다.

이탈리아인의 삶은 밀접한 가족 연대에 기초하고 있다. 가족 연대는 냉철한 사실이나 논리보다는 감정이 우선하며, 이는 사회관계, 사업관계로까지 확장 적용된다. 이탈리아의 문학, 음악, 미술에서 볼 수 있는 인간애가 상업, 기업 활동에 그대로 스며들어 있다. 인본주의는 자연히 이상주의에 대한 강한 열망으로 이어지고, 이는 다시 현실주의에 대한 성향을 줄인다. 아탈리아가 EU 의장직을 맡았던 2005년에는 6개월 간 아무런 성과도 이루지 못한 반면, 핀란드와 네덜란드가 의장직을 맡았을 때는 보다 건실한 성과를 거두었다.

이탈리아 남부지역에서는 의사가 발급한 위조 증명서로 농땡이를 친다든가 심지어는 몸이 아파서 결근하겠다고 전화해놓고(call in sick) 투잡을 뛰기도 한다. 그런데 이탈리아의 복지 법규는 이런 일을 일삼는 노동자들을 옹호하는 경향이 있다.

❖핵심 국가속성의 잠재적 장단점

인본주의는 고객관계를 용이하게 해주고 종업원간, 동료간의 화기애애한 분위기를 만들어주며 곤경에 처한 사람들에 대한 동정을 기꺼이 보여줄 수 있게 해준다. 반면 단점으로는 패자(underdogs)에 대한 과보호, 사악한 이에 대한 통제의 상실, 나태함을 못 본 척 하기, 설득력이 약한 핑계를 대는 무단결근자와의 야합 등이 있다.

유연성은 솜씨 좋은 협상과 변화하는 조건에 신속한 적응이라는 효력을 지닌 반면 과도할 경우에는 변덕과 방종으로 비추어진다.

사회의 모든 수준에서 부패가 만연한 점을 수용한다는 것이 좋은 예이다.

이상주의도 가치 있는 기업 목표와 사업활동에 카리스마를 활용할 줄 아는 장점을 보이면서도 현실성의 결여로 인해 정부와 기업의 재무 상황의 부실, 예산 편성의 불균형, 건설 및 재건 프로젝트의 포기, 직업윤리의 하락 등의 단점도 노출하고 있다.

⑤ 독일

핵심 국가속성 : 사실적 기획 및 과정, 직업윤리, 수출지향, 계층적 관료제

❖핵심 국가속성의 기업 문화 내 발현

국가의 속성이 기업 행동에 철저히 반영된 정도로 치자면 독일은 일본 다음으로 높다. 독일인들은 자신을 이 세상에서 가장 정직하고 직선적이며 믿을 만한 사람이라고 여긴다. 충직과 명예라는 개념은 현대 독일에서 가장 생생하게 남아 있다.

독일어에서 가장 중요한 어휘는 Ordnung인데, 영어로 번역하면 질서, 질서정연으로 될 것이다. 그런데 그 질서정연함은 영어의 의미보다 훨씬 심해서 가정과 사무실, 일반 환경, 자동차, 소유물, 의상과 액세서리, 사교적 매너, 작업 습관의 깔끔함은 물론이거니와 무엇보다도 마음의 질서를 요구한다. 이 모든 조건들이 충족되면 Alles in Ordnung 이라고 하는데, 독일 기업에서 일하다 보면 이 문구를 하루에도 12번씩이나 듣게 된다. 만족과 칭찬, 절묘한 요약, 유쾌한 마무리 등의 표현이라고 보면 된다. 독일 기업은 과거에 성공을 보인 규칙과 과정을 좇아 질서정연함을 성취한다. 독일 기업은 철저히 계층적이어서 가장 많이 아는 사람이 가장 높은 직위를 차지하며, 수직적 구조 하에 명령은 직속 부하에게 곧바로 전달된

다. 부서간 수평적 소통은 드물고 못마땅하게 여긴다. 독일은 일본과 더불어 현대의 민주주의 국가이면서도 오랫동안 비민주적 국가이었다.

❖핵심 국가속성의 잠재적 장단점

첫째, 사실적 기획 및 과정

독일기업은 사실과 숫자, 지적 분석과 경험에 입각한 과정을 만들어내면서 세계 최고의 기획을 하는 것으로 정평이 있기 때문에, 임시방편의 활동이라든가 급격한 활동의 변화를 해야 하는 일은 드물다. 이러한 기업 행동은 꾸준한 성장을 가져오지만, 평정은 독일 통합 후의 예기치 못한 사태의 전개로 장애를 받게 되었다. 그 사태란 몇 몇 대형 건설 프로젝트의 비용 산출이 크게 잘못된 것인데, 구동독의 대규모 지역에서 오염된 토양을 위생처리하는데 소요될 막대한 비용을 고려하지 못한 점이며, 덧붙여 서독과 동독의 화폐 교환과 관련된 문제이었다. 이런 예기치 못한 사태는 과도한 기획과 엄격한 과정이 어려움을 초래할 수 있다는 점을 시사하였다. 신속한 전략 전개를 보이는 아시아 기업이 향후 둔감한 독일 기업을 따라잡을 지도 모른다. 과제 수행을 어떻게 해야 할지를 꼼꼼하게 서술하는 방대한 매뉴얼은 줄이든가 버려야 할 것이다.

둘째, 직업윤리

근무시간과 근무의 질 모두에 관련된 직업윤리는 독일기업에게 엄청난 편익을 가져다주었다. 그러나 지금 독일인들은 대부분의 국가의 국민들보다 긴 휴가(최대 6주)를 떠나고 여행을 즐긴다. 그러다보니 생산적인 중국, 한국, 터키, 기타 국가의 기업과 맞서서 경쟁력을 상실하게 될 것이다.

셋째, 수출지향

독일기업의 치밀한 수출지향 계획은 독일의 번영을 가져다준 주된 원동력이며, 다른 수출지향의 중국, 한국, 일본과 맞서 쟁취한 점을 고려하면 대단한 성과이다. 향후 독일의 수출기업들은 가격 수준에 기민함을 보여야 할 것이지만, 사치품 분야에서는 그들이 자랑하는 품질이 경쟁에서 우위를 점하게 해 줄 것이다.

넷째, 계층적 관료제

독일기업의 리더십이 엄격하게 계층적이라는 점 덕분에 질서정연, 기획, 직업윤리가 가능하였다. 그러나 계층 구조는 관료적 규칙과 절차를 동반하는데, 이는 느려터진다는 단점이 있다. 향후 위기가 닥쳐 전략의 변화를 요할 때가 온다면, 독일 기업들은 한국이나 인도 심지어 미국 기업보다 기민성에서 떨어진다는 점이 드러날 것이다.

⑥ 영국

핵심 국가속성 : 개인주의와 창의성, 엔지니어링의 강점, 사회계급제도, 섬나라 근성

❖핵심 국가속성의 기업 문화 내 발현

영국에서는 기업의 설립과 등록이 며칠 안으로 이루어지며, 등록 조건도 까다롭지 않다. 영국기업은 국가 가치에 지배되지 않는다. 영국보다 산업혁명을 늦게 이룬 국가들은 선행 경험을 벤치마킹할 수 있었고, 보다 근대적 시설 덕분에 작업 환경을 쾌적하게 만들 수 있었다. 영국기업들은 산업혁명 이후 업종의 성격, 창업자의 특성, 지역 특징(런던, 랜커셔, 요크셔, 타인사이드, 스코틀랜드, 북웨일즈, 남웨일즈, 블랙컨츄리(중부 버밍행 중심의 대공업지대), 아일

랜드), 노사협상의 결과 등에 따라서 다양한 기업 구조를 만들어냈다. 영국기업의 경영자들은 외교적, 전술적, 비격식, 도움, 타협, 공평, 느긋함 등의 성격을 보여주고 있다. 한편 영국기업의 부하직원들은 자신들의 창의성과 수평적 사고를 자부한다.

❖핵심 국가속성의 잠재적 장단점

첫째, 개인주의와 창의성

산업혁명의 주도를 통해 드러난 영국의 독창성은 19세기에 막강한 힘을 발휘하여 5개 대륙에 1,500만 평방마일(약 11억 7,700만 평)의 식민지를 확보할 수 있었다. 이러한 창의성은 영국 자동차업체에게 소규모 생산의 부티크 차량을 계속 제작하도록 하였으나, 미국과 독일, 일본의 자동차업체들은 독창성은 떨어져도 대규모 현대식 제조 공정을 통해 보다 경제적인 차량을 제작하였다.

둘째, 엔지니어링의 강점

영국의 교육기관에서 엔지니어링은 자긍심의 영역으로 자리 잡았고, 19세기에 영국은 선박, 차량, 무기, 장비, 철교, 댐, 위대한 건축물 등을 런던과 인도, 싱가포르, 말레이시아, 상하이 등의 여러 곳에 만들 수 있었다. 그러나 오늘날 공학 학위 취득자 수는 독일과 일본, 미국, 중국, 한국이 영국을 앞지르고 있다. 금융서비스에 역점을 둔 영국은 제조업 기반을 심각히 유실하고 말았다.

셋째, 사회계급 제도

영국에서는 지금도 혈통, 직위, 가문에 의해 개인의 사회적 지위가 어느 정도 좌우되는데, 이는 미국과 호주, 캐나다, 스칸디나비아 제국과 같은 민주국가들과 상대할 때 장애물로 작용한다. 다행히 대규모 중산층의 대두로 이러한 사회계급 제도는 실력주의

(meritocracy)로 이행해가고 있다.

넷째, 섬나라 근성

영국인의 겸양의 태도, 유머의 유형, 코드화된 연설, 지방색(regional parochialism), 방어적 자세는 다른 나라 사람들에게는 혐오의 대상은 아니지만 난해한 것으로 여겨진다. 영어라는 언어는 미국, 캐나다, 호주, 뉴질랜드, 남아공과의 사업을 용이하게 해주지만, 제국시절의 자국 언어를 선호하는 스페인, 이탈리아, 프랑스 등의 유럽대륙 국가들과의 거래에는 도움이 덜 된다. 그렇기에 유럽대륙의 문화를 이해하는 능력은 미국보다 낫지 않다. 오히려 영국은 같은 섬나라인 일본과는 겸손, 삼가는 표현, 과묵, 매너, 왕실, 골프, 럭비, 격식, 역사 의례, 클럽 등의 특징을 공유한다. 이제야 아주 더디게 영국은 외국 문화를 공부하기 시작하고 있다.

이상의 6개국 중 영국을 제외하곤 국가문화가 아주 잘 정의되어 있고 내면적으로 힘을 지니고 있어서 기업 문화를 설계하는 경영자들의 사고와 목표를 지배하고 있다. 그 결과, 스웨덴의 기업문화는 민주적, 인권 중심적으로 되었고, 독일과 일본은 계층과 기강에 우선을 두었으며, 프랑스와 이탈리아의 기업문화는 물질보다는 사회적 배려를 중시하게 되었다. 그리고 미국기업은 아메리칸 드림을 지지하고 있다.

사회가 자유로울수록 기관들은 민주적으로 되며, 국가의 통제는 줄어든다. 영국이 바로 이에 해당하는 국가이다. 다른 앵글로색슨 국가들도 영국처럼 자유와 다양성을 표방하며, 캐나다와 호주, 남아공, 인도 역시 모든 형태의 기업을 지니면서 위험감수와 목표의 독창성을 보인다.

(3) 기업의 수명주기별 성쇠 요인

태생기부터 애플은 창의성의 문화, 사용자 체험에 맞춘 초점의 문화를 지녔다. 이는 공동창업주인 스티브 워즈니악과 스티브 잡스의 디테일에 대한 직접적인 관심 표명과 디자인에 대한 이해에 의해 강화되었다. 애플은 개방모델을 믿지 않았고, 그보다는 사용자 체험의 극대화를 보장하기 위하여 자신의 기술과 에코시스템을 통제하는 것이 필요하다는 신념을 지녔다. 위대한 천재인 스티브 잡스는 졸지에 눈을 감을 때까지(until his untimely passing) 신제품의 디자인을 친히 검토하였다. 애플의 혁신의 힘은 1985년에 스티브 잡스가 회사에서 쫓겨난 뒤 방향을 잃고 말았다.

델이 경이로운 성장 궤도를 달리기 시작한 건 1980년대 후반이다. 마이클 델은 대학 기숙사에서 고객에게 컴퓨터를 판매하는 이른바 직판 방식을 고안해냈다. 이 방식이 성공을 거둘 수 있었던 것은, 부품 가격이 주 단위로 하락하는 컴퓨터 산업에서 제품 수명주기는 짧기 때문에 고도의 맞춤형 판매에 저렴한 가격 설정(price keenly)을 할 수 있었기 때문이다. 델은 자신에 찬 텍사스 기질(Texan attitude: 4단어로 압축하면 “Don't mess with Texan. 텍사스를 건드리지 마라)에 덧붙여 초기에 컨설팅업체 베인으로부터 임원들을 스카우트 해오면서 합리성을 접목시켰다. 이는 극도로 데이터 중심적이고 단기 지향적이다. 마진이 박한 컴퓨터 하드웨어 산업에서 활동하다보니 델은 온통 무자비하리만치 신속한 실행에 초점을 맞추었다. 한 마디로 말하면, “오늘 판매 목표치를 놓치면 일주일 치를 놓치는 셈이고, 일주일 치를 달성하지 못하면 한 달 치를 잃은 셈이며, 이는 다시 사분기 목표치를 놓치는 셈인데, 분기 목표의 달성 실패는 용납할 수 없다."라는 단순 논리이다. 사람보다 결과를 중시하고 거칠게 싸워서 이겨야 한다는 관점이다. 그런데 델의 직판 방식은 일체의 사양을 포함한 PC와 노트북의 가격이 1천 달러 이하로 떨어지고, 맞춤형 방식의 중요성이 떨어지면서 경쟁력을 잃게 되었다.

이들 기업에게 적용되는 핵심 질문은, 창업주가 궁극적으로 은퇴하게 되면 이들 기업의 문화에는 어떤 일이 생길 것인가 하는 점이다. 창업자 시대에서 관리자 시대로의 이행은, 1980년대 애플 사례에서 보았듯이 결코 쉬운 일이 아니다.

성공한 창업주가 지닌 개인적 성격과 가치관은 실패의 잠재적 요인으로 작용할 수 있는 국가문화의 영향을 중립으로 만들거나 제거할 수 있다. 그런 점을 염두에 두고서 기업의 성공 특성 및 역량을 초기-말기로 대비시켜 말하면, 단기-장기, 행동-분석, 유연성-규칙, 실용성-규범성, 개방-독단, 기민-과정이라고 말할 수 있다.

1) 태생기

혁신 단계(innovation phase)는 그 성격상 변동이 심하다. 신생기업은 올바른 모델을 발견할 때까지 수차례의 반복 과정을 거치게 된다. 그런데 올바른 모델 발견에 실패하는 비율이 높다는 것이 혁신 단계의 특성이다. 이 단계에서 위험 감수는 단지 필요불가결한 것이며, 성공과 실패의 차이는 백지장 하나 차이(razor thin)이다. 혁신 단계의 성공요인은, 창의적 사고, 근면과 끈기, 팀워크와 협동, 기민성과 실용성 및 단기지향, 위험감수와 권한 부여 및 팀내 신뢰, 외부 관계 구축 등이다. 혁신 단계에서 성공 혹은 실패를 재촉하는 국가 문화의 속성은 산업별로 상이하다. 가령 혁신제품의 산업보다는 서비스 산업에서 인도(delivery) 과정의 질에 보다 초점을 맞출 필요가 있다. 그럼에도 불구하고 산업 전반에 걸쳐 다음의 실패 vs 성공의 재촉 요인을 열거할 수 있다. 완벽주의 vs 행동-긴박에 대한 편향, 독단과 구조 vs 실용성과 유연성, 규칙지향 vs 창의성, 과정 중시 vs 결과 중시, 장기지향 vs 단기지향.

태생기의 두 번째 단계는 지리적 확장(geographic expansion) 단계이다. 혁신 단계에 비해 보다 넓은 세계와 접하게 되고 고객과의 접촉도 더욱 밀접해진다. 시장 확대는 보통 자국시장에서 시작하여 구축한 지배적 지위를 재무적 발판으로 삼아서 이웃 국가 시장으로 확장을 전개하는 것이다. 이 단계에서 유념할 점은, 거래를 따기 위해 맞춤형을 제안하는 일과 생산비가 적게 드는 표준형 제품의 판매량을 확보하는 일 사이의 균형을 맞추는 일이다. 지리적 확장 단계에서는 혁신 단계의 속성이나 역량이 여전히 중요하지만, 그 이외에 다음과 같은 새로운 능력의 중요성이 더해간다. 고객 및 거래업체와의 장기적 관계의 구축, 실용성과 유연성을 과정의 엄격관리와 어느 정도 균형을 맞추는 일, 시의적절성과 신속성을 즉흥성(wing it)과 대비시키는 일, 기술과 판매, 마케팅 간의 균형을 도모하는 일이 그것이다. 소니의 CEO이었던 모리타씨는 해외판매와 마케팅 측면에 관심을 집중하였다. 미국 시장의 중요성이 더해가자 일정 기간 가족을 뉴욕으로 이사시켰고, 일본과 미국에 각각 2명씩의 비서를 두었다. 태평양 횡단의 시차 극복에도 별다른 어려움이 없는 대단한 기력의 소유자로 보였다. 그가 소니를 만들었을 때 그린 이미지는 각각의 영주들이 독립된 영역을 관할하면서 자신에게 직접 보고하고, 자신은 가부장적 모습을 보이면서 카리스마를 발휘하여 네트워크를 보전하는 패밀리의 형태이었다.

① 노키아

노키아는 핀란드라는 나라 전체를 재생시킨 기업이며, 불가능한 일이 일어날 수 있다는 것을 통하여 전 세계인에게 영감을 불어넣었다. 불가능한 일이란, 무명의 기업(underdog coming from nowhere)이 신규 산업에서 세계적 지배력을 획득할 수 있다는 사실을 말한다. 불과 10년도 안되어 유럽 최대의 기술 기업이 되었고, 모바일 기술 기업 가운데 세계 1위가 된 사실이다. 실리콘밸리의 기업도 아닌, 핀란드의 시골에 있는 기업이 해냈으니 말 그대로 개천에서 용 난 셈이다.

핀란드의 시골 문화는 정직, 성실, 근면을 소중히 여긴다. 어느 시골에서나 볼 수 있는 외부인에 대한 경계심은 1917년 독립을 이룰 때까지 스웨덴과 러시아의 지배를 오랫동안 받아왔다는 역사적 사실에 의해 더욱 강화되었다. 핀란드 문화의 독특한 속성에 'Sisu'라는 것이 있다. 시수는 고난을 극복하려는 끈기와 장기적 관점이 결합된 용어이다. 이러한 핀란드 문화의 정신은 1939년과 1941년에 러시아와 엄동설한의 겨울 전쟁을 두 차례 치르면서 확실히 보여주었다. 핀란드인들은 애국심이 강하면서도 겸손하다. 핀란드어는 인도-유럽계의 언어가 아니라 아시아에 뿌리를 두고 있어서 사색, 은둔, 감정적 거리 두기, 체면에 대한 민감 등의 속성을 지니고 있다. 핀란드인은 혼자서 행동을 취할 수 있지만, 집단에 의지하고 때로는 마지못해 전향적인 자세를 취한다. 이런 핀란드의 국가문화는 노키아가 지닌 공학 제품을 찬양하는 문화와 사실·분석·내향적 마음가짐과 어우러졌다. 핀란드인은 멋진 디자인을 사랑하고 창의적이다. 이를 증명하는 예로, 유명한 휴대폰 게임 소프트웨어인 'Angry Birds'를 만들어낸 점, SMS (Short Message Service)를 노키아에서 처음 고안해냈다는 점을 꼽을 수 있다.

초기 노키아는 여전히 작은 회사로서 의사결정은 비공식적이고 신속하였다. 재무 통제는 엄격하였고, 엔지니어링 조직은 소규모 팀들로 구성되었고, 각 팀은 신규 모델에 투입되었다. 따라서 제품의 설계와 엔지니어링, 제조는 단순한 공정의 부분으로서, 각 기능의 핵심 인물들은 서로를 잘 알고, 문제가 발생하면 서로를 부를 수 있는 사이였다. 이 점이 보다 긴 역사의 전통을 지닌 경쟁업체에 비해 노키아를 신속, 기민, 공격의 문화를 지닌 기업으로 만들었다. 임원진이 선두에서 이끄는 "할 수 있다(we-can-do-it)"는 문화적 역동성이 탄생하였다. 초기 노키아 성공 요인들은 핀란드의 국가 문화 속성에 뿌리를 두고 있었다. 근면, 정직, 역경 극복을 위한 단결(Sisu), 감정보다는 사실 지향의 속성이 그것이다. 다행히도 장애요인으로 작용할 잠재성이 있는 국가문화의 속성, 즉 외부인에 대한 경계심으로 홀로 하기(go-it-alone), 감정적 관여의 부족, 전향적 관여의 주저, 사색적 내부지향 등은 그 부정적 효과가 희석되었다.

1995년에 물류 위기를 겪고 나서 노키아는 자사의 시스템과 작업 관행이 급성장하고 있는 다품종 라인의 글로벌 사업에 부적절하다는 것을 깨달았다. 노키아는 100개가 넘는 휴대폰 모델을 150여 개 국가 시장에 있는 500여 통신사업자(저마다의 통신망에 맞춤식 휴대폰을 요구)에게 설계-제조-판매를 동시에 행할 수 있는 복잡한 조직 구조를 만들었다. 이렇게 하여 노키아는 태동기에서 성장기의 후반으로 전환점에 도달하였고, 규모와 효율의 단계에 다다르게 되었다. 대규모의 복잡하고 과정지향적인 조직들이 다 그러하듯, 노키아도 분석과 기획, 규율이 뒷받침된 협동이 필요하였다. 이를 해결하기 위하여 MBA와 세계적 블루칩 기업으로부터 관리자들을 스카우트하게 되었다. 이로 인해 태생기의 보다 기업가적 정신을 지닌 관리자들은 노키아를 떠나게 되었다. 조직의 복잡성 관리에 매달리다보니 현장에 최고경영진의 존재감은 보이지 않았다. 기민성과 위험감수는 과정을 좇는 일에 밀려나고, 의사결정에서 상호의 존성에 대한 체계적 통찰을 요하는 조직의 복잡한 구조로 인하여 의사결정은 상위 계층으로 떠넘겨졌다. "우리는 할 수 있다"는 도전자의 태도는 "우리가 최고다"라는 장애물로 변질되었다. 성장기의 이런 병폐는 태생기에 잠잠해있던 국가문화의 부정적 요인인 감정적 관여의 주저, 홀로 서기, 외부인에 대한 경계, 국가적 자존심으로 더욱 심해졌다. 이제 노키아는 고객, 주주들로부터 멀어지게 되었다.

노키아가 성공의 정점에 있을 때 애플은 아이폰으로, 구글은 안드로이드로 노키아를 골아프게 만들었다. 애플은 수 천 개의 앱과 콘텐츠를 지닌 '제정신이 아닐 만큼 좋은(insanely good)' 휴대폰 하나만 있으면 되었지, 뭣 하러 백 가지나 되는 여러 휴대폰을 갖고 있어야 하느냐는 식으로 전략적 게임을 펼쳤다. 실리콘밸리는 핀란드에 비해 소프트웨어의 아키텍처와 콘텐츠의 에코시스템 구축에 필요한 숙련을 구하기가 훨씬 용이하였다. 2008-2009년 전 세계의 경기 불황으로 이러한 도전에 대응이 느린 노키아는 고수익의 스마트폰에서는 애플과 구글에 도전해야 하면서 저가 휴대폰 시장에서는 아시아기업의 추격에 시달리는 상황에 놓이고 말았다. 게다가 노키아의 OS인 심비안은 낡은 것으로 치부되었다. 시장점유율은 2007년의 40%에서 2011년 1/4분기에는 25%로 폭락하였는데, 이는 1997년의 점유율로 회귀하고 만 셈이다. 2011년 말 시가총액은 140억 유로로 떨어졌다. 2010년 9월, 노키아는 비핀란드인을 CEO로 외부에서 수혈하였는데, 그는 마이크로소프트의 사무용 제품 사업부를 관장하던 캐나다인 Stephen Elop이었다. 그는 마이크로소프트와 손잡고 '윈도모바일'을 스마트폰 전략의 기본으로 삼았다. 이러한 노키아의 변신이 다시 한 번 영광을 가져다 줄지는 미래를 지켜봐야 할 것이다.

② 월마트

태생기의 지리적 확장이라는 두 번째 단계의 사례로 1990년대 월마트가 Wertkauf(베르트카우프. 21개 점포)와 Interspar(인터슈파. 74개 점포)라는 두 독일 소매체인점을 각각 3,750만 달러와 7,500만 달러에 인수한 건을 들 수 있다. 인수 후 이들 업체를 미국식으로 개조하였는데, 미국에서 월마트의 문화적 이미지는 직설적이고, 농밀하리만큼 친근하고, 계층구분이 없으며, 저돌적이고, 고객이 점포에 들어서는 순간부터 나갈 때까지 고객에 관여를 하는 것(How are you today, sir? How can I be of help? We have a great new line in..., Have a good day!)이다. 직원들이 이렇게 아양을 떠는 일을 미국 고객들은 기대하고 수용하고 기분좋아한다. 그러나 영국인들은 점원들의 이러한 태도를 지나치다고(over the top), 독일인들은 무례하고 어리석다고 본다. 독일인의 그날 기분이 어떤지는 전적으로 그 사람 일이기 때문에 그 점에 대해 타인으로부터 심문받는 걸 원치 않는다. 좋은 날(good day)은 본인이 만들어 갈 것이며, 점포 내를 점원이 졸졸 따라오는 걸 바라지도 않는다. 이런 차이점을 최고 경영진은 인정하려 하지 않았다.

소비자 행동에서도 독일인은 광고에 나온 할인품목을 점원한테 물어볼 필요 없이 정면의 눈높이 매대에서 쉽게 찾고 싶어 한다. 그러나 월마트 독일점포는 프리미엄 제품을 가장 눈에 띄는 곳에(in the foreground) 배치하고 할인 제품은 매대의 높은 곳이나 바닥과 같이 눈에 덜 띄는 곳에 진열하는 미국식 상품 진열 방식을 채택하였다. 독일 고객들은 이 점에 짜증이 났고, 상품을 물색하는 동안 판매원이 말을 거는 것보다 스스로 찾는 것을 좋아했다. 독일인의 이러한 구매습관과 선호를 월마트의 최고경영진이 적절히 인지하지 못한 점이 아쉽다. 독일 지사장으로 처음 부임한 미국인 경영자는 독일 문화에 대한 지식이 전무한 상태에서 모든 점포 운영은 영어로 진행하라고 고집하였다. 타 문화에 대한 양보의 필요성을 무지막지하게 무시한 셈이다.

연간 1억 5천만 달러의 손실을 보면서 누적 적자액이 수십억 달러에 달하자, 2006년 여름에 독일 점포를 독일 최대의 유통소매그룹인 Metro에 7억 5천 만 달러에 매각하였다. 그런데 문제는 매각 후 더 심각하게 전개되었다. 매매 계약에는 매매가의 최종 조정은 독일 회계방식에 따르기로 하였는데, 독일회계방식은 미국방식보다 훨씬 많은 비상유보금의 이월을 허용하는 것이었다. 매각 후 1년이 경과한 시점에서 인수가격을 조정한 결과, 월마트는 매각 대금 전액을 메트로에게 돌려주는 걸로 끝나게 되었다.

2007년 후반기에 월마트는 중국의 소규모 유통업체인 Trust-mart의 주식 일부(50% 미만)를 매입하였는데, 그 이유는 자체 점포의 운영만으로는 성장의 가속화가 힘들었기 때문이다. 그런데 매수한 현지 점포의 최고경영자와 주요 관리자들은 중국인이 아니라 대만인이었다. 이들 대만인들에게는 중국에서의 소득세 문제가 있었는데, 월마트는 급한 마음에 이를 처리하지 않고 주식 인수를 단행하였다. 제3자를 고용하여 소득세 문제를 조정하려 하였으나, 많은 지자체의 관할권과 상대를 해야만 한다는 사실을 발견했다. 사연은 복잡한데, 결론은 신규 점포의 개설 허가를 얻는 게 상당히 문젯거리로 드러났다. 월마트 중국의 CEO는 결국 사임하고 말았다.

이는 문화적 적응 없이 국제화 전략을 전개하는 데서 오는 또 다른 오류의 예이다. 1998년에 우리나라에 진입한 월마트는 유교적 풍습과 엄격한 통제의 사업관행을 고려하지 못한 채, 과장된 인사말을 주는 종업원, 모든 직원을 직급에 관계없이 동료(associate)라고 부르는 어설픈 관리로 실패를 낳았고, 신세계 그룹의 이마트에 8억 8,200만 달러에 16개 점포를 매각한 채 2006년 철수하였다.

2) 성장기

① 소니

소니의 창업주인 이부카 마사루와 뒤이어 동참한 모리타 아키오(이부카보다 13세 연하)는 2차 세계대전 중 해군의 기술연구소에서 처음 알게 되었다. 1946년에 창업한 소니의 비전은 천재적 방식으로 신규 첨단 기술 제품을 만들어내는 혁신가 기업이 되는 것이었다. 생존을 위하여 뭐든 만들어내야 했던 신생 기업 소니가 자동 전기밥솥의 개발에 실패한 뒤 상업적 성공을 거둔 제품은 녹음기였다.

1948년에 녹음기 제조기술을 배우기 위해 미국으로 간 이부카는 트랜지스터라는 신규 소형기기를 발견하였다. 웨스턴 일렉트릭으로부터 트랜지스터 기술 라이선스를 취득하였고, 소니의 엔지니어들은 트랜지스터 제조 기술을 진일보시켜 다이오드 터널 효과를 발견하였다. 그 덕분에 소니의 연구자인 에사키 레오는 다른 2명과 함께 1973년에 노벨 물리학상을 공동 수상하였다. 이부카 마사루는 천재적인 엔지니어로서 엔지니어링과 제품 조직은 모리타가 이끈 국제사업 조직과는 문화가 현저히 다르다. 보다 일본색이 농후하고 계층적이고 일본 사회의 가치관을 깊이 존중하는 문화적 특징을 지닌다. 이들 부서의 직원들은 대부분 일본인이며 일본에 기반을 두고 있다.

모리타 아키오는 일본 기업의 CEO 가운데 가장 서구화된 인물이었다. 개방적 마인드와 카리스마의 모습을 지녔다. 글로벌 비즈니스가 필요로 하는 바와 일본 문화 간의 균형을 이루는 법을 알고 있었다. 경륜 있는 선배직원을 제치고 패기 있고 능력 있는 후배직원을 상사로 승진시킨다는 일은 일본 문화에는 맞지 않는다. 이를 해결하는 방법으로, 능력 있는 신진기예들에게 미래의 소니의 지도자로 뽑아서 개인적인 관심을 보이고 자신의 전화번호를 알려주고, 신상품 개발 목적으로 국제 프로젝트에 가담시키고, 그들의 아이디어를 최종 승인하여 실행의 자신감을 심어주었다. 해외자회사의 관리 측면에서도 현지인에게 맡기는 방식을 택하여 미국 자회사는 미국인에게, 유럽 자회사는 유럽인에게 자율권을 부여하였다. 이는 중세의 봉건 영주에 비견할 만한데, 문제는 모리타의 존재감이 소멸될 경우에 하위 조직 간의 마찰음을 야기할 수 있다는 점이다. 어찌하였건, 모리타와 이부카 모두 전지전능한 인물로서 사내에서 그 누구도 이들에 대적할 수 없었다. 소니가 거대한 조직으로 발전하고 나서도 여전히 중요한 결정은 이들이 직접 신속하게 내렸다.

그 후 20년 간 소니는 혁신적 역량을 발휘하여 일련의 제품을 개발하여 세계를 놀라게 하고 가전산업의 정의를 새로 고쳤다. 기존의 음극선 기술을 진일보시킨 트리니트론 TV(1968년), 1억 대 이상 팔린 워크맨(1979년)에 이어 VTR, CD 플레이어, 캠코더, 디지털 비디오 플레이어, 3.5인치 플로피 디스크 등 완전히 창의적인 제품을 연이어 개발하였다. 이 기간이 소니의 절정기였는데, 이때 소니는 아날로그 기술과 혁신, 축소화(miniaturization), 고객동향에 대한 이해, 글로벌 시야, 기술적 세련미를 담은 고품질 제품의 결합을 통해 자체적 힘으로 전용 기술을 개발하여 세계수준의 가전제품을 만들 수 있다는 신념을 강화하게 되었다.

그러나 세계가 아날로그 기술에서 디지털 기술로 이행하는 동안 소니는 주춤거렸다. 1995년에 회장으로 취임한 이데이 노부유키는 판매직 경력을 지닌, 최초의 엔지니어 출신이 아닌 회장이 되었다. 'The Digital Kid' 라는 비전의 제시는 적확(的確)했지만, 모든 전자 기기를 하나의 플랫폼 위에 홈엔터테인먼트에 연결하겠다는 디지털 콘텐츠 중심의 미래 설계는 결과를 제대로 보여주지 못했다. 이 기간 동안의 유일한 성공은 '쿠타라기 켄'이라는 괴짜 엔지니어가 만들어낸 플레이스테이션이다. 이러한 실패를 통해 소니가 깨달은 점은, 폐쇄형 기업문화에서 개방형 기업문화(다른 기업들과 공유, 파트너십, 협력을 통한 지식집약화)로 이행해야 한다는 것이었다. 그러한 인지에도 불구하고 행동은 여전히 느려 터졌다. 오가는 1989년에 소니의 CEO가 되더니 1994년에는 모리타에 이어 소니의 회장이 됨으로써 모리타 시대를 종언시켰다. 모리타는 입원하기 전에 오가에게 후계자를 발굴하라고 하였고, 비엔지니어계의 선택을 허용하였는데, 그가 바로 이데이이었다. 오가는 후에 이데이의 발탁을 실수였다고 공개적으로 언명하였다. 엔지니어들의 지지를 못 받았고 모리타와 같은 카리스마도 없는 이데이는 포춘100대 기업의 CEO가 될 만한 훈련을 받지 못하였다. 서양의 관리 원칙을 채택하여 소니를 재건하려던 이데이의 노력은 소니의 경영관행과 인력기반이 일본적이라는 사실을 간과하였다. 급기야 2005년에 소니 최초의 외국인 CEO로서 영국 국적의 소니픽쳐 사장인 하워드 스트링어가 이데이를 대체하게 되었다. 이후 2012년에는 히라이 카즈오가 CEO 자리에 올라섰다. 스트링어는 자리에서 물러나면서 소니의 합의제 의사결정이 변화의 필요와 상충하기도 한다는 점을 언급하였다. 이는 우리나라의 삼성이라고 하는 벅찬 신흥 경쟁자와 맞서는데 치명적인 약점으로 작용하였다.

소니는 실행지향적인 삼성과 혁신지향적인 애플 사이에 샌드위치 신세가 되고 말았다. 소니가 이에 필요한 공격적 행동을 취할 수 없었던 것은, 합의의 강조, 관련된 소프트웨어 스킬이 조직(소니)과 국가(일본)에 부족했던 점, 창업 세대 이후의 리더십 공백이 결합되어 작용했기 때문이다. 실행에서 실패하는 또 다른 이유는 경쟁자가 게임에 대해 더 절박하고 예민하기 때문이기도 하다. 우화이지만, 두 젊은이가 정글을 거닐고 있는데 갑자기 굶주린 호랑이가 나타나 이들을 잡아먹으려 하였다. 그 중 한 청년이 몸을 숙여 운동화 끈을 묶는 것을 본 다른 청년은 놀라면서 "왜 그러고 있는 거야? 호랑이보다 빨리 달릴 수는 없어."라고 말하였다. 운동화 끈을 다 묶은 청년은 대답하였다. "응, 호랑이보다 빨리 달릴 필요는 없지."(다른 청년보다만 빨리 달리면 호랑이한테 안 먹힌다는 생각)

이상에서 살펴본 다국적기업 소니도 역시 일본태생의 기업인만큼 일본의 국가문화가 조직 내에 배어 있다. 첫째는 회사가 갖는 중요성이다. 종신고용의 철학은 종업원의 회사에 대한 충성심을 배양하는데 효과적이다. 그러나 새로운 숙련이 필요하거나 긴박한 변화가 요구될 때는 부메랑이 될 수도 있다. 둘째는 단기적 이익보다는 장기적 관점을 중시하는 점이다. 이는 제품개발과 연구개발에 지속적 투자를 가능케 하였지만 때로는 회사를 압도할 수 있다. 가령 과도하게 자율권을 부여받은 소니픽쳐스의 미국 법인은 지속적인 손실을 보고 말았다. 아울러 미래에 잘 될 것이라는 희망이 단기적 필요성을 압도하면서 결정력의 결여를 가져오기도 한다.

결국 소니는 창업자 시대에서 관리자 시대로 넘어가는 전환기, 아날로그 시대에서 디지털 시대로의 전환기, 보다 적절한 능력을 보유한 새로운 경쟁자인 삼성과 애플의 출현에 더디고 비효과적으로 대응한 점 등이 원인이 되어 존립의 위기를 맞이했다고 말할 수 있다. 소니와 삼성의 기술 격차는 아날로그 시대에서는 감히 넘어설 수 없는 것이었지만, 디지털 시대에서는 기술의 표준화로 기술 격차가 무효화된다는 특성이 있고, 모듈화로 인하여 시스템 수준에서 혁신을 이루기가 더욱 힘들어졌고, 제품수명주기의 단축이 부품 가격의 급속한 하락과 맞물려 기민한 실행력을 구비하지 않으면 경쟁력을 상실하게 된 점 등이 소니에게는 불리하게 작용하였다.

이러한 세 가지 디지털 시대의 역경 요인에 대한 소니의 대응방식은 콘텐츠, 하드웨어, 소프트웨어, 네트워킹이라고 하는 디지털 세계의 복잡성을 통달한다는 비전을 추구하기 위하여 더 더욱 창의적이고 혁신적인 기업이 되는 것이었다. TV에서부터 카메라에 이르기까지 일련의 소비재 플랫폼을 연결하겠다는 소니의 야망은 TV, 오디오, 카메라, 캠코더, 휴대폰, DVD 등에서 각각 따로 노는 개별 제품들과의 치열한 경쟁에서 성과를 보지 못하고 있다.

국가문화 차원에서 보더라도 일본은 절박함이 덜하고 집단주의가 더 강하다. 이로 인해서 실행 능력에 차이점이 드러나는데, 복잡한 문어체 표현과 미숙한 영어 실력으로 일본의 개방성 결여는 가속화되어 다른 국가들과 괴리된 것처럼 비추어질 수 있다. 일본 기업들이 글로벌 커뮤니티의 관점을 충분히 이해하여 위기 상황에 직면했을 때 의사결정에 제대로 반영하지 못한다는 점은 도요타자동차가 미국시장에서 가속페달의 문제에 대하여 대중에 보인 미적지근한 반응을 꼽을 수 있다.

이와는 대조적으로 삼성은 치열한 글로벌 경쟁이 전개되고 있는 디램 사업에 올인하였다. 여기에서 힘겹게 거둔 성공은 한국 문화의 가치관, 유산과 맞물려 삼성의 사업문화의 토대를 이루었는데, 그것은 바로 신속하고 통솔된 실행력, 중앙집권식 의사결정, 차세대 기술에 대한 선행적인 과감한 베팅과 돈벌이에 대한 창업자의 초점 등이다. 삼성은 제품라인 간에 걸친 기술 통합에는 거의 투자를 하지 않았으며, 단지 동일한 칩 부품을 사용한 점이 예외일 뿐이다. 그럼에도 경쟁사보다 실행력이 우수하다면 굳이 세련된 거대 비전 없이도 성공할 수 있다는 점을 삼성은 증명하였다. 삼성이 소니와 다른 점 중의 하나는, 해외 자회사의 인물들을 한국인으로 채웠고 심지어 한국어로 본사와 자회사 간의 의사결정이 이루어졌다는 점이다. 이는 다양성의 결여를 의미하기도 하지만, 한편으로는 신속한 실행(swift execution)을 촉진하였다. 다양성의 결여는 현지시장의 니즈에 대한 민감한 반응을 어렵게 하였고, 중요한 결정은 자회사의 한국인 관리자와 본사 간에 한국어로 전화 통화를 하면서 이루어졌다. 그렇기 때문에 자회사에서 직책이 높은 현지인 관리자보다 낮은 직책의 한국인 직원이 보다 강력한 권한을 부여받기도 하였다. 이러한 문제점을 인식하게 된 삼성은 상위직 현지 관리자들을 현지인으로 충당하려고 애를 썼고 그들에게 보다 많은 권한을 부여하기도 하지만, 확실한 개선이 이루어진 건 아니다. 어찌하였건 삼성의 명령과 통제의 문화는 소니의 합의 지향과는 정반대의 대조를 보이고 있다.

3) 성숙기

① P&G

P&G는 Proctor와 Gamble 가문이 각각 아일랜드와 영국에서 미국으로 이민을 와서 1837년에 공동 창업한 기업이다. 이 기업의 성공은 쉴 틈 없는 실행과 뛰어난 마케팅, 고객에게 진정한 가치를 제공하겠다는 획기적인(ground-breaking) 연구개발에 힘입은 것이다. 각 브랜드의 관리자들은 타 경쟁사뿐 아니라 사내의 다른 브랜드들과도 치열하게 경쟁을 벌인다. P&G는 미국의 중서부지역의 가치관과 창업주의 개인적 이념이 철저히 반영된 기업으로서, "약속은 약속이다(A word is a word).", "인간은 그의 성품으로 판단해야 한다(A man should be judged on his character).", "단기적으로 비용이 추가되더라도 소비자에게 약속한 품질에 대해서는 타협해서는 안 된다." 등에서 엿볼 수 있다. 종업원에 대한 배려심도 깊어서 다른 기업에 앞서서 이윤공유제도, 주식공유제도 등을 실시하였다.

이 회사는 내부 승진의 방침을 가지고 있으며, 브랜드 관리자들은 상이한 브랜드, 상이한 지역 거점에 순환 배치되면서 신선한 관점을 각 브랜드에 심어주고 동시에 기업 전체에 일관된 문화를 이식하는데 도움이 되도록 하였다. 이 회사는 다소 독단적인 신조를 형성하고 있는데, 모든 일은 P&G 방식으로 처리되어야 한다는 것이다. 이는 논쟁의 대상이 될 수 없으며, 명확한 정의가 내려진 과정과 규칙에 의하여 대부분의 활동이 전개되며, 이를 변경할 수 있는 유연성은 거의 전무한 상태이다. 그렇기 때문에 창업가적 기질이 충만한 신진 리더들은 몇 년 간 P&G에서 교육을 받고 나면 회사를 떠나 다른 곳에서 명성을 날리기도 하는데, 마이크로소프트의 Steve Balmer, 이베이와 HP의 Meg Whitman, GE의 Jeffrey Immelt, 3M과 보잉의 James McNerney 등이 있다.

1980년대 후반에 이르러 P&G는 세계 시장에서 지리적 영역을 확대하는 발전을 이루었으나 아울러 질식할 정도로 과정지향적이어서 창업가적 추진력과 기민성을 상실하기도 하였다. 그 결과, 15년간 성공을 거둔 신제품이 겨우 1개라는 점인데, 이는 혁신의 기민성이 타협을 보이고 말았다는 전조이다. 1990년대에 들어와서 P&G가 기업의 재발견을 꾀할 수밖에 없었던 것은 2가지의 외부 위협 요인이 발생하였기 때문이다.

하나는, Aldi(독일), 월마트(미국), 까르푸(프랑스)와 같은 거대한 할인유통업체들이 등장하여 저가의 자체브랜드를 창출하고, 마케팅 능력과 구매력을 활용하여 수요에 영향을 미침으로써 상대적으로 고가인 P&G의 브랜드가 갖는 가치와 이윤을 축소시켰다. 이로 인해 P&G는 브랜드에 초점을 두면서 저가격도 이루어야 하는 일을 깨닫게 되었다. 둘은, 혁신을 보다 추구해야 한다는 점이다. 1999년에는 최초의 비미국계 CEO로서 네덜란드계의 Durk Jager가 임명되었고, 2001년에는 미국인 Lafley(하버드 MBA, P&G의 장기근속자)가 CEO로 취임하여 각각 P&G의 발본적인 개혁을 추진하였다. 지적재산권의 보호에 초점을 맞추는 대신 혁신을 아웃소싱하기도 하고, 기술과 과정의 공유를 통하여 자사의 혁신 과정에 외부기업을 포함시키기도 하였다. 그 결과, 1990-2007년 중에 P&G의 주가는 7배 뛰었고, 이는 이 회사의 규범적 문화인 '궁극적으로 진실에 직면하여 행동을 취한다."라는 자발성에 기인한 성과이다. 오늘날 P&G는 다시 혁신과 효율성의 거대 세력으로 자리잡았고, 이러한 지속적 변신 능력이야말로 경쟁우위의 지속성을 가져다 주는, 남들이 부러워할 만한 문화적 속성이다.

이상의 여러 기업 사례에서 알 수 있듯이, 국가문화는 실제로 모든 글로벌 기업의 핵심에 자리 잡고 있으며, 사업의 수명주기 전 단계에 걸쳐서 기업의 전략 실행 능력에 영향을 미친다. 어떤 국가문화는 신생기업의 태생기에 보다 적합하게 영향을 미치기도 하고, 다른 국가문화는 성숙기업의 후반기에 보다 적절하게 작용하기도 한다. 반면,미국의 국가문화는 태생기 기업과 성숙기 기업 모두를 지원하는 특성을 지니고 있다는 점에서 독특하다. 태생기 기업을 지원하는 미국문화의 특성은 앞으로 끊임없이 전진하고 새로운 일을 시도하는 개척정신, 일을 끝장낼 때까지 밀어붙이는 불굴의 정신, 아메리칸 드림의 야망, 자신의 운명을 스스로 좌우하여 성공하겠다는 의욕 등이다. 한편 성숙기 기업을 지원하는 미국문화의 특성은 결과지향성, 권력의 수용, 미국식 사업방식이 지배적이라는 독단성, 계층과 규칙, 절차의 수용 등이다. 단, 단기지향성은 위기에 대한 대처를 전략적 방식보다는 자동반사적(knee-jerk) 방식으로 한다는 점에서 대기업에게 해를 끼칠 수 있다. 영어가 국제공용어(lingua franca)라는 점이 축복이긴 하지만, 그로 인하여 다른 문화에 대한 개방성이 떨어지기도 한다.

기업이 하나의 수명주기 단계에서 다른 단계로 옮겨가는 전환기에는 이사회와 경영진들이 각별한 주의를 기울여야 할 것이다. 즉, 이전 단계에서 효험을 보인 능력이 다음 단계로 기업이 전진하는데 방해가 될 수 있다는 점이다. 국가문화에 뿌리를 둔 문화가 기업의 성공을 이탈하게 만드는 때에는 강력한 리더십으로 이를 파괴할 수 있어야 한다. 이탈의 문화적 요인이 발생하는 시점을 알아차리는 일이 이사진과 경영진의 역할이다. 이 때 진실을 탐색하려는 규범적 문화가 강력하다면 기업은 변화를 인식하고 포용할 능력을 촉진하게 될 것이다. 이러한 국가 문화가 기업의 국제화에 걸림돌이 될 수도 있는 상황에서 해당 국가의 기업이 성공적인 글로벌화를 추진할 수 있는 것은 국가문화의 걸림돌을 창업주의 개인적 가치관이 상쇄시켰기 때문이다. 가령, 소니는 이부카와 모리타라는 공동창업주가 창의, 야망, 개방의 기질을 심어주었고, 노키아는 Jorma Ollila의 야망과 민첩성에 초창기 리더집단의 역할이 컸고, 애플은 스티브 잡스의 무자비할 정도로 디자인의 완벽함을 추구하는 정신이 비용대비 가치, 규모의 추구라고 하는 미국 문화의 단기적 실리주의 특성 속에서 글로벌 성장을 가능케 했다. P&G에서는 공동창업주 2인의 보수적, 규범적 성격이 장기적 관점의 기업 내 정착을 가능케 하였다.

기술의 단절과 프로세스의 단절이 가장 일반적인 두 가지 단절의 형태인데, 기술 단절의 사례로는 위에서 소개한 소니와 노키아를 들 수 있다. 소니는 아날로그 기술(기계 기술)에서 디지털 기술로 전환되는 과정에서 겪은 기술 단절을 극복하지 못하였고, 노키아는 맞춤형 소프트웨어와 고도의 특수 부품 기술에서 OS와 컨텐츠 기반의 에코시스템으로 전환되는 기술 단절을 감당하지 못하였다. 기술 단절을 극복하지 못하는 데는 몇 가지 이유가 있다.

첫째, 기존 사업에서 성공을 거두고 있는 기업이 신규 아이디어에 자원을 배분하기가 여의치 않기 때문이다. 그 이유는 신규 아이디어가 기존 사업과는 상이한 자원의 프로필을 갖고 있기 때문이다. 자원 프로필이란 사업모델, 역량, 업무 관행 등을 말하는데, 가령 첨단기술 제품분야에서 경쟁을 벌이는 기업이 저원가 사업모델을 지닌 신기술 분야에서 이익을 남기는 일이 어려운 점을 꼽을 수 있다. 이 경우 최상의 선택은 적절한 비용 구조와 조직 문화를 지닌 별개의 조직을 신설하는 것이다.

둘째, 존재하지 않는 신규 시장을 분석하기가 벅차기 때문이다. 성숙기의 기업들은 사실에 입각한 분석에 의존하므로 점진적 기술 혁신을 지속하는 데는 강점을 보유하고 있다. 유연성이 떨어지고 독단적 판단을 하며 고정된 세계관을 보유한 대기업들이 도전을 요하는 미지의 시장, 기존 기술을 단절시키는 새로운 추세에 주목하기란 용이하지 않다.

셋째, 기업의 강점은 곧 약점을 내포하기 때문이다. 소니는 반도체 및 부품 제조 기술을 하도급업체의 과제로 보았지 자신이 해야 할 핵심 혁신으로 간주하지 않았다. 이 두 가지 기술이 업계에서 혁신의 원천으로 각인되고 표준화되었을 때는 이미 소니로서는 삼성과 경쟁이 버겁다는 걸 깨달았다.

프로세스 단절의 예로는 소매업을 꼽을 수 있다. 온라인 소매 활동은 공급망 혁신이 세계 소매업을 변모시켰다. 아마존이나 이베이는 기존의 소매업체들과는 근본적으로 상이한 방식으로 사업을 한다. 이들 조직의 구성원들은 젊고 분석적이며 빅데이터의 관리(data mining)에 출중하다. 자동차 산업과 같은 전통산업에서도 상이한 접근법을 통하여 혁신을 이룰 수 있다는 점을 도요타자동차가 보여주고 있다. 미국 자동차업체들이 하도급업체와의 관계를 적대적으로 다룬 점과는 대조적으로 도요타자동차는 1차 하도급업체에 대하여 기술의 공유와 재정 지원 등을 통하여 돈독한 관계를 유지하였다. 이는 케이레츠('계열'의 일본식 발음)라고 하는 시스템을 통하여 협력업체들과 조화를 이룰 수 있었다. 그 덕분에 도요타자동차는 장기간에 걸쳐 기민한 움직임을 취할 수 있었던 것이다.

기업의 성쇠를 측정하는 궁극적 지표는 주가이다. 특히 선형적 활동을 추구하는 국가들에서 더욱 그러하다. 높은 주가를 구가하는 기업은 어떤 대가를 치르고라도 고가의 주식 시세를 유지하려고 애쓸 것이고, 이는 단기지향성을 가져다준다. 주식이 공모 형태를 이루고 있고, 주가에 연동한 보너스의 지급이 이루어지는 기업에서는 임원의 보수 크기를 결정짓는 핵심 요소가 주가인 셈이다. 이 점이 쇠락의 씨앗이 될 수 있다는 것이다. 이사회 의장 입장에서 회사가 격변기를 겪고 있으니 4-5년 간 저조한 재무성과와 낮은 주가를 보이더라도 극복해낼 때까지 기다려 달라고 주주들에게 인내를 요청하기란 곤란하다.

〈표 1-1〉 기업의 성쇠를 가져다 준 국가 문화의 예

국 가	문화 특성	성공 요인	실패 요인
핀란드	농촌의 가치관, 혼자 하려는 버릇	단순, 민첩, 속도	급속 팽창 이후 민첩의 상실
영 국	개인주의	창의력	규모와 과정의 결핍
프랑스	자국중심의 자긍심	자신감	무사태평
독 일	과정에 대한 헌신	최적의 절차와 구조	더딘 전환
스웨덴	합의	복지국가	유지비용의 과다
브라질	도취	도전적 과업	후속조치의 미흡
러시아	공격성	풍부한 자원의 활용	재생 불가
덴마크	개인주의	민첩	대기업 부재
캐나다	느긋함	대중성	더딘 발전
노르웨이	보수성	자원 보전	국부의 정체
일 본	기업을 신성시	탁월한 집단작업 윤리	발명의 결핍, 정체
이태리	적응력	거래 성사	실행의 변덕
스위스	금융비밀 보장	번성	변화에 취약
벨기에	타협	독단주의 회피	국론 분열
미 국	아메리칸 드림	막강한 자신감	타문화의 학습 부족
인 도	탁월한 즉흥성(jugaad)	IT의 기회주의적 성장	과정·구조·절제의 결여로 만성적 부패

2. 국제 문화와 종교

종교간 갈등과 관련된 표현 중에 영국의 풍자시인 조나단 스위프트(Jonathan Swift)는 이런 말을 했다(Hill, 2005: 7). "우리는 서로를 증오하게 만들 만큼 충분한 종교를 갖고 있지만, 서로를 사랑하게 만들 만큼 충분한 종교는 갖고 있지 못하다."(We have just enough religions to make us hate, but not enough to make us love one another.). 무신(non-theistic) 종교에는 불교, 유교, 도교가 있고, 유신 종교 가운데 힌두교와 신도(일본)는 다신교이다.

(1) 이슬람

이슬람교의 핵심을 이루는 것은 아래와 같다(Moran et al., p. 255).

하나, 신앙의 고백(profession of faith=shahadah)
알라 이외에 신은 없으며, 무함마드는 신의 메신저라고 하는 복종의 공개적 선서를 하루 5회 모스크에서 말한다.

둘, 기도(prayer=salah)
하루에 다섯 번 지정된 시간(일출 전, 해가 정남 방향에서 기운 직후, 일몰 전, 일몰 후, 밤)에 집단 또는 개인적으로 기도나 예배를 올려야 하는데, 절을 하거나 무릎을 꿇는 것은 메카 방향을 향해야 한다. 이 의식은 순결하게 해야 하기 때문에 몸을 씻고 깨끗한 옷을 입어야 한다. 금요일은 안식일이라서 정오에 남성들은 모스크에 모여 합동 예배를 올린다.

셋, 시혜(almsgiving = zakah)

코란은 모든 신자들이 가난한 자에게 시혜를 베풀어야 한다고 말하고 있는데, 보통 연소득의 2-10% 정도를 베푼다.

넷, 단식(fasting = sawm)

라마단(아랍어로 '이슬람력 9월'의 뜻)의 30일 동안 무슬림은 해들녘부터 해질녘까지 식욕과 성욕 등 일체의 욕구에 대해 금욕을 실시해야 한다. 사우디아라비아처럼 규율이 강력한 나라는 법률로 이를 제정하고 있다. 그러나 일몰 후에는 식사(iftar: 이프타르)를 하는데, 종일 허기진 것을 보충하다보니 과식을 하게 되어, 오히려 라마단 기간에 식자재 소비량이 평소의 2배에 달하기도 한다. 노인과 병자는 단식을 면할 수 있지만, 대신 빈자에게 시혜를 베풀어야 한다. 단식의 계기는 무함마드가 메카에서 쫓겨나 메디나로 옮긴 직후에 알라가 무함마드를 통하여 무슬림들에게 명령한 것이다. 라마단이 끝나는 날 저녁에 치르는 축제를 이드알피트르(Eid al-Fitr: 라마단 축제의 종료)라고 한다.

다섯, 순례(pilgrimage = haj)

금전적, 육체적으로 여건이 된다면 무슬림('신에 귀의하는 자'라는 뜻의 아랍어)은 적어도 평생 한번은 순례의 달에 순례자로서 메카를 방문함으로써 신앙심을 보여야 할 것으로 간주되고 있다. 메카를 방문하여 8-13일 동안 의식을 치르는 신자들에게는 엄청난 혜택이 주어진다.

여섯, 성전(holy war=al-jihad)

일부 무슬림들은 구원의 보상을 제공한다고 하는 성전을 여섯 번째 핵심으로 삼고 있다. 비 신도들에게 이슬람 교리를 설파하려는 이 노력은 과거에 일어났던 실제 전쟁만을 의미하는 것은 아니다. 신실한 무슬림들은 가족 관계를 공고히 하고, 낯선 이들에게(심지어 이교도들에게까지) 환대를 베풀어야 한다고 생각한다. 사실 지하드의 원래 의미는 '알라를 위한 노력'이라는 뜻이다. 물론 이슬람이 다스리는 지역은 평화의 세계, 그 밖의 지역은 전쟁의 세계라는 이분법을 설정하고, 평화의 세계를 무력으로 수호하거나 확대하는 일을 정통의 성스런 전쟁이라고 불어온 것도 사실이다. 이와는 반대로 이슬람법에 기초하지 않은 채, 상대의 부와 영토를 빼앗기 위한 전쟁은 '키탈(qital)'이라고 하여 금하고 있다. 특정의 전쟁이 지하드인지 키탈인지를 판별하는 일은 칼리프의 몫인데, 현재 이슬람권의 칼리프는 부재 상태이다.

이슬람교의 입장에서는 구약성서의 모세5경[창세기, 탈출기, 레위기, 민수기, 신명기= 이들 5경을 유대교에서는 토라(Torah)라고 칭하며, 토라를 철저히 연구·해석·주해를 달아놓은 것이 6세기에 집대성한 탈무드(Talmud)임]과 시편, 신약성서의 4대복음서(마태오복음, 마르코복음, 루카복음, 요한복음)가 신이 예언자에게 내린 계시이기는 하지만, 내릴 당시에는 올바로 이해되지 못하였기 때문에 성전(聖典)으로 인정하지 않는다. 그 대신 쿠란과 하디스(무함마드의 언행록)를 경전으로 보고 있다(島田裕み, 2017: 20). 이슬람과 기독교의 공통 내용은 아담과 이브의 인간창조와 낙원추방, 노아의 방주, 모세의 이집트 탈출, 예수가 일으킨 기적 등이다. 이슬람(아랍어로 '절대복종'의 뜻)의 안식일은 무함마드가 메카를

탈출한 금요일로 정하고 있는데 비하여, 기독교는 예수님이 부활하신 일요일, 유대교는 금요일 일몰~토요일 일몰까지로 삼고 있다. 쿠란(Quran. 아랍어로 '낭송'의 뜻)은 하느님(알라)의 예언자인 무함마드가 민중들에게 전한 알라의 말씀이다. 처음에는 신자들의 기억으로 전수되다가 제3대 칼리프(이슬람의 최고지도자. 아랍어로는 '할리파'. 무함마드 사후의 혼란을 막기 위해 선출되는 후계자)인 우스만이 기록물로 편찬한 것으로 총 114장으로 구성되었다.

이슬람에서 말하는 오행(五行)에는 신앙고백(입교 의식), 예배, 희사, 단식, 순례가 있는데, 희사(喜捨)에는 빈자에게 의무적으로 베풀어야 하는 자카트와 자발적 의사로 도움을 주는 사다카가 있다. 이슬람의 종파는 크게 시아파와 수니파로 나뉜다. 시아파는 4대 칼리프 알리의 혈통을 중시하고, 수니파는 3대 칼리프 우스만을 배출한 우마이야 가문을 중심으로 하는 세력이다. 교세 차원에서는 시아파가 소수(전체의 15% 정도)를 차지하고 있다. 무함마드의 후손은 그의 막내딸과 사위 알리가 낳은 두 명의 아들만이 대를 이었다. 이들 후손을 이슬람의 정통 후계자라고 보는 것이 바로 수니파이다(島田裕み, 2017: 20). 회당 모스크에는 기도의 대상인 알라의 성상 따위는 일체 없으며, 오로지 벽에 메카의 방향을 가리키는 요철 모양으로 파인 미흐랍(mihrab)만이 걸려 있다.

이슬람법에 맞는 행위, 물품 등을 가리켜 할랄(halal)이라고 하고, 반대로 비합법적인 것을 하람(haram: 아랍어로 '금기')이라고 한다. 살인, 간통, 절도, 중상모략 등이 하람에 속한다. 할랄의 예를 들면, 고기를 조리할 때 식칼로 자르면 이미 할랄을 지키지 못한 것이 되고 만다. 쿠란에는 금전을 노동의 대가로 보아서, 불로소득을 허용하지 않기 때문에 이자의 수수를 금하고 있다. 그래서 이슬람 은행들은 무다라바(mudharrabah) 계약을 맺는다. 융자가 아니라 투자를 하여, 투자이익이 발생하면 이익의 일정 비율을 원금과 함께 돌려받는 것이다. 또한 무라바하(murabaha)라는 제도는 매매 당사자 사이에 금융기관이 중개역할을 하여, 매도자로부터 구입한 상품을 매수자에게 되파는 것인데, 매수자에게는 후불 혹은 분납으로 받는 기간 동안의 이자가 포함되지만, 겉으로는 어디까지나 매매차익인 셈이다.

(2) 기독교

하느님이 만든최초의 인간 아담(히브리어로 '흙')과 에바(히브리어로 '생명'; 영어로 이브)는 원죄를 지어서 에덴동산에서 추방되었다고 본다. 반면 그리스정교회에서는 뱀에 속은 인간이 어리석어서 벌을 받은 것이라고 보고 있다(島田裕み, 2017: 27). 마찬가지로 예수님의 죽음은 속죄의 의미로 보지만, 정교회는 부활을 통해 악마의 영향력을 멸하였다고 본다. 가톨릭이 마리아를 성모로 떠받드는데 비하여 정교회와 개신교는 찬양받을 인간일 뿐이라고 본다. '아베 마리아'는 가브리엘 천사가 수태 사실을 마리아에게 전한 메시지로서 '축하해요, 마리아'의 뜻이다. 할렐루야는 히브리어 '할랄 야훼(야훼를 찬양하다)'가 그 어원인데, 헨델이 작곡한 오라토리오(종교오페라) '메시아'의 2부 끝을 장식하는 코러스로도 유명하다. 아멘은 히브리어로 '실로 그대로(될지어다)'라는 뜻인데, 사제의 말씀에 신도들이 아멘이라고 하면 '동의한다, 틀림없다'라는 답변이다. 가톨릭교회 안에는 화사한 색상의 스탠딩 글라스와 종교회화(이콘), 예수상, 마리아상 등이 있는데 비하여, 개신교 교회에는 단출하게 십자가상만이 있고, 그리스정교회(동방정교회)의 교회에는 종교회화는 있어도 입체상은 없다. 성호를 긋는 순서는 가톨릭이 이마-가슴-좌견-우견의 순서, 동방정교회가 이마-가슴-우견-좌견이며, 개신교는 교파에 따라서 긋기도 하고 긋지 않기도 한다. 가톨릭과 동방정교회의 신도가 본명(세례명)을 갖고 있는데 반해 개신교는 다수의 교파에서 세례명이 없다. 가톨릭은 로마교황을 하느님의 대리인으로 인정하며 인간에게는 원죄가 있다고 보고, 작은 죄를 범한 인간은 죄를 깨끗이 하려고 연옥(煉獄)으로 떨어진다고 믿는다. 반면 동방정교회는 연옥의 존재, 마리아의 성녀 임신을 인정하지 않는다(島田裕み, 2017: 39). 가톨릭의 미사는 예배 전체를 의미하는 것이 아니라, 성체성사를 뜻한다. 가톨릭과 개신교의 십자가는 세로가 더 길지만, 그리스정교회의 십자가는 가로와 세로의 길이가 같다.

구약성서의 최고 예언자는 이사야(히브리어로 '야훼는 구원해주신다')인데, 그는 앞으로 오게 될 메시아(구세주. 히브리어로는 '기름부음받은 이'라는 뜻. 그리스어로는 '크리스트')의 탄생과 죽음을 예언하였다. 3위1체론은 325년의 제1차 니케아 공의회에서 예수님과 하느님은 이질적 존재라는 아리우스의 주장과 동질적 존재라는 알렉산드로스의 주장이 대립을 보인 가운데, 최종적으로 알렉산드로스의 주장이 교의로서 채택되었다.

예수님의 12사도는 베드로(원래 이름은 시몬, 어부), 안드레아(베드로의 동생. 두 형제는 세례자 요한의 제자이었음), 야고보(제베대오의 아들), 요한(야고보의 형제, 어부), 야고보(알패오의 아들), 타대오(야고보의 형제, 유다라고도 함), 필립보(바르톨로메오를 예수님께 소개), 바르톨로메오, 토마스(처음에는 예수님의 부활을 믿지 않았음), 마태오(세리), 시몬(열혈당원), 유다(이스카리옷의 아들. 예수님을 팔아넘기고 자결한 자)이다.

반유대주의를 주도한 것은 기독교이다. 기독교는 예수님을 살해한 민족이라고 유대인을 박해하기 시작했다. 이리하여 유대민족이 세계 각국으로 떠돌이 생활을 하게 된 것을 두고 디아스포라[그리스어로 '이산(離散)'의 뜻]라고 하고, 1789년의 프랑스혁명으로 유대인 해방의 움직임이 일어나고 고국 예루살렘으로 귀환하자는 운동이 바로 시오니즘이다. 시오니즘으로 맨 먼저 예수살렘으로 귀환한 유대인들은 1880년 러시아의 포그롬(학살을 의미하는 러시아어)을 피하여 탈출한 사람들이다. 이후 UN에서 이스라엘과 팔레스타인에 의한 팔레스티나 분할 통치안이 채택되어 마침내 1948년 이스라엘 국가가 성립되었다.

악마를 뜻하는 사탄은 히브리어 성서가 그리스어로 번역될 때, 그리스어로 고발인을 의미하는 디아볼로스로 번역되었다. 이 디아볼로스가 영어 devil의 어원이다. 교회와 성당이라는 호칭의 바른 의미는, 교회가 기독교 신도들의 모임이라는 뜻인데 반해서 성당은 건물을 지칭한다(유대교[2])의 회당은 시나고그인데, 이는 그리스어로 '집회'의 뜻). 성당 중에서 주교가 사제직을 수행하는 대성당을 Cathedral 이라고 하는데, 이는 주교의 좌석을 의미하는 Cathedra와 연관된 표현이다. 원리주의(fundamentalism)라고 하면 이슬람 원리주의자를 떠올리기 쉽지만, 이는 20세기 초 미국의 개신교에서 지은 개념이다.

기독교 중에서 가톨릭은 연구를 통하여 교의(教義)를 발전시켜 나가는 '전통주의'를 채택한다. 성서에는 쓰여 있지 않고 교의에서 나온 칠죄종(七罪宗)에는 교만(pride), 탐욕(greed), 색욕(lust),

2) 유대교, 유대민족을 상징하는 기호가 '다윗의 별'인데, 오늘날 이스라엘의 국기에도 그려져 있다. 정삼각형과 그 역삼각형을 겹친 6개의 별, hexagram이다.

질투(envy), 폭식(gluttony), 분노(wrath), 나태(sloth)가 있다[3]. 프로테스탄트는 성서에 쓰여 있는 것만을 교의로 삼는 '성서주의' 혹은 '복음주의'를 내세우는 점이 다르다. 복음(gospel)은 예수님의 생애와 죽음, 부활을 통하여 계시된 구원의 가르침을 의미하는데, 라틴어 에반겔리움(evangelium)을 어원으로 하며, 에반게리온은 그리스어 유앙겔리온을 라틴어로 음독한 표현이다. 루터는 구텐베르크의 금속활자 덕분에 라틴어 성경을 독일어로 번역하여 모든 사람들이 읽을 수 있는 성경으로 만들었다. 신자 한 사람 한 사람이 누구나 그 내용을 이해할 수 있게 되면서, 사제의 권위를 인정하지 않는 만인사제설이 나오기도 했다. 중세 가톨릭이 면죄부를 발행하여 신자를 현혹시키자 루터로부터 시작한 것이 종교개혁인 것은 주지의 사실인데, 이러한 종교개혁에 대항하여 가톨릭 내부에서 일어난 혁신운동이 예수회라고 하는 수도회의 결성이었다. 예수회는 교회에 복종, 청빈한 생활, 생애독신을 철칙으로 삼고, 해외포교에 노력하였다(우리나라에 설립한 예수회 대학이 서강대학교).

(3) 불교

불교를 창시한 석가모니의 모친인 마야부인은 꿈에서 하얀 코끼리가 태(胎) 안에 들어오는 것을 보고 임신하여 겨드랑이에서 출산하였다고 한다(島田裕み, 2017: 31). 그런데 석가모니란 석가족의 성자(聖者)라는 존칭이며, 부다(buddha)는 '깨달은 자'를 의미한다. 출가하기 전의 이름은 고타마 싯다르타이다. 그가 태어나자마자 일곱 발을 내딛으며 "천상천하유아독존"이라는 말을 했다고 한다. 29세에 왕자로서의 삶을 박차고 처자식을 남겨둔 채 고뇌의

3) 브레드피트가 주연한 1995년 작품 'SEVEN'이 바로 칠죄종을 모티브로 만든 영화이다.

답을 구하려고 방랑생활을 하였다. 단식 등의 고행을 6년 간 하였으나, 고행의 무의미함을 깨닫고 단식을 중단하였다. 냇가에서 목욕을 한 뒤 근처 마을의 처자인 수자타가 내어놓은 유죽(乳粥: 멥쌀에 사람의 젖을 섞어 만든 죽)을 먹었다. 이를 본 5명의 수행 동료들은 고타마가 타락했다고 여기고서 그를 떠났다. 이후 고타마는 보리수 아래서 깨달음을 얻어 붓다가 되었다. 자신의 깨달음을 사체(四諦)[4], 팔정도(八正道)[5]라는 가르침으로 5명의 동료를 만나 설파하기도 하였다. 붓다가 죽은 것에 대해서는 입적 혹은 열반에 들어갔다고 표현한다. 이는 윤회의 반복으로부터 해탈한 것을 뜻한다. 해탈함으로서 부처가 된다는 것(成佛)은 불교의 궁극적 목표이다. 윤회전생(輪回轉生: reincarnation)은 모든 생물이 생과 사를 반복하면서 여러 삶을 누린다는 것인데, 여섯 세계[6]를 돈다고 한다. 살아있는 동안의 행실에 따라서, 즉 인과(因果)에 의해 다음 생의 세계가 결정된다고 한다.

---

4) 고통이 있다는 진리를 가리키는 고체(苦諦), 고통에는 원인이 있다는 진리를 가리키는 집체(集諦), 고통은 소멸시킬 수 있다는 진리를 가리키는 멸체(滅諦), 고통을 소멸시키는 길이 있다는 진리를 가리키는 도체(道諦).

5) 올바른 견해의 정견(正見), 올바른 마음가짐의 정사유(正思惟), 올바른 말의 정어(正語), 올바른 행위의 정업(正業), 올바른 생활의 정명(正命), 올바른 노력의 정정진(正精進), 올바른 신념의 정념(正念), 올바른 명상의 정정(正定). 여기서 '올바른'의 의미는 극단적인 자세를 취하지 않고 있는 그대로의 상태, 즉 중도(中道)를 말한다. 중도는 유교의 중용(中庸)과 상통하며, 고대 그리스의 철학자 아리스토텔레스가 '니코마코스윤리학(Nicomachean ethics)'에서 말한 메소테스(mesotes)도 같은 개념이다.

6) 천도(天道)는 부처가 되기 일보직전의 세계로서 불법(佛法)을 보호하는 여러 신들이 살고 있다. 인간도(人間道)는 우리들 인간의 세계, 수라도(修羅道)는 천도에 사는 신들을 적대시하며 그들과 싸우는 일이 끊임없어서 마음이 편할 날 없는 마신(魔神)의 세계인데, 여기에 사는 아수라들을 불법(佛法)을 지키는 존재로 생각하기도 한다. 어찌했건 호전적인 존재로서 서로에게 고통을 주고 있는데, 원래 인도 신화에 기원을 둔 아수라(3개의 얼굴을 지닌 반신반인(半神半人))가 불교에 유입되었다. 축생도(畜生道)는 동물이 사는 세계, 아귀도(餓鬼道)는 사자(死者)의 세계인데, 아귀는 아무리 먹어도 배고픈 고통에 놓인다. 사자(死者)는 스스로 밥을 짓지 못하기에 자손의 공양(供養)이 없으면 굶어죽는다. 마지막 지옥도(地獄道)는 지옥을 가리킨다(島田裕み, 2017: 195).

불교에서 말하는 자비의 자(慈)는 "남에게 즐거움을 주는 일"이고 비(悲)는 "남의 고통을 덜어주는 일"을 가리킨다. 보살은 산스크리트어의 보디사트바를 한자로 음역한 보리살타의 약자이다. 원래는 득도하기 전의 고타마를 가리켰으나, 모든 이가 가르침을 받으면 부처가 될 수 있다는 대승불교에서는 '이상(理想)의 수행자'를 말한다. 보살은 자신의 깨달음보다 중생을 깨달음으로 이끄는 자비를 보여주기에 고마운 존재이다. 보살은 출가하기 전 왕족으로서의 붓다이므로 다양한 모습에 화려한 복장을 하는데, 예외적으로 지장보살만이 수수한 치장을 한다. 지장보살은 석가모니가 입적하고 나서 56억 7천만 년 후에 미륵보살이 올 때까지 중생을 구하는 임무를 수행한다(島田裕み, 2017: 63). 여래는 "깨달음의 세계인 여(如)에서 중생을 구하러 온 자"라는 의미이다. 따라서 보살이 득도하면 여래가 되는 건데, 우주가 소멸과 생성을 10140 반복하는 시간인 삼아승기겁(三阿僧祇劫) 동안 수행을 해야 한다고도 한다. 아미타여래는 도달하지 못하는 곳이 없는 무한의 빛으로 존재하는 여래로서, 서쪽에 있다는 극락정토의 주인이다.

불교 중에서 인도에서 중국, 우리나라, 일본으로 유입된 것이 대승불교이고, 인도에서 동남아로 유입된 것이 소승불교인 것은 고교 시절 이미 배운 내용이다. 대승불교는 불교의 개혁운동을 통하여 출현한 교파로서, 기존의 불교를 폄하하기 위하여 소승불교라고 불렀기 때문에, 현재는 소승불교보다는 상좌부불교라고 한다(島田裕み, 2017: 114). 상좌부불교는 붓다의 사후, 그의 가르침을 계승하는 과정에서 해석의 차이로 분파를 이룬 뒤에 각각의 연구 속에서 탄생하였다. 붓다의 직접 설교에 입각하여 붓다가 활동하던 인도 중서부 지역의 고어인 팔리(pali)어 불전에 기초를 두고 있다.

출가를 통하여 엄격한 계율의 생활을 강조하는 단순한 가르침이다. 이런 단순함에 질린 부류들이 철학적 사고를 전개하면서 기원전 1세기 이후 활성화한 것이 만인구제의 대승불교이다. 깊은 수행을 한 자만이 구원받는다는 상좌부불교를 자기만족에 찬 '소승불교'라고 매도한 것이다. 그러나 대승불교의 경전은 붓다의 사후에 편찬되었기에, 붓다의 직접적인 가르침이 아니라는 이유에서 시비가 일기도 한다.

불교의 가르침에는 사법인(四法印)이라는 네 개의 가르침이 있다(島田裕み, 2017: 195). 제행무상(諸行無常: sabbe sankhara anicca)은 세상의 모든 현상은 항상 변화하기에 영원한 것은 없다는 말이다. 달리 말하면 생자필멸(生者必滅)인 셈이다. 제법무아(諸法無我)는 세상 모든 것은 인과에 기초한다는 말이다. 그렇기에 자유의사를 지닌 '아(我)'라는 자기 자신은 망상에 불과하다는 것이다. 아(我)에 집착하게 되면, "자신의 뜻대로 되지 않았다", "자기 것이 되지 못했다"고 하는 고통을 낳게 된다. 일체개고(一切皆苦)는 세상이 고통의 세계라는 뜻이며, 열반적정(涅槃寂靜)은 깨달음을 얻어 열반에 들어가면 고통은 없어지고 안락을 갖게 된다는 의미이다.

업(業: Karma)은 내세의 운명을 결정하는 현세의 행위를 말하는데, 여기에는 신업(身業), 구업(口業), 의업(意業)이 있다. 신업은 무슨 행위를 하였는가, 구업은 무엇을 말하였는가, 의업은 무엇을 생각하였는가를 의미한다. 번뇌(Kleshas)는 마음이 더럽혀진 것으로서, 업과 깊은 관계를 지닌다. 인간에게는 108개의 번뇌가 있다고 하는데, 그 중 대표적인 것이 삼독(三毒)으로 불리는 탐(貪: 탐욕을 추구하는 마음, 격한 집착), 진(瞋: 혐오하는 마음,

함부로 피하는 마음), 치(癡: 불교 진리에 대한 무지)이다. 여기에 견(見: 잘못된 견해), 의(疑: 진리를 의심), 만(慢: 오만불손한 마음)을 합쳐서 육근본번뇌(六根本煩惱)라고 칭한다.

불교에서는 하나의 세계를 하나의 부처가 맡고 있다고 본다. 고타마 싯다르타가 구원하려고 맡은 세계가 사바(娑婆: saha의 음역)세계인데, 고통이 많은 더럽혀진 세계라 하여 예토(穢土)라고도 한다. 인간을 구원하기 위하여 붓다가 사람으로 변신할 것을 두고 화신(化身)이라고 한다. 그러한 고통과 더러움이 없는 아름다운 세계인 정토(淨土)가 무수히 많은데, 그 중 가장 유명한 것이 사바세계의 서쪽에 있다는 극락세계이다. 여기를 맡고 있는 것이 아미타여래이다. 극락정토로 돌아가 살고 싶은 염원을 읊조리는 말이 바로 나무아미타불(南無阿彌陀佛: '아미타불에 귀의한다'는 뜻)이다.

붓다는 세상 고통의 원인이 연기(緣起)라는 인과관계에 있다고 보고, 그것을 제거하면 깨닫게 된다고 하였다. 고통이 제거된 상태는 열반(涅槃)인데, 바로 불교는 깨달음을 통해서 열반을 염원하는 종교이다. 선종(禪宗)에서는 이러한 붓다의 깨달음이 주관적인 것이라서, 이를 체득하려면 오로지 좌선(坐禪)을 통해 느낄 수밖에 없다고 보았다. 이를 두고 불립문자(不立文字)라고 한다. 선(禪)은 마음이 통일되어 안정된 경지인 '정정(正定)'에 이르기 위한 방법이다. 인도의 승려 달마대사가 6세기경 중국에 와서 전수한 선종은 그래서 경전이 없다. 단지 고승의 어록과 의표를 찌르는 질문을 던지는 공안(公案)만이 있다. 공안은 어느 정도의 깨달음에 도달했는지를 시험하는 문제인데, 일례를 들면 "양손을 치면 소리가 나는데, 한 손을 치면 어떤 소리가 나는가?"와 같은 척수음성(隻手音聲)이 유명하다.

반야심경(般若心經)은 대승불교에서 '공(空)'의 가르침을 모은 경전인데, 관세음보살(중생 구제를 위해 33개의 모습으로 변신)의 설교를 기록한 것이라고도 한다. 그 구절 중에서 유명한 것이 바로 색즉시공(色卽是空) 공즉시색(空卽是色)이다. 모든 감각적인 사상(事象)은 곧 공(空)이요, 그 공(空)이 즉 모든 감각적인 사상(事象)이라는 것이다. 이는 슈뢰딩거의 고양이(Schrödinger's cat: 오스트리아의 물리학자 슈뢰딩거가 양자역학의 불완전함을 설명하기 위해 사용한 '생각 실험'임)라는 과학 실험과 유사하다. 슈뢰딩거는 속이 보이지 않는 상자 안에 고양이를 넣고 독가스가 나올 확률이 50%라고 할 경우, '상자 안의 고양이'가 살아있다고 생각할 수도 있고 죽었다고도 생각할 수 있다는 사고(思考) 실험을 하였다. 그런데 상자를 열어 결과를 확인했을 때의 고양이는 '뚜껑을 연 뒤의 고양이'이지 '상자 안의 고양이'는 아니라는 생각이다. 여기서 있다고도 그렇다고 없다고도 말할 수 없는 '공(空)'은 '무(無)'와는 별개의 것이다.

만다라(曼荼羅)는 불교의 교의가 말하는 우주관(宇宙觀)을 도식화한 것이다. 어느 부처가 그림의 중심에 있고 다른 부처들과 어떤 관계를 지니는지, 전체적으로 어떤 세계의 형태를 지니고 있는지를 감각적으로 포착할 수 있다. 대표적인 만다라에는 금강계만다라(金剛界曼荼羅)와 태장계만다라(胎藏界曼荼羅)가 있다.

(4) 힌두교

힌두교의 모태는 브라만교(brahmanism)이다. 브라만교의 성전(聖典)을 '베다[7](veda: 산스크리트어로 '알다')라고 하는데, 그 중

7) 베다 경전에 그려진 세계관에 기초하여 빛의 신 '아후라 마즈다(Ahura Mazda)'를 숭배하는 조로아스터교의 교조 조로아스터를 독일어로 읽으면 짜라

하나가 리그베다(rig-veda)이다. 여기에 등장하는 것이 푸루샤(purasha) 찬가인데, 신들이 푸루샤라는 거인을 산 제물로 바치는 축제를 벌이는 중에 그의 신체 각 부위에서 해와 달, 신, 천지 등이 나왔다는 창세신화이다. 인간 중에 브라만(사제, 승려)은 그의 입에서, 크샤트리아(왕, 귀족)는 팔에서, 허벅지에서는 바이샤(평민), 발에서는 수드라(노예)가 각각 나왔다고 한다(島田裕み), 2017: 97). 이것이 바로 '바르나(varna)'라고 하는 4개의 계급으로서 인간이 태어나면서 이미 정해진다(여기에 속하지 못하는 불가촉천민 'dalit'가 따로 있음). 우리가 배운 인도의 카스트('혈통'을 의미하는 포르투갈어 casta가 어원. 인도에 상륙한 포르투갈인들이 인도제도를 보고 이름 붙임) 제도는 출생에 의한 바르나와, 직업에 의한 자티(jati)의 두 개를 합한 것이다. 자티가 형성되고 한참 후에 ICT산업이 발아하였기에, 계급에 관계없이 우수한 인재들이 ICT 산업에 유입될 수 있었다.

브라만교에는 정통의 육파철학(六派哲學)이 있다. 경전을 연구한 베단타(vedanta)학파, 제의(祭儀)를 연구한 미맘사(mimamsa)학파, 요가의 실천을 설파하는 요가[8]학파, 물질과 정신의 관련으로 세계를 생각하는 상키야(samkhya)학파, 논리학을 추구한 니야야(nyaya)학파, 원자론으로 자연의 체계를 설파한 바이셰시카(vaisheshika)학파가 그것이다.

투스투라이다. 니체의 저서 '짜라투스투라는 이렇게 말했다(Thus spoke Zarathustra)'가 떠오른다.

8) 피트니스센터에서 개설하고 있는 요가는 움직이는 명상법인 하타(hatha)요가를 기반으로 19세기 후반부터 만들어진 건강법이다.

2 chapter

국제 비즈니스 협상

1. 협상 기법

미국의 하버드대학과 콜롬비아대학의 협상교육 프로그램이 흥미로운 대조를 보이고 있다. 하버드대학의 협상연구소[1])가 개발한 프로그램은 법학대학원 산하의 연구소라는 성격이 반영되어, 원칙에 입각한 협상술을 강조한다. 선례, 시장가격, 전문가의견, 관습, 법률 등의 객관적이고 공정한 기준이 협상의 문제해결에 유효하기 때문에, 판사처럼 문제에 대처해야 한다고 보고 있다. 콜롬비아대학의 국제협력·분쟁해결센터[2])가 개발한 프로그램은 교육대학 산하의 센

1) 1983년에 하버드대학, MIT대학, Tufts 대학의 컨소시엄 형태로 운영되는 Program On Negotiation(PON)을 말함. www.pon.harvard.edu

2) 교육대학(College of Education)에 있는 Morton Deutsch International Center for Cooperation and Conflict Resolution를 말함. icccr.tc.columbia.edu 참고로 국제·공공문제대학원(School of International and Public Affairs) 산하에도 유사한 Center for International Conflict Resolution이 있는데, 이는 1997년에 프로그램으로 시작하여 2002년에 현재의

터라는 성격이 반영되어, 협상 당사자의 심리를 중시한다. 당사자의 주장 이면에 있는 세계관, 욕구 등을 간파하여 인간의 본질을 추구하려고 한다. 물론 두 대학의 프로그램은 인간과 문제를 분리한다는 점(문제의 본질과 개인적 관련성을 분리), 입장이 아니라 이해관계(잠재적 욕구)에 초점을 둔다는 점, 복수의 선택지를 준비한다는 점, 상호이해를 구한다는 점 등의 공통분모도 갖고 있다(野澤聰子, 2017: 22).

Kilmann, Ralph H. and Thomas, Kenneth K. (1977). Developing a forced choice measure of conflict handling behavior. Educational and Psychological Measurement, 37(2), 309-325에서는, 협상의 유형을 경합(competition), 타협(compromise), 양보 (accommodation), 회피(avoidance), 협조(collaboration)로 분류하고 있고, Virginia M. Pearson and Walter G. Stephan(1998). Preferences for styles of negotiation: A comparison of Brazil and the U.S., International Journal of Intercultural Relations, 22(1), 67-83에서는 타인에 대한 배려(concern for others' outcomes)와 자신에 대한 배려(for own outcomes)를 축으로 4개의 협상유형을 보여 주는데, 타협이 빠져 있고, 회피 대신 철회(withdrawal)를 사용하고 있다.

협상 과정에서 구사할 수 있는 설득 기법에는 크게 5가지가 있다. 감정(emotion) 기법은 호의적인 언어, 행동으로 상대의 감정에 호소하는 것이고, 논리(logic) 기법은 정보, 데이터와 같은 사실

명칭으로 변경되었음.

적 근거에 입각하여 상대를 납득시키는 것이고, 위협(threat) 기법은 상대에게 위기감을 조성하는 것이고, 흥정(bargaining) 기법은 자신이 조건 하나를 양보하는 대신 상대에게 다른 조건 하나를 양보하도록 하는 것이고, 타협(compromise)은 동일 조건에 대해 중간점을 취하여 반반씩 양보하는 것이다. 따라서 타협은 당사자 모두가 만족하지 못하는 것이기 때문에 다른 설득 기법이 효과를 보지 못할 때 최후에 사용하는 것이 좋다.

감정 기법의 사용 여부는 상대와의 관계성 및 상대방의 성격을 판단하여 정하는 것이 좋다. 똑같은 납품업자에게 납기일의 단축을 요구하더라도 장기 거래 관계에 있는 상대보다는 신규 거래를 트려고 하는 상대에게 감정 기법을 활용하는 것이 효과적일 수 있다. 논리 기법은 부정할 수 없는 사실을 근거로 하는데, 상대방도 논리를 들고 나올 경우, 보다 설득력이 강한 논리가 제압하게 된다. 물론 여기에는 당사자 간의 역학관계가 조절변수로 작용하기도 한다. 위협 테크닉은 완곡하게 사용해야만 한다. 직설적인 위협은 상대의 반발을 유도하여 신뢰관계에 손상을 줄 수도 있다. 또한 실행가능하지 않은 위협을 구사하여 탄로 날 경우에는 결정적인 타격을 받게 되므로 유념해야 한다. 흥정 기법은 자신에게 덜 중요한 것을 양보하고 보다 중요한 것에 대해 상대의 양보를 얻어내는 것이 중요하다. 따라서 처음부터 양보 가능한 것을 많이 준비하는 게 좋다.

자신이 보고 싶은 TV 프로가 밤 10시에 하는데, 심야까지 안자면 다음날 학교에 지각할까봐 반대하는 엄마를 상대로 딸아이가 엄마에게 구사하는 5가지 설득 테크닉을 생각해 보자.

2. 협상 실무

(1) 상대 파악

파악할 내용으로는 업계에서의 위상, 최근의 주목할 움직임, 관심 분야 등이 있다. 가령, 제조물 책임(Product Liability) 관련 재판에서 미국에서는 1945-2009년 중에 의료기기 관련 제조물 책임 소송이 877건 있었고, 이 중 의료부품 업체와 관련된 건은 20건에 불과하다(石川文夫. 2018: 109). 놀랍게도 이 20건 모두에서 원고가 패소하여 의료부품 업체는 아무런 보상책임도 지지 않았다. 아울러 미국은 1998년 연방법인 BAA(Biomaterials Access Act of 1988)를 제정하여, 체내 흡수 의료기기에 부품을 공급하는 업체를 제조물 책임 소송에서 면책시켜 주었다.

〈의약용 내장 카메라의 제조물 책임〉

카메라의 개발, 제조, 판매를 하고 있는 중견기업 A사는 체내에 장시간 머물러도(최소 24시간) 문제를 일으키지 않는 초소형 카메라를 개발하였다. A사는 이를 의료용 부품으로 의료기기 제조업체 B사에 판매할 계획이다. B사는 이 카메라에 보호 외장재를 덧붙여 가공한 제품을 다시 의약품 업체 C사에 판매할 생각이다. C사는 이 가공품을 체내에 흡수시키기 위하여 내복약의 형태로 가공한 의약품을 병원 등에 판매하게 된다. 이 사례에서 A사가 B사에 부담하게 될 책임은, A사가 B사에게 카메라를 판매하여 수령한 대금을 초과하지 않는 범위로 정해야 할 것이다. 문제는, 병원에서 환자에게 내복약 제품을 사용하여 어떤 의학적 문제를 야기하여 A사가 제조물 책임을 져야 할 경우, B사와 맺은 계약상의 책임한도 규정 내지 면책 규정이 A사를 보호해주지 못한다는 점이다. 그렇기 때문에 혹시 B사 입장에서 A사가 개발한 카메라를 꼭 자사의 의료기기에 채택하고 싶다면, A사는 B사가 제3자로부터 받은 손해배상 청구 및 B사 자신의 손해액 등 일체에 대하여 A사를 면책시켜준다는 조건을 매매계약서에 삽입할 수 있다면 더할 나위 없을 것이다(石川文夫. 2018: 105-107).

(2) 자신 파악

정확한 상황 분석, 기본 방침의 결정, 양보선의 결정 등을 내려야 한다.

〈기술공여의 사례〉

제과업체 C사 산하 연구소가 과자 원료로 쓰일 신재료 개발에 성공했다. 그러나 C사는 완제품인 과자만을 생산, 판매할 뿐 그 원료는 외부조달에 의존하고 있다. 따라서 이번에 개발한 신재료의 생산공장 및 제조설비에 투자할 여력은 없다. 마침 제과 원료를 생산하는 D업체에게 신재료의 특허를 기술공여할 수 있는 자리가 마련되었다. 이 경우, C사는 D사에게 라이선싱을 주면서 자사뿐 아니라 다른 경쟁 제과업체들에게도 판매할 수 있도록 허가하는 게 득이 된다. 그렇게 되면 D사 입장에서는 규모경제가 확보되어 보다 저렴한 비용으로 신재료를 생산할 수 있어서, 조달하는 C사에게도 비용 절감의 효과를 거둘 수 있다. 뿐만 아니라, 자사가 개발한 특허기술이 사실상의 표준(de facto standard)이 되어 보다 많은 소비자들이 신재료를 이용한 과자의 맛을 수용하게 되면, 과자 수요의 증가로 시장규모가 확대되는 효과까지 거둘 수 있다. 단, 이 때 D사가 신원료의 이미지를 손상시키지 않는 품질수준과 생산능력을 보장할 수 있는 업체임을 확인해 두어야 한다(石川文夫, 2018: 56-57).

(3) 협상 진행

의례적인 인사와 명함 교환 후에 곧바로 본론에 들어가는 일은 글로벌 비즈니스에서는 권할 만한 행동은 아니다. 분위기를 화기애애하게 할 만한 조크를 구사하여 ice-breaker의 기능을 살려야 한다. 그러나 마땅한 소재를 찾기가 쉽지만은 않다. 그런 의미에서 상대방이 방문한 경우라면, 초청국으로 비행기를 타고 온 걸 소재로 삼는 것이 무난하다. 그런 연후에 본론에 들어가서는 회의 의제(agenda)를 공유하는 일, 즉 회의의 목적이 무엇인지를 명확하게 밝히는 것부터 시작한다. 특히 미국인과의 사업 면담에서는 편안한 인간적 친근감의 조성이 필요하다. 그 이유는, 상대를 단순히 사업상대로 보는 것이 아니라 한 사람의 개인으로서 존중을 표시하기 때문이다(児玉教仁, 2019: 21). 상대방의 이름이 발음하기 여의치 않다면 다시 한 번 물어보도록 하고, 대화중에는 이름을 간간히 불러주는 것이 좋다.

의사록의 작성은 당사자 일방이 하는데, 되도록 우리 측에서 하겠다고 제안하는 것이 좋다. 회담장에서 회의가 끝날 즈음에 하는 것은 개략적인 의사록 작성이고, 상세한 작성은 회의 종료 후 숙소 또는 본사로 귀환하여 하는 것이다. 작성할 내용은 협상 일시, 장소, 출석자, 의제, 합의 사항, 검토 사항 등인데, 이에 관한 내용을 작성하고 나면 상대에게 전달하여 의문, 이의 등이 있는지 확인을 받아두도록 한다.

가령, 이메일로 의사록(meeting minutes)을 작성하여 상대방에게 보낸다면 다음과 같은 형식의 예를 들 수 있다(兒玉教仁, 2019: 259).

From: xxx To: yyy

Subject: wrap-up of our meeting on March 11th

Thank you for taking the time to come to our company. The meeting was very fruitful. I'm very excited to further develop the project. Let me attach the minutes of our prior meeting. When you have time, please let me know if there are any discrepancies with your understanding, or if you have any questions.

(4) 주의할 영어 표현

1) 숨겨진 뉘앙스

* I don't know: "모르기도 하지만 흥미도 없다"는 숨은 뜻이 있다. I am afraid I really don't know. 또는 I have no idea라고 하면 오해가 없다.
* Ask someone else: "지금 바쁘니까 다른 사람한테 물어봐."

Let's ask 사람이름 in 부서명. 또는 I don't know, but I'll find out for you.는 협력적 자세를 표명하는 것이다.

* We need to talk: "자네한테 할 말이 있네."

I have to say something to you: "안 좋은 소식을 전하게 됐어."

I'm going to tell you something: "자네한테 한 마디 해 둘게 있어."

반면 아래 표현들은 숨은 뜻이 없어서 사용하기에 좋다.

* Could we talk about something?: 이야기 좀 할 수 있을까?
* I want to run something by you: 자네한테 확인하고 싶은 게 있네.
* Do you have a minute?: 시간 좀 낼 수 있나?

조퇴하고 싶을 때 쓰기에 적절한 표현은 다음과 같다.

* May I go home early today?: 학생이 선생한테 허락받는 듯한 느낌
* I'm going to go home early today, okay?: be going to는 지금 막 생각한 게 아니라 전부터 계획했던 일을 말할 때. 따라서 상사의 허락보다는 자신의 기분을 전하는 느낌.
* Please let me go home early today: 필사적으로 부탁하는 느낌.

이러한 표현들보다는 아래의 표현들이 숨겨진 뜻이 없어서 좋다.

* Would it be okay if I went home early?: 가정법 표현이라 예의바른 인상을 주며, 그 뒤에 I have to take care of a family emergency, 또는 I'm not feeling very well 등의

이유를 말하면 좋다.

* I need to go home early today, if at all possible.

자료: Nikkei Style, 2017.2.2.

2) 원어민에게 오해받는 영어 표현

* go out; '외출하다'라는 뜻 이외의 의미가 담겨 있다.

예〉 What are you going to do? Mary and I are going out.

(사무실 동료의 물음에 매리와 외출할 거라고 함)

예〉 A: Mary and I are going out.

Nancy: Really? I thought she was married.

A: She is, but...

Nancy: Oh, dear. I don't think you should date a married woman.

A: What?!(이 때는 '교제하다'라는 의미임)

따라서 아래와 같이 표현을 해야 상대가 오해하지 않는다.

A: Mary and I are leaving now.

Nancy: Oh, okay. Where are you headed?

A: We need to go to ABC's new factory.

Nancy: Do you want me to go with you?

A: No, we'll be okay. Thanks.

* listen to와 hear의 구분

Nancy: I think that what we should do is...

Hiroshi: What? I can't listen to you.

Nancy: What?! If you don't want to listen to me,

thenleave!

Hiroshi: Huh?

위 문장에서 listen to = Everything you say is a lie의 뉘앙스가 담겨 있다. 즉 네가 하는 말 따위 듣고 싶지도 않다는 의미를 내포한다.

I told him what he wanted to hear: 그를 위로해 주려고 말을 건넸지.

I was sorry to hear about your boss: 자네 상사의 일은 안됐네.

I'm not finished. You need to hear me out: 내 말 안 끝났어. 끝까지 들으란 말이야.

You heard me: 알아들었지.

Listen to reason. We can't trust him: 냉정히 생각하자고. 그 친구 신뢰가 안 가.

* 상대방이 Do you need a hand?라고 했는데, 도움을 거절할 때 No, thank you. 로 끝내면 "도움받고 싶지 않다"는 뉘앙스로 들릴 수도 있다. 그 보다는 No thanks, but thanks for asking. (물어봐 줘서 고마워). Thanks, but I'll pass this time. (이번은 괜찮아). That's very kind of you, but I'm okay. 등의 표현이 좋다.

자료: Nikkei Style, 2018.2.18.

3) 낯설지만 쓸모 있는 영어표현

* I'll have a go at it: 한 번 시도해 보다(될지 안 될지 모르

지만)

* It was touch and go: 일촉즉발의 위태로운 상황이었다.
* just go with the flow: 그냥 대세에 따르다(분위기에 맞추다)
* be good to go now: 이제 준비되어 있다.
* be all set to go: 만반의 준비가 되다.

cf. You are good to go: 가도 좋습니다(조사, 심문 등에서)

* come and go: 생겼다 사라졌다(현상, 유행 등이)
* make a go-no-go decision: 할지 말지 결정을 내리다
* go for broke: 올인하다(도박에서 유래)
* go through the motions: 마지못해 하다.
* I got a talking-to from my boss: 상사한테서 잔소리 들었어.
* If you talk back to me one more time, you're fired!: 한 번 더 말 대꾸하면 해고야!
* Stop talking behind people's backs. You'll just make enemies:

  다른 사람 뒷 담화 그만하게. 자네 적을 만들 뿐이니까.

  자료: Nikkei Style, 2018.10.4.

4) 영어 격언

* No one remembers who was in the second place
* Clothes do not make the man
* Genius is one percent inspiration and ninety-nine percent perspiration(Thomas Edison)
* Luck is what happens when preparation meets

opportunity

* Opportunity does not knock twice
* You jump off a cliff and you assemble an airplane on the waydown (Reid Hoffman, co-founder of LinkedIn)
* There is nothing for you to lose
* Too many cooks spoil the broth
* Fight fair. But avoid fair fights
* Possession is nine-tenths of the law
* I can live for two months on a good compliment (Mark Twain)
* If you want to go fast, go alone. If you want to go far, go together (아프리카 속담)

출처: 山久瀨洋二(2019).英語の格言に學ぶグローバルビジネス. パブリッシング

5) 익혀둘 만한 글귀

* double down on: (위험성이 있는 일에) 배증의 노력을 기울이다

어원은 블랙잭에서 카드 한 장을 받고 나서 베팅 액수를 배로 늘리는 것. 단, 두 번째 카드를 받고 나서 죽지 말아야 한다는 조건이 있다.

(예) Trump doubles down on threats to hit Iranian cultural sites.

* Climb down out of my ass: 신경 끊고 내버려 두란 말야. 바가지 좀 그만 긁어.
* coin flipping: 동전 던지기(이걸로 결정지을 때)

* tiara: 반원형의 왕관. crown과 구별할 것. 미인대회 수상자들이나 여성들이 머리에 착용하는 것.

* Apply yourself: 전념해라

* You have my gratitude: 고마워

* pass out: 기절하다

* give 목적어 a thumbs-up: 목적어를 치켜세우다

* backbreaking labor: 등골이 휘는 중노동 (예) Thousands of kids perform backbreaking labor for America's products.

* bone-chilling temperature: 뼛속까지 스며드는 추위

* Where there is a will, there is a deal: 브렉시트 합의 관련 기사

* No one is above the law: 누구도 법 위에 군림할 수 없다

(impeachment inquiry 트럼프 탄핵조사)

* all-time greats: 시대를 초월한 위인들

* flunk: 낙제하다/낙제시키다 (fail만 외우지 말기를)

* Landing on the moon was a historic opportunity to prove the world America's can-do spirit (Apollo 11 astronaut Buzz Aldin의 달 착륙 50주년 인사말)

* We are on a mission to find the America that's been lost.

(...해야 할 사명이 있다= have a mission만을 떠올리지 말 것)

* fill up: 가득 채우다. 같은 표현으로 fill 목적어 to the top

* dip 목적어 some out: 목적어를 좀 퍼내다
* hold the behind-the-scenes talks: 막후 회담을 열다
* Simply put, if we want to beat Donald Trump, we must put winning over political purity. (간단히 말해서, ...)
* rundown: 보고서(NBC morning rundowN(아침 뉴스)/감축(=reduction)
* shop: 제안하다(=offer for sale)〈예〉 His dad shopped an idea to a robotics team. (지체부자유 아들을 위한 상품 아이디어를 개발회사에 제안)
* bench: ...을 벤치신세로 만들다 〈예〉 Bench Pompeo (전직 미국 국무장관 폼페오를 벤치신세로 만들다)
* Every ending has a new beginning
* be fed up with: ...에 물리다. 질리다
* ripple effect: 잔물결이 이는 현상. 파급효과(=spill-over effect)
* hooked on: 푹빠진, 중독된 (예) During the Olympics, we all got hooked on figure skating
* be around the corner: 임박한 (예) The 2020 election is around the corner
* global warming: Wallace Broecker라는 과학자가 대중화시킨 표현. 87세로 사망(2019.02.25.)
* piss 목적어 off: 목적어를 열받게 하다(=annoy, irritate). 명령문 Piss off는 "꺼져"
* We're not going to make America Great Again. It

was never that great. (뉴욕 주지사가 한 말)

* Thank you to Satan for giving me inspiration on how to play this role: Vice라는 작품에 전직 미국 부통령 딕 체니의 역을 맡은 Christian Bale이 the best actor Golden Globe 상을 수상하며 악마에게 감사하다고 한 말
* I have a dream that my four little children will one day live in a nation where they will not be judged by the color of their skin but by the content of their character: 마틴 루터 주니어 킹 목사가 1963년8월23일 링컨메모리얼 계단에서 행한 "I Have a Dream" speech의 일부분
* speed hump: 과속방지턱. hump=지면에 툭 튀어나온 것, 낙타혹
* dotard: 노망난 늙은이. 김정은이 트럼프를 싸잡아 한 표현
* I'm rooting hard for you: 아버지 부시가 빌 클린턴 대통령의 취임식 때 한 말. root for는 '성원하다'의 뜻으로 진행형으로 표현.
* outdoorsy: 외출용의. 옥외생활에 적합한
* The disaster is at the door step: 허리케인이 플로리다에 상륙하기 직전이라는 기사 제목.
* This is going to be Mike Tyson punch to the California coast
* The U.N. says we have to act ASAP on global warming
* He was the one to go to. He often held our hands

without rubber gloves and always always hugged us as we left his office.

시나고그 총기 피살자 중 한 명인 66세의 의사 Jerry Rabinowitz를 애도하는 어느 환자의 말

* Leave your troubles behind: 걱정 붙들어 매
* silver lining: 광명의 빛. 어둠 속 희망의 빛. 17세기 존 밀턴의 시구
* provost: 교무처장
* flirt with: ...를 꼬시다, 수작걸다
* as good as it gets: 이보다 더 좋을 순 없다
* Don't you be like me: 나처럼 되지 마라
* eyes wide shut: 살짝 뜬 눈
* the Promised one: 메시아
* five rolls & two fish: 오병이어
* I am not even good enough to untie his shoes: 나는 그분의 신발 끈 을 풀어드릴 자격조차 없다(마르코, 1:7)
* Satan said to him, "If you are God's Son, turn these rocks into bread." Jesus told Satan, "God's Word says that people live on more than just bread. They live by believing what God says." Satan said, "If you are really God's Son, jump off the worshiphouse." "God says not to test him," said Jesus. Satan said, "Worship me, and I will give you all the world's kingdoms."Jesus told Satan, "God's Word says to worship only God."

"당신이 하느님의 아들이라면 이 돌들에게 빵이 되라고 해보시오.

예수님께서 대답하셨다. "성경에 기록되어 있다. 사람은 빵만으로 살지 않고 하느님의 입에서 나오는 모든 말씀으로 산다."

"당신이 하느님의 아들이라면 밑으로 몸을 던져 보시오.

주 너의 하느님을 시험하지 마라.

"당신이 땅에 엎드려 나에게 경배하면 저 모든 것을 당신에게 주겠소." 그때에 예수님께서 악마에게 말씀하셨다.

"주 너의 하느님께 경배하고 그 분만을 섬겨라."

3. 협상 전술

(1) 유대인의 협상 전술

1) 유대인의 지혜

① 계약 최우선의 정신

조국을 잃고 세계를 떠돌아다닌 지 2천년이란 세월이 흘렀어도 멸망하지 않은 민족은 유대민족이 유일하다고 한다. 유목민족처럼 떠돌아다니다 보니, 어느 지역에 머물더라도 그 지역의 정착민과 상세한 계약을 체결하지 않으면 안심하고 생활할 수가 없었다. 지역을 이동할 때마다 주거지역과 우물의 사용, 부족 간 분쟁 처리 등에 대하여 세세한 계약을 맺는 것이 일반적이었다. 유대민족이 이처럼 계약을 최우선시하게 된 배경에는 유대교에서 아브라함이 하느님과 맺은 계약이 있다. 소돔과 고모라 지역이 멸망하게 된 것이 하느님과의 계약을 위반하였기 때문이다. 계약 위반의 책임은 너무도 가혹하였다. 반면, 하느님과의 계약을 엄중히 준수하면 하느님은 유대민족을 보호하고 행복을 가져다줄 것을 보증하였다.

유대민족은 서기 70년에 로마제국에 정복되어 예루살렘 성전이 파괴되고 세계 각 지역으로 피난살이를 떠다는 디아스포라(diaspora)를 약 2천년 동안 겪게 된다(1948년 이스라엘 독립 선언). 유대인들이 이처럼 극심한 박해를 받은 것은 아마도 그리스도 예수의 살해를 주동한 점이 가장 클 것이고, 여기에 유대인의 탁월한 능력이나 생활방식에 대한 편견과 공포심도 가세했을 것이다(矢部

正秋, 2015: 44). 유대인들은 외출 시에 다윗 왕 시절의 황금색 별 표시를 부착해야 했다. 유대민족 사상 가장 번창하였던 다윗 왕 시절의 문양을 차별과 박해의 상징으로 가슴에 새겨야 하는 신세로 전락한 것이다.

② 유대인의 균형 상술

유대인으로 저명한 인물들을 거론하자면 공산주의 사상가 칼 마르크스, 상대성 이론의 물리학자 아인슈타인, 정신분석학의 대가 프로이드(Freud), 음악가 멘델스존, 결핵균을 발견한 미생물학자 코흐(Koch), 에스페란토어를 창시한 안과의사 자멘호프(Zamenhof), 항생제 스트렙토마이신(streptomycin)을 발견한 미생물학자 왁스먼(Waksman), 수소폭탄을 개발한 오펜하이머(Oppenheimer), 로이터통신 창업자 로이터(Reuter), 이태리의 올리베티(타자기 사업 이후 컴퓨터, 현재는 태블릿PC와 스마트폰에 주력) 창업자 Olivetti, 프랑스 자동차업체 시트로엥의 창업자 Citroën 등이 있다.

유대교의 중심을 이루는 것은 성문화된 구약성경의 5경인 창세기, 탈출기, 레위기, 민수기, 신명기를 일컫는 토라(torah)이다. 이 토라에 대한 해석을 집대성한 것이 기원전 500년부터 약 100년간에 걸쳐 이루어진 탈무드(talmud)이다. 예루살렘 탈무드는 미완성되었고, 흔히 탈무드라고 하면 바빌로니아 탈무드를 지칭한다. 이 탈무드에 사업과 도덕, 법률, 역사, 사랑, 행복, 인생 등 모든 내용이 수록되어 있어서, 위에서 언급한 다방면의 유대인 유명인사가 배출될 수 있었던 것은 어려서부터 탈무드 교육을 받은 덕분으로 보기도 한다. 3세부터 탈무드 교육을 받은 유대인 어린이들은 부모가 탈무드 위에 떨어뜨린 한 방울의 벌꿀을 핥아먹으면서 탈무드에 애착을 갖게 된다고 한다(矢部正秋, 2015: 49). 탈무드는 총 20권, 12,000쪽, 75㎏에 달하는 가히 백과사전으로 볼 수 있는데, 곳곳에 탈무드를 가르치는 학교(yeshiva)가 있을 정도이다. 기독교는 탈무드의 영향을 우려하여 금서로 정했을 정도이다.

유대교인들은 금전을 경멸하는 기독교인들을 위선자라고 본다. 탈무드에는 "몸은 마음에 의존하고 마음은 지갑에 의존한다. 사람에게 상처를 주는 것이 세 개 있는데, 고민거리와 말다툼, 빈 지갑이 그것들이다. 그 중에도 빈 지갑이 가장 심한 상처를 준다. 성경은 빛을 비춰주고 돈은 따뜻함을 비춰준다."라고 되어 있다(矢部正秋, 2015: 51). 그래서 공금을 횡령한 사원에 대한 회사의 처리 방식도 해당 사원을 감옥에 집어넣는 일에 집중하는 감정적 대응이 아니라, 횡령한 돈을 회수하는 경제적 대응을 띈다. 횡령액의 120%(벌금을 추가하는 형태로) 정도를 반환하면, 해당 사원은 전과 기록도 남지 않은 결백한 상태가 된다.

그러나 정직을 최우선으로 하는 상거래 행위가 유대인 사회에서는 강조된다. 탈무드에는 인간이 죽어서 천국에 가면 가장 먼저 하느님한테 듣는 말이 "너는 정직하게 장사를 했느냐?" 라는 것이다. 사람을 현혹시켜서 물건을 파는 행위는 금지되어서, 가령 노예에게 화장을 시켜서 젊게 보인 상태로 파는 일은 안 된다. 또한 탈무드를 편찬했던 당시에는 표준판매가라는 개념이 없어서 상식적 수준에서 적당한 가격에 물건의 매매가 이루어졌다. 그런데 적당한 가격 수준이 얼마인지를 모르고 물건을 구매하고 나서 10% 정도 웃돈을 지불한 사실을 나중에 알게 되었다면 해당 매매는 무효로 간주되었다. 거래를 정직하게 하는 일이 세상을 살아가는 정도(正道)라는 사실을 유대인들은 하느님과의 계약 위반을 통해 겪은 시련에서 절감한 것이다. 성경에는 "너희 이웃을 너 자신처럼 사랑하라." 고 되어 있지만, 탈무드는 자신을 사랑하지 않은 자가 이웃을 사랑할 수 없다는 생각에 입각하여, 자기애(自己愛)를 강조한다. 따라서 자신의 이익을 위하여 행하는 장사도 소중히 여긴다.

탈무드에 나오는 다음의 이야기를 보자. 제자가 스승에게 "스승님, 진리는 도처에 있다고 하는데, 그렇다면 길에 널려 있는 돌처럼 흔한 것입니까?" 하고 물었다. "그렇다마다. 그러니 누구든 (진리를) 주울 수 있다."라는 스승의 답변에 제자는 "그렇다면 어째서 사람들은 그걸 줍지 않는 건가요?"라고 재차 물었다. "진리라는 돌을 주우려면 몸을 숙여야 한다. (사람들은) 몸을 숙이는 일을 힘들어 한다."는 스승의 말은 인간의 겸허한 자세를 중시하는 가르침일 것이다. '포도송이는 무거울수록 아래로 숙인다.'는 유대인의 가르침은 '벼는 익을수록 고개를 숙인다.'는 한국과 일본의 속담에 일치한다. 겸허함을 강조하는 탈무드의 가르침은 "사람은 입이 하나이지만 귀가 두 개인데, 그 이유는 자신이 말하는 것의 두 배를 들으라는 뜻이다."에도 담겨 있다.

2) 유대인의 협상술

① 로스차일드 가문의 세력

18세기 독일의 프랑크푸르트에는 유랑민 유대인들이 사는 거주지역이 있었다. 유대인들은 이 지역에서 벗어나는 일이 금지되어 있었으며, 거리로 나설 때는 유대인임을 보여주는 앞서 언급한 황금색 별 모양을 가슴에 달아야 했다. 그러다 보면 간혹 독일인들로부터 돌팔매질을 당하는 수모도 겪고는 하였다. 바로 이 유대인 거리에서 후에 세계 최대의 금융그룹을 일으켜 세운 마이어 암쉘 로스차일드(Mayer Amschel, 독일어로는 가문명이 '로트실트'=붉은

방패라는 의미)가 태어났다. 놀랄만한 점은 이태리의 메디치(Medici) 가문, 독일의 후거(Fugger) 가문이 사회적 대변동 속에서 소멸된 반면, 로스차일드 가문은 200년 가까운 세월의 흐름 속에서 금융업의 지배를 계속했다는 사실이다.

마이어는 10살 때부터 부모로부터 상술을 배우면서 개인적으로 옛날 화폐와 귀금속에 대한 관심이 높았다. 그래서 중동과 러시아, 유럽 제국의 옛날 동전을 분석, 해설하면서 판매를 해볼 생각이었다. 그러나 당시에는 유통되는 화폐에 대한 관심만이 있을 뿐 옛날 화폐에 대해서는 누구도 관심을 보이지 않았다. 그러나 어려서부터 유대인에 대한 핍박을 받아오며 자란 마이어는 몸에 밴 인내심을 갖고 시기를 기다렸다. 그러던 어느 날, 독일의 명문 귀족인 빌헬름 공을 모시는 장군에게 옛날 화폐를 팔 기회가 왔다. 20세를 갓 넘긴 청년은 옛날 화폐에 대한 지식과 유머 감각의 화술을 동원하고, 감미로운 유대 음악으로 매매 장소의 분위기를 돋운 결과, 장군을 비롯한 참가자들은 옛 동전을 구매하였다. 물론 한두 번 장군과의 거래에서 큰돈을 벌 리 없었지만, 다른 한편으로 돈에 쪼들린 수집가들로부터 진귀한 옛날 동전을 사들였다.

유대인은 재산을 몰수당할지언정 지혜는 빼앗기지 않는다는 점을 알고 있었기에 자기만의 노하우를 소중히 했다. 마이어가 생각해낸 자신만의 차별화 전략은 카탈로그를 제작하여 지방에 있는 제후, 귀족들에게 옛날 화폐를 판매하는 것이었다. 다른 옛날 화폐 판매업자들은 마이어만큼의 지식과 교양을 구비하지 못하였기 때문에 그의 전략을 모방할 수 없었다. 차근차근 궁정과의 인연을 쌓아가던 마이어는 마침내 영주 빌헬름(Wilhelm) 공을 알현할 수 있었다. 이날 빌헬름은 체스게임에서 이겨 기분이 매우 좋았다고 한다.

마이어는 동서고금의 진귀한 메달과 유서 깊은 동전을 초저가에 출혈 판매를 하였다. 그 이유는, 유대인에 대한 심한 차별 대우가 자행되고 있는 사회에서 거대 권력인 영주에 접근하는 일만이 계층 상승의 가장 효과적 수단이라고 보았기 때문이다. 이러한 출혈 판매뿐 아니라 빌헬름 공이 소유한 옛날 동전을 구매가보다 몇 배 많은 가격에 살 만한 고객을 소개해주기도 했다. 일시적인 출혈판매는 다른 사람들도 할 수 있는 일이겠지만, 이를 지속하기란 여간 어려운 일이 아니다. 그가 노린 장기적 포석은 궁정어용상인의 칭호를 손에 넣는 것이었다. 36계 중국 고전병법의 하나인 포전인옥(To throw away a brick in order to attract a jade)을 구사한 셈이다. 드디어 25세에 궁정어용상인의 칭호를 얻게 된 덕분에 그는 여행의 제약에서 벗어날 수 있었고, 예비 장인의 결혼 승낙도 얻게 되었으며, 무엇보다도 빌헬름 공의 자산운용의 일부를 책임지는 자리를 얻게 되었다.

마이어가 45세이던 해에 프랑스대혁명이 발발하였다. 군사비 조달로 애를 먹던 제후, 군주들에게 빌헬름 공은 자금을 대여해주면서 수수료를 챙길 뿐 아니라 군수물자 거래에까지 손을 대었다. 대여금의 담보물로 잡힌 보석, 수표, 문서가 금고에 가득 찼다. 20년에 걸친 빌헬름 공에 대한 헌신 덕분에 마이어는 이 사업에서 커다란 활약을 펼치면서 엄청난 부를 쌓을 수 있게 되었는데, 19세기에 로스차일드 가문이 벌어들인 재산이 당시 시세로 4억 파운드에 달하였다(矢部正秋, 2015: 75).

마이어의 5남 가운데 장남 암쉘(Amschel)은 프랑크푸르트, 차남 살로몬(Salomon)은 빈(비엔나), 3남 네이단(Nathan)은 런던, 4남 칼(Carl)은 나폴리, 막내 제임스(James)는 파리로 각각 파견되어 유럽대륙을 로스차일드 가문의 금융왕국으로 건설하였다. 3남 네이단은 면, 모, 연초, 사탕 등의 상품거래에 손을 대면서 일약 거부가 되었다. 네이단의 유명한 일화가 바로 단 몇 시간에 걸친 주식 매매로 당시로는 천문학적 금액인 수백 만 파운드를 번 이야기이다.

1815년 6월 19일 영국과 프랑스 간에 운명을 건 워털루 전투가 벌어졌다. 이 전쟁에서 영국이 승리하면 공채(公債)는 급등하고 반대로 패하면 폭락하게 되어 있었다. 그런데 직전 전투에서는 영국이 패하였다. 네이단이 6월 20일 개장과 더불어 주식을 매도하기 시작하자 그의 움직임을 예의주시하던 다른 투자자들이 영국군이 패했다고 믿고 그를 따라 매도 주문을 내었다. 주가가 바닥을 치자 네이단은 대량의 매수 주문으로 전환하였다. 이에 다른 투자자들은 멍하니 손을 놓고 있었다. 네이단의 작전 돌변에 당혹할 수밖에 없었다. 그 이면에는 네이단의 정보망이 크게 작용하였다. 다른 투자자들은 영국정부의 발표에 촉각을 기울이고 있었지만, 네이단은 영국정부보다 한발 앞서 전황 소식을 입수하기 위해 자체 정보망을 가동하였다. 가도를 전속력으로 달리는 마차와 악천후에도 출항할 수 있는 전용 범선을 확보하고 있던 네이단은 역전우편이라고 하는 재래적인 정보망에 비하여 기동성 면에서 월등하였기에 영국정부보다 앞선 정보 입수가 가능하였다. 영국군의 승리를 전한 네덜란드 신문의 속보를 6월 19일 밤에 네이단의 정보원이 입수하여 특별히 용선한 쾌속선을 타고 도버 해협을 건너 영국의 폭스톤(Folkstone)항에 도착하였다. 거기에서 기다리던 네이단은 건네준 신문의 머리기사를 읽자마자 마차를 타고 전속력으로 런던으로 향했다. 그런데 네이단은 남들보다 앞서 입수한 승전 소식을 이용하여 주식을 매입한 것이 아니라 매도를 하였다. 매입을 했더라도 엄청난 투자수익을 거두었을 테지만, 매도를 계속하다가 승전 소식이 사람들에게 전해질 무렵을 계산하여 직전에 대량 매수를 함으로써, 처음부터 매수하였을 경우에 비해 수배나 많은 거액을 벌어들일 수 있었다.

② 로스차일드 가문의 철도사업 협상력

오스트리아의 재상 메테르니히(Metternich: 1773-1859)는 완고한 반 유대주의자이었다. 유대인은 토지소유는 물론 행정부, 사법부의 공무원도 될 수가 없었다. 변호사 활동도 하지 못하였고 심지어 결혼조차도 특별 허가를 받아야 했다. 그러나 재정난에 부닥친 오스트리아 정부는 공채의 발행과 군사비 조달을 위하여 로스차일드 가문에 의존하게 되었다. 이를 기회로 삼은 마이어는 차남 살로몬을 오스트리아로 파견하였다. 살로몬은 협상에서 중요한 것이 협상 요령이 아니라 상대를 즐겁게 해주는 기술이라고 생각했다. 강공법은 "우물에 침을 뱉는 자는 언젠가 그 물을 마셔야 할 때가 온다."는 탈무드의 말대로 효과적이지 않다고 본 것이다.

스티븐슨이 증기기관을 발명하자 영국에서는 철도의 유망성에 대한 이야기가 나왔지만, 네이단과 같은 로스차일드 가문의 인물조차도 마차를 능가할 운송기관은 없다고 믿고 있었다. 그러나 예상과는 달리 영국에서 철도는 순조로운 발전을 보였고 이미 네이단이 사업에 손을 대기에는 시기를 놓쳤다. 이런 정보를 동생 네이단으로부터 들은 살로몬은 영국에 조사단을 파견하여 철도사업의 기술적, 금융적 측면을 검토하였고, 오스트리아 각지의 역마차 사업을 매수하였다. 철도노선의 예정지를 발로 찾아다니며 확인도 하고, 철도라고 하는 새로운 운송수단에 대한 계몽적 기사를 신문사에 의뢰하기도 했다. 5년간의 땅 다지기(整地) 작업을 마친 살로몬은 페르디난트 1세(1835-1848) 황제에게 빈~보흐냐(Bochnia)의 200㎞ 유럽최초의 철도건설을 신청하여 면허를 취득하였다.

그러나 건설계획이 발표되자마자 살로몬에 대한 비난이 빗발쳤다. 빈의 신문들에 투고한 기사 내용들을 보면, 어느 의사는 "인간의 신체는 시속 24㎞ 이상의 속도에 견뎌낼 수 없어서, 악마와 같은 철도기계가 오스트리아를 달리게 되면 승객의 이목구비에서 피가 쏟아져 나올 것이며, 터널 안에서는 질식해버릴 것이다. 따라서 철도는 흉포한 영구차로 변할 것이다." 라고 썼으며, 어느 정신병 치료의 권위자는 "스트레스가 많은 사회에서 사람들은 이미 정신적으로 과로 상태에 있다. 그런 와중에 철도를 타서 긴장하게 되면 완전히 발광할 것이다."라고 경고하였다. 악마의 기계로 신성한 제국을 오염시키려는 유대인의 음모를 분쇄하자는 분위기가 팽배하였다.

살로몬은 메테르니히 재상 이하 오스트리아 정부의 고위 관료들과 강력한 연줄을 갖고 있었기에 정면 돌파로 이 난관을 극복할 수도 있었다. 막내 제임스는 프랑스에서 철도사업에 진출할 때, 반대파의 주요 인물들인 신문기자, 의사, 각료, 지역 유지들을 철저히 매수하는 공작을 펼쳤다. 그러나 살로몬이 취한 방법은 주식의 인기를 이용하는 것이었다. 철도건설자금의 조달을 위해 12,000주의 주식을 발행하여 로스차일드 가문이 8,000주를 보유하고 나머지 4,000주는 선착순으로 공모하기로 했다. 그러자 철도건설에 반대하던 지역 금융업자들조차도 한몫 챙기기 위해 응모하였다. 결과는 8:1의 신청으로 끝나서 대성공을 거두었다. 탈무드에 나오는 표현대로 "금화가 (짤그랑) 소리를 내면 험담이 조용해진다."는 꼴이었다. 사실은 이런 높은 경쟁률은 살로몬이 허수 신청자를 동원한 작전이 작용하였다. 물론 사람들은 이런 술수를 알 리 없었다.

아직 완전히 진화되지 않은 철도건설 반대운동을 확실히 끄기 위해서 살로몬이 추가로 활용한 전술은 철도명을 황제 이름을 빌려 '페르디난트황제 북방철도'로 허가해 달라고 황제에게 청하였다. 지도와 정차역, 철도차량 등에 자신의 이름이 새겨진다는 사실에 황제는 흔쾌히 허락하였다. 아울러 황제의 자문기구인 추밀원 의장과 재무상에게는 철도건설이라고 하는 국가사업의 위대함을 대대손손 전하기 위하여 철도 표지판과 서류에 두 사람의 성명을 연서할 수 있도록 제안하였다. 메테르니히 재상에게는 철도의 명예보호관에 취임해줄 것을 의뢰하였다. 이런 일련의 술책을 전개함으로써 철도를 로스차일드 가문의 것에서 오스트리아 국가의 것으로 세상 사람들에게 인상을 심어주는 효과를 거두었다.

③ 로스차일드 가문의 대 히틀러 협상력

1929년 10월에 나타난 미국주식시장의 대폭락으로 촉발된 세계 대공황은 오스트리아에도 여파를 가져왔다. 외국자본이 오스트리아에서 철수하면서 금융 공황의 사태를 맞이하였고, 로스차일드 가문이 경영하는 은행도 경영의 위기를 맞이하였다. 이후 1933년에 독일에서는 히틀러의 나치가 오스트리아를 합병하려는 계획을 짜기 시작했다. 긴박해지는 상황에서 로스차일드 가문의 식구들도 프랑스나 스위스로 망명을 갔지만, 살로몬의 아들 루이 나타니엘 남작(Louis Nathaniel de Rothschild: 1882-1955)은 집안의 재산을 나치로부터 보호하기 위하여 오스트리아에 남았다. 남작을 체포한 나치는 석방 조건으로 오스트리아에 있는 로스차일드 가문의 재산과 가문이 소유하고 있는 철광회사 비트코비체(Vitkovice) 사의 주식 양도를 요구하였다. 이 회사를 손에 넣게 되면 나치는 동유럽의 전략물자 조달이 용이해지기 때문에 전략적으로 중요한 거점이 될 수 있었다.

그런데 남작이 체포되기 2년 전부터 이런 일이 일어날지도 모른다는 생각에 로스차일드 가문은 비트코비체 사의 주식을 영국회사의 지배로 옮겨놓았다. 전략산업에 속하는 기업의 주식 양도는 원래 관계국 간의 합의가 있어야만 가능하다. 이를 위하여 관계국의 마음을 움직이는 전술을 로스차일드 가문은 전개하였다. 우선 공장이 소재한 체코 정부에게는 독일이 오스트리아를 점령하면 비트코비체 사도 결국엔 나치의 점령 하에 놓일 것이라는 소문을 흘렸다. 또한 오스트리아 당국에게는 독일의 오스트리아 점령을 우려하는 체코 정부가 비트코비체 사를 국유화할지 모른다는 정보를 흘렸다. 오월동주와 같은 상황에 처한 양국 정부는 회사 국적을 오스트리아에서 영국으로 변경하는 일에 동의하였다. 비트코비체의 소유권을 획득한 영국 보험회사는 사실은 로스차일드 가문의 지배에 있었으니, 결국 회사 경영관리권한이 동일 가문의 빈 집안에서 런던 집안으로 포장만 바뀌었을 뿐이다.

나치는 회사를 무상 양도할 것을 요구하였고, 로스차일드 가문은 300만 파운드에 양도하겠다는 반대 제안을 하였다. 이에 히틀러는 실력 행사에 들어가서 체코를 점령하여 회사를 손에 넣는 듯 했으나, 영국기가 걸려 있는 것을 보고 더 이상의 손을 쓰지 못하였다(矢部正秋, 2015: 102-104). 결국 남작은 오스트리아에 있는 가문의 재산을 넘겨주되, 회사는 300만 파운드에 양도한다는 조건으로 석방되어 스위스로 넘어갔다. 2개월 후 히틀러는 290만 파운드의 금액으로 이 회사를 인수하였으나, 2차 세계대전의 발발로 인해 계약은 이행되지 못하였다. 반유대주의의 미치광이 히틀러도 유대인의 협상력에는 꼼짝없이 당하고 만 셈이다.

1949년 6월 30일, 프랑스 증권시장의 거래가 시작되자마자 우량주들의 주가가 원인도 알지 못한 채 속속 폭락하였다. 심지어 초우량주인 석유회사 '로열더치(Royal Dutch)', 종합금속업체 '리오틴토(Rio Tinto France SAS: 1922년 설립)', 광산업체 '르니켈(Le Nickel)', 다이아몬드 유통업체 '드비어스(De Beers)' 조차 급락세를 면치 못하였다. 그 결과, 몇 개월 사이에 주가는 최저치로 곤두박질쳤다. 다음날 신문에는 로스차일드(Rothschild) 가문의 주인인 에드워드 로스차일드 남작(Édouard Alphonse James de Rothschild: 1868.2.24.-1949.6.30)이 운명을 달리했다는 기사가 나왔다. 위의 4개 기업의 대주주가 에드워드 남작이었다는 사실을 알고 있던 사람은 업계에서도 몇 안 되었다. 그러니 주가폭락과 남작 사망 간의 상관성을 간파한 사람이 없던 것은 당연하다(矢部正秋, 2015: 24-25). 가문의 일족들은 남작 사망과 동시에 주식을 대량 매도한 뒤에 다음날 염가에 다시 매수하는 작전을 펼쳤다.

그 배경에는 프랑스의 상속세 제도가 자리 잡고 있다. 즉 주식상속의 경우 세금 부과는 사망한 날의 종가를 기준으로 한다는 점이다. 따라서 종가가 낮을수록 세금 감면의 효과가 커진다. 이런 주가 조작 행위는 당시 프랑스에서는 합법적이어서 프랑스 국세청도 이의를 제기할 수 없었다고 한다. 구체적인 작전은, 남작의 임종 사실에 대해 함구령을 내리고, 다른 주주들에게는 사전 양해를 구하며, 증권 중개인과는 주식 매도 및 매수의 시점과 물량을 주도면밀하게 조율하였다. 유대인 격언집에는 '갑부에게 자식은 없다, 단지 상속인만이 있을 뿐이다.'라는 말이 있다고 한다.

④ 헨리 키신저의 협상술

재미있는 일화를 먼저 소개한 뒤에 키신저의 협상술을 살펴보자. 지미카터 전 미국대통령이 민주당 대선후보로 확정되었을 때, 기자들이 조지아 주에 있는 카터의 자택으로 몰려들었다. 중앙 정계에서 완전 무명이었던 사람이 대통령이 될지도 모른다는 생각에 온통 난리법석이었다. 이 난리를 지켜보던 카터의 막내딸 에이미 카터(Amy Carter: 1967년생. 당시 9세)는 아르바이트를 할 절호의 기회라고 생각하여 기자단을 상대로 콜드 주스를 팔아서 엄청난 용돈을 벌었다(矢部正秋, 2015: 116)고 한다.

1947년의 일이다. 일본의 제당업체가 국제수준의 거의 절반 가격에 향후 5년 간 원당을 호주업체로부터 수입하는 계약을 체결하였다. 그런데 계약 체결 후에 사태가 생각지도 않은 방향으로 전개되었다. 원당의 국제가격이 폭락하여 오히려 계약서의 가격이 국제시세보다 높게 된 것이다. 호주업체는 원당의 국제시세가 폭락할지 모른다는 예상 하에 출혈 가격으로라도 초기 수출계약을 성사시키려 했던 것이다. 일본기업은 매매가격의 인하를 요구하였고, 호주측이 이를 거절하자 원당 구입을 거절하였다. 계약체결 시점과 계약이행 시점 간에 상황의 변화가 발생하였으니 이를 계약에 반영해야 한다는 생각이었던 셈이다. 최종적으로는 네덜란드의 국제상사중재위원회(International Council for Commercial Arbitration)에 사건이 넘어가서 타협안을 양측이 수용하는 걸로 끝났지만, 자신이 유리할 때는 계약을 준수하고 불리해지면 약속을 뒤집는 행위는 일본업체의 평판에 먹칠을 하였다(矢部正秋, 2015: 156).

일본사회는 주지하는 바와 같이 집단주의 성향이 강해서 합의를 중시하고, 개인은 매력이 없어도 최고 자리에 오를 수 있나. 그렇기에 일본인과의 대화는 재미없다는 것이 외국인이 본 이미지이다. 미국의 포드 대통령이 방일하였을 때 수행하였던 고위 관료는 일본의 궁중만찬만큼이나 지루한 식사자리도 없다는 말을 하였다. 주변의 일본인들이 한 마디 말도 건네지 않았던 점을 두고 한 말이다. 또 다른 에피소드로는, 일본 자민당의 어느 간부가 미국 정부의 고위 관료와 만났을 때, 기념사진을 찍고는 별 다른 말도 없이 곧장 '안녕히 계세요(사요나라)' 라는 말만 하고는 자리를 떴다. 그래서 그 미국 고위관료는 어안이 벙벙했다고 한다.

헨리 키신저의 협상술 본론으로 들어가 보자.

헨리 키신저(Henry Kissinger)는 1923년에 독일의 남부지역 바이에른 주의 퓌르트(Fürth)에서 태어났다. 이후 15세 되던 해에 가족은 미국으로 이주하여 뉴욕의 난민거주지에서 고생을 하며 살았다. 키신저는 낮에는 아르바이트로 생활비를 벌고 밤에는 야간대학의 회계학 전공 공부를 하면서 말 그대로 주경야독을 하였다. 21세에 징병되어 군대에서 독일계 이민자 출신인 크래머 박사(Fritz Kraemer; 이등병. 1908-2003)의 강연을 듣게 되었다. 미국이 나치와 전쟁을 치러야 하는 이유를 주제로 한 강연에 감명을 받은 키신저는 크래머 박사에게 편지를 써서 자신도 뭔가 도움이 될 만한 일을 할 수 있기를 바란다는 의견을 표명하였다. 키신저의 지적 능력을 간파한 크래머 이등병의 추천으로 키신저는 사령관의 통역으로, 그 다음에는 훈련학교의 강사로 일할 수 있게 되었다.

마침내 키신저는 하버드 대학에 들어가 외교정책을 공부하였다. 20년이 지나고 나서 키신저는 미 국무부의 고문으로 명성을 얻어가면서 정계에 입문할 기회를 노렸다. 당시 미국은 존슨 대통령이 집권하던 시절이었고, 베트남 전쟁의 종결을 위한 파리평화협상이 진행 중이었다. 차기 대통령 후보로 선출된 닉슨은 선거에 커다란 영향을 미칠 파리평화협상의 진척을 알고 싶어 했다. 이에 키신저는 정보 수집이 가능한 인맥과 접촉하여 극비리에 닉슨과 이야기를 나누게 되었다. 키신저는 첫째, 베트남에 대한 닉슨의 새로운 인식을 언론에 발표할 것, 둘째, 조만간 존슨 대통령이 월맹(당시 베트남 공산 정권. 이북에 위치)에 대한 폭격을 중단하라는 명령을 내릴 가능성이 높다는 점, 셋째, 마침내 파리평화협상에서 월맹에 대한 폭격 중지 명령에 대한 이야기에 결착이 났다는 점을 시간의 흐름에 따라 차례대로 정보 제공을 하였다. 미국 정부가 극비로 삼은 정보를 대통령 후보인 자신조차 입수하지 못하였는데, 한낱 개인에 불과한 키신저라는 인간이 손에 넣었다는 사실에 닉슨은 놀라움을 금치 못하였다. 키신저가 제공한 정보 덕분에 닉슨은 선거 종반의 며칠 간 언론 대응에 실수를 하지 않을 수 있었다. 1969년에 닉슨이 대통령으로 당선되자 키신저는 대통령 안보 보좌관으로 임명되었다. 그는 정보야말로 협상의 강력한 무기임을 절감하고 이후 철저히 활용하였다.

닉슨은 반유대성향이 강한 인물이었기에 키신저는 자신이 언제 팽 당할지 모른다는 생각에 정부 안에서의 자신의 지위를 공고히 다지기 위하여 정보 독점의 자리를 만들었다. 구체적으로는 국가안전보장회의(NSC: National Security Council)를 재편하였다. 그때까지의 NSC는 30명의 인력으로 구성되었고 그 중 8명은 박사소지자의 엘리트집단이었지만, 역할은 어디까지나 행정부 각 부처와 백악관 간의 조정에 그쳤다. 키신저는 여기에 세계지역별 담당부서를 신설하였고, 중대 사건이 돌발할 때는 특별그룹을 결성하여 자신이 의장역할을 수행하였다. 이처럼 키신저는 조사, 기획, 위기관리, 분석을 맡은 각 그룹에서 올라온 일체의 정보를 통제하는 자리에 앉음으로써 개인 차원에서 그를 능가하여 정보를 입수할 자가 없게끔 만들었다.

키신저 협상술의 화룡점정은 미국과 중국(당시 중공) 간 화해협정에서 엿볼 수 있다. 냉전의 껄끄러운 관계를 해소하기 위하여 폴란드 바르샤바에서 130회에 걸친 회담을 열었으나 아무런 소득 없이 끝났다. 난관은 대만과 미국 간 관계 정리, 중국이 국유화한 중국 내 미국자산의 처리, 미국에서 동결된 중국자산의 반환, 중국에 투옥된 미국인 석방 등의 산적한 과제를 어떻게 풀어나갈 것이냐 하는 점이었다. 키신저는 양국 화해의 방안을 이데올로기 관점이 아니라 지정학적 관점에서 바라보았다. 중국과 러시아(당시 소련)는 6,400㎞에 걸친 국경선으로 대치하고 있는 상황인데, 러시아가 국경 경비 병력을 증강시키고 있었다. 이에 중국으로서는 어떤 식으로든 대항 조치를 취해야 했다. 그 조치로서 미국카드를 꺼내든 것이었다. 바로 36계 병법 중 제23계의 원교근공(Befriend the distant states while attacking the nearby ones) 전법을 활용한 것이었다. 마찬가지로 미국도 러시아에 대한 위협 카드로서 중국과의 관계 개선을 노렸다. 바로 지정학적 관점에서 힘의 균형을 노린 키신저의 전략이다.

키신저는 지금까지 미 국무부 관료들이 주도한 중국과의 협상을 신뢰하지 않았다. 관료 근성과 관행에 얽매인 자세가 협상에는 효과적이지 않다고 보았기 때문이다. 키신저는 닉슨에게 비밀 경로를 통한 협상 방식을 채택할 것을 제안하였다. 공식 경로에 의한 협상이 실패로 돌아갈 경우에 받게 될 닉슨 정권 및 국가적 위신의 문제를 피해야 했다. 키신저는 지인을 통해서 중국 측과 접촉을 하였다. 중국 측은 중국전문가로 활약하고 있던 저널리스트 에드거 스노(Edgar Snow: 1905-1972)를 국경절에 초대하여 모택동(마오쩌뚱)과 함께 기념퍼레이드를 관람하게 함으로써 긍정적 표시를 하였다. 답례 차원에서 닉슨은 타임지와의 인터뷰에서 국제사회에서 중국의 역할을 강조하였다. 향후 10년은 무리일지 몰라도 20년 정도 경과하고 나면 상황은 크게 호전될 것이며, 자신이 죽기 전에 꼭 하고 싶은 일이 있다면 중국을 방문하는 일이고, 당대에서 어렵다면 자식 세대에 가서라도 갔으면 한다는 희망을 표출하였다. 그리고 UN 창설 25주년(1970년)을 축하하기 위하여 워싱턴을 방문한 파키스탄의 야히아 칸(Yahya Khan:1969.3-1971.12 재임) 대통령에게 닉슨은 미국의 열의를 중국에 전해달라고 부탁하였다. 그 다음날에는 루마니아 대통령을 위한 만찬회에서 루마니아의 우호국으로서 중국의 명칭을 중공이 아니라 정식 명칭인 '중화인민공화국'으로 처음 호칭하였다. 이처럼 수많은 우호적 의사표시를 주고받으면서도 공식적으로는 양국은 적대관계이며 국무부 등의 행정 관료들은 중국의 UN 가입을 저지하는 움직임을 취하였다. 중국의 인민일보는 이러한 미국의 태도를 맹비난하였다. 마침내 주은래(저우언라이: 1898-1976) 총리는 미국 특사를 중국으로 초대한다는 메시지를 비밀 경로를 통하여 닉슨에게 전하였다. 초대장에는 '대만의 명도 문제(대만에서 미군이 철수하는 일)를 협상하기 위해서 미국 특사를 초대한다.'는 글귀가 있었다. 이는 주은래 메모가 새어나가든가 아니면 미국이 뒤통수를 치더라도 특사 초대는 어디까지나 대만을 중국 영토로 복귀하기 위한 목적에서 이루어졌을 뿐, 양국의 화해를 위한 것이 아니었다는 점을 내외에 밝히기 위한 주은래의 신의 한 수이었다. 이에 키신저도 답신 편지에 미국정부의 문양과

표지 상단의 표기(letterhead)가 들어있지 않은 일반 제록스용 백지에 타이프로 글을 치고 서명조차 하지 않았다. 이렇게 하여 양국 모두 어떤 방향으로 만남이 전개되고 어떤 결말을 맺더라도 자신의 입장이 난처해지지 않도록 빈틈없는 대응을 하였다.

미국의 정계와 재계는 중국을 극좌혁명의 원흉으로 보고 있었기에 중국과의 관계를 적대에서 화해로 전환시키려는 움직임이 노출될 경우에 이를 탐탁지 않게 보고 방해공작을 벌일 것이 분명하였다. 따라서 단번에 철저한 결말을 보는 작전을 전개해야만 수포로 돌아가는 참사를 막을 수 있었다. 1971년 7월 1일, 키신저는 앤드류 공군기지(Andrews Air Force Base: 워싱턴DC에 인접한 매릴랜드 주의 캠프 스프링스에 위치)를 출발하여 베트남의 사이공, 태국의 방콕, 인도의 뉴델리, 파키스탄을 방문한다고 발표함으로써 중국과의 협상이라는 진정한 목적을 철저히 숨겼다. 마지막 공식 방문국인 파키스탄에 도착한 키신저는 복통을 호소하였다. 증상이 점점 심해지자 야히아 칸 대통령은 자신의 산장에서 요양할 수 있도록 조치하였다. 주 파키스탄 미국대사관조차 이 복통이 꾀병이라는 사실을 전혀 감지하지 못하였다. 이 산장에서부터 키신저의 모습은 언론에 노출되지 않았고, 그는 중국으로 날아가 닉슨의 중국 방문을 위한 협상을 주은래와 전개하였다(矢部正秋, 2015: 191).

키신저를 만난 주은래는 미국은 물론 키신저에 대해서도 상세히 알고 있었다. 총 17시간에 걸친 협상에서 공동발표 초안을 둘러싸고는 팽팽한 신경전이 전개되었다. 닉슨의 중국 방문이 양국 중 어느 쪽의 요청에 의한 것인지, 방문 목적은 대만 문제를 논의하는 데에만 있는 것인지의 여부 등에 대해 한 치의 양보도 없었다. 그러나 베이징 오리(peking duck)가 요리로 나온 점심을 먹으면서 분위기는 바뀌었다. 주은래의 농담으로 협상 석상의 긴장을 풀어나가면서 서로가 협상의 목적에 대해 차분히 생각해볼 분위기가 형성되었다. 중식 후 1시간이 채 경과하지 않은 시점에서 주은래는 닉슨의 방중 시기를 다음해 여름으로 하자는 기습 제안을 하였다. 협상을 성공리에 마무리하고 싶다는 양측의 심리적 압박감이 작용하여 결국 이 예비회담은 무사히 종료되었다.

⑤ 유대인과의 협상 사례

네덜란드의 전자제품 수입상(유대계)과 일본의 시계제조업체와의 무역 계약 건을 실례로 들어보자. 양자의 무역 계약 내용 중에 클레임이 제기될 경우 해결 방법으로 중재와 소송 중 어느 것을 선택할 것인지, 그리고 그 관할지를 어디로 할 것인가 하는 문제가 있었다. 유대계 수입업체 입장에서는 중재를 일본에서 행할 경우에는 2년 정도의 긴 시간이 소요되는 만큼, 타국에 와서 중재 대응을 하는 데는 적잖은 비용이 지출된다. 일본 체재비와 준비비만으로도 2천만 엔 정도는 날아간다. 그렇다고 중재 관할지를 네덜란드로 하려면 이번에는 일본수출업체가 반대할 것이 분명하다. 이 때 유대인 수입업자가 제안한 것이 바로 관할지는 일본으로 하되, 클레임 해결 방식을 중재가 아니라 소송으로 하자는 것이었다. 그 속에는 일본 법원의 판결을 네덜란드에 갖고 가서 적용할 수가 없다는 점을 알고 있었다는 사실이다.

일본 측은 수입상이 유럽에서 시계를 판매하다가 디자인, 상표, 특허권 등을 침해하여 분쟁이 발생할 경우에도 일본의 수출업체는 일체의 책임을 부담하지 않는다는 내용을 요구하였다. 이에 수입상은 그럴 경우 판매를 조심스럽게 시작할 수밖에 없어서 2-3년간은 소량 수입을 하여 제3자로부터 클레임이 제기될지를 살펴봐야겠다고 응수하였다. 이를 받아들이지 않자, 수입상은 클레임 제기를 당할 경우에 부담해야 할 비용 중 변호사 비용은 자사가 지불하되 제3자에 대한 손해비용은 수출업자가 부담하라고 수정 제안을 하였다. 그조차 여의치 않자, 발생 비용을 50:50으로 반분하자고 하였고, 다시 부담액 중 5천만 엔까지는 일본 측이, 그 이상의 비용은 전액 유대인 측이 지겠다고 하였다. 이마저도 합의에 이르지 못하자, 실망한(척을 한) 유대인 수입상은 수출업체의 부담 상한선을 4백만 엔으로 낮추고, 연간 최소 주문액을 1억 엔으로 보증하겠다고 하였다. 이처럼 일본수출업체가 양보할 수 없는 조항을 끝까지 물고 늘어진 것은, 다른 논의 사항(가격)에서 유리한 조건을 얻어내기 위한 수입상의 노림수가 있었기 때문이다.

네덜란드 수입상은 이 문제의 종결이 여의치 않자 일단 보류하기로 하고 보다 처리가 간단한 다른 문제를 논의하자고 하였다. 즉 계약상의 문제가 발생 시 해결 방법으로서 중재가 별로 바람직스럽지 않은 인상을 받았다고 언급하면서, 일본의 사법제도가 매우 공평하다고 들었으니 소송으로 대신하고 관할지를 일본으로 하면 어떻겠냐는 제안을 하였다. 수입상의 제안에 대하여 일체 거절로 일관하던 일본 수출상은 분쟁조건에 대해 처음으로 수용하였다. 이후 제3자의 클레임에 대해서는 수출상도 책임을 분담하되 그 구체적 액수에 대해서는 그때그때의 상황에 맞추어 협의하자는 조건을 수입상에게 제시하였다. 이러한 일본식의 애매모호한 조건에 네덜란드 수입업자는 주저하였지만 자신의 조언자인 일본인 변호사의 말을 받아들이기로 하였다. 가격 문제에 관한 협상에서 수출업자는 개당 2000엔, 수입업자는 1600엔을 최초 제시하였고, 이후 수출업자 1900엔, 수입업자 1650엔으로 수정안을 내밀었다. 수입업자는 다시 후불(상품이 수입국에 도착한 후 4개월 이내 지급)의 일부 금액을 선불로 해주겠다, 연간 최소 주문액을 1억 엔에서 1억 5천만 엔으로 높여주겠다는 등의 다른 조건을 추가하였다. 시장동향, 경쟁제품의 유럽판매가 등의 데이터를 보여주면서 수입상은 자신의 제안이 합리적임을 강조하였다. 그럼에도 일본 측 협상 파트너 가운데 상무 직책의 인물은 1900엔 이하로는 절대 불가하다는 강경한 태도로 나왔다.

유대계 네덜란드 수입상이 난관을 타개하기 위하여 취한 협상술은 정서적 설득 방법이었다. 자신과 일본수출업자는 오월동주라는 것이다. 수출업자와 장기적 우호관계를 구축하고 싶은데, 수출업자가 말하는 가격수준은 도저히 무리라고 하소연하였다. 자신이 제시한 가격수준으로 동일 품질의 시계를 대만이나 홍콩에서 수입해올 수는 있지만, 그러고 싶지는 않다는 의사를 표명하였다. 끝으로 수입상은 데드라인을 멋지게 제시하였다. "여기 계약서의 네 칸의 공란에 1720(엔)이라는 숫자를 넣겠습니다. 이렇게 해서 계약 협상은 모두 끝났습니다. 이제 남은 일은 귀사가 이를 수용할 것이냐 말 것이냐를 결정하는 일뿐입니다. 저희는 이제부터 호텔로 돌아가서 귀국 준비를 마치고 2시간 후에 다시 이 자리로 돌아오겠습니다. 그 때 양자가 웃는 얼굴로 계약서에 서명할 수 있기를 간절히 희망합니다." 수입상은 결렬전술(Dead Lock), 36계 병법에서 말하는 주위상(走爲上. Running away is the best strategem)을 마지막으로 써먹었다. 그의 이러한 결연한 자세는 더 이상의 양보는 없다는 뜻을 상대에게 전함으로써 심리적 효과를 발휘하였다. 호텔에서 다시 협상장으로 돌아와 보니 일본 측 상무는 무슨 수작을 부리려는 게 아니냐는 의심의 눈빛을 보냈지만 일본 측 사장은 받아들이기로 했다.

그 후 3년간 무역거래는 순조로웠다. 그런데 미국기업이 시계 디자인이 자사 제품과 유사하다는 클레임을 걸었다. 이에 수입업자는 일본인 자문변호사에게 조사를 의뢰하였는데, 뜻밖의 사실을 알아냈다. 예전에 일본수출업자는 미국기업의 주문을 받아 여행용 시계를 납품한 적이 있었다. 그런데 이번 네덜란드 수출용 시계가 당시의 금형을 사용하여 제작되었다는 사실이다. 색상이나 디자인이 다소 차이가 있기는 하지만, 동일한 금형을 사용하였기에 전체적인 느낌이 비슷하였다. 미국기업은 네덜란드 수입상에게 판매의 즉각 중지 및 손해배상금 10만 달러를 청구하였다. 수입상은 즉각 판매 중지에 응하였고, 손해배상은 수출업자와 상의하겠다는 답변을 보냈다. 그런데 수출업자와 수입업자 간에는 2억 엔에 달하는 거래대금의 미지급 건이 남아 있었다. 이 문제의 해결 방안으로 일본수출업자는 오사카 법원에 소송을 제기하기로 수입업자 대리인인 일본인 변호사에게 통지하였다. 일본인 변호사는 이에 대하여 일본 법원에서 원고 승소 판결이 나온다고 하더라도 일본 외교부를 거쳐서 네덜란드의 외교부를 경유하여 다시 네덜란드 법원으로 전달되기까지는 여러 단계를 거쳐야 하므로 송달에만 수개월이 걸릴 것이라고 응수하였다. 게다가 네덜란드에서 다시 소송을 마치기까지 수 년간의 시간이 흘러야 한다는 점도 덧붙였다. 변호사의 답변을 불신한 수출업자는 다른 변호사에게 의뢰하여 네덜란드 법원으로 소장을 접수시키려 하였으나 3개월이 경과하고 나서도 송달이 완료되지 않자 그제야 수입업자 대리 변호사의 말을 믿기 시작했다. 네덜란드 법원에서 원고 승소 판결이 나더라도 수출업자는 한 푼의 대금도 돌려받을 수 없다고 수입업자 대리 변호사는 설명하였다. 이유는, 네덜란드의 세금이 매우 낮아서 많은 회사들이 페이퍼 컴퍼니를 네덜란드에 세우고 있고, 유대인 수입상도 마찬가지란다. 따라서 유령회사에 돈이 있을 리 없으니 회수가 막막한 것이다.

이 분쟁의 결과는 유대인의 화해안이 받아들여지는 것으로 끝맺었다. 유대인 수입상은 자신의 평판도 손상을 입었고, 수입을 통한 기대수익이 물거품이 된 만큼, 수출업자가 미국업체와 유사 디자인 분쟁 건을 마무리 지으면 미지급 대금의 일부를 지급하겠다는 내용이다. 수입업자가 입은 손해액의 산정을 어떻게 할 것인가에 대한 이견이 있었지만, 수입상이 수출업자에게 4천만 엔을 지급하는 것으로 최종 결착이 났다. 환언하면, 수입상이 유사 디자인 침해 건으로 입은 기대이익 상실 등의 손실 규모가 1억 4천만 엔으로 인정받은 셈이어서 유대인 수입업자의 완승으로 협상은 끝을 본 것이다.

이 협상 사례의 시사점은 정보 입수에 금전적 지출을 아끼지 않은 자와 그렇지 않은 자 간에 어떤 결과의 차이가 초래되는지를 극명하게 보여준 점이라고 하겠다. 탈무드에 이러한 글귀들이 있다. "남용해서는 안 될 것이 세 가지 있는데, 소금과 (빵을 만드는데 필요한) 이스트, 그리고 주저함이다.", "성공의 문을 열기 위해서는 앞으로 밀든가 뒤로 당기는 수밖에 없다."(矢部正秋, 2015: 240). 유대인 방식의 협상술을 간단히 정리하면, 첫째, 정보를 소중히 한다. 투입하는 금액과 정보의 질은 비례한다는 점을 명심해야 한다. 둘째, 대국관을 지녀야 한다. 거시적 국면을 관망할 수 있는 자만이 급류에 휘말리지 않을 수 있다. 셋째, 온건한 협상 방식을 우선 적용한다. 모든 온건한 방식을 동원하고도 소용이 없을 때 비로소 강경책을 쓰도록 할 것이며, 이 경우 자신도 손실이 적지 않다는 점을 염두에 두어야 한다. 넷째, 냉철한 자세를 유지한다. 감정을 최대한 억누르고, 자신의 득실을 엄정하게 계산해가며 협상에 임해야 한다. 다섯째, 농담을 적절히 구사한다. 결국 협상도 사람끼리의 작업인 만큼, 치열한 협상일수록 협상 당사자의 풍미와 협상장의 분위기를 돋우기 위해서 유머를 적절히 활용할 줄 알아야 한다(矢部正秋, 2015: 267-268).

(2) 중국 고전의 협상술

Sun(1991), Fang(1999)에서 소개된 36계 병법은 명(ming)나라 말기에서 청(qing)나라 초기 무렵의 어느 학자가 'Secret art of war : Thirty-six strategies'라는 명칭으로 작성한 것으로 알려져 있는데, 총 138문자로 이루어져 있고, 각 병법의 표현은 음양의 대구를 보이고 있다. 제 1-6계는 아군이 유리할 때 활용하는 병법(to be used when being superior), 제 7-12계는 대치 상황에서 활용하는 병법(to be used for confrontation), 제 13-18계는 아군이 공격할 때 활용하는 병법인 공전계(攻戰計: to be used for attack), 제 19-24계는 혼돈 상황에서 활용하는 병법인 혼전계(混戰計: to be used for confused situations), 제 25-30계는 유리한 발판을 마련하고자 할 때 활용하는 병법(to be used for gaining ground), 마지막 제 31-36계는 아군이 불리한 상황에 처해 있을 때 활용하는 병법(to be used when being put in an inferior situation)이다.

제 1 계 만천과해(瞞天過海) Man Tian Guo Hai

Cross the sea without heaven's knowledge

일본의 다카라주조(寶酒造)가 기존의 일본주 사업에 더하여 맥주사업에 손을 대었을 때, 선두기업들은 다카라주조의 맥주사업 인허가 소식을 지자체를 통하여 알게 되었다. 다카라주조의 신사업 개시 시점에 맞추어 선두기업들은 신상품을 출시하고 광고, 판촉 활동을 활발히 전개하여 신규 진입한 기업을 결국 시장에서 철수시키는데 성공하였다. 이러한 참담한 실패를 목격한 산토리는 공장용지의 취득, 제조기계의 발주, 유럽맥주제조사와의 제휴 등 일체의 움직임에 위장 전술을 펼쳤다. 서류에는 '스타인베거'라는 암호명을 사용하여 독일에 연구 개발을 목적으로 직원을 유학시켰다. 회사는 해당 직원의 가족들에게는 위스키용 맥아를 연구하러 간다고 말하도록 지시하였다. 사내에서는 맥주의 '맥'자도 쓰지 않았다. 모든 준비가 완료되자 공장설립의 신고서를 세무서에 제출하고, 용의주도한 기자회견을 제국호텔에서 열었다. 기자들은 여기까지 오는데 기밀을 철저히 유지한 산토리의 주도면밀함에 혀를 내둘렀다(安恒理, 2018: 144-145). 경쟁사에게 자사의 움직임을 포착당하지 않고 바다를 건너는 솜씨가 결국에는 삿포로맥주를 제치고 맥주사업에서 3위의 자리로 오를 수 있게 한 원동력이라고 말할 수 있다.

제 2 계 위위구조(圍魏救趙) Wei Wei Jiu Zhao

Besiege Wei to rescue Zhao

자신이 힘의 우위에 서서 협상을 진행할 수 있다고 하더라도 상대방을 직접 압박하는 방법을 취하기에 앞서 보다 지혜롭게 문제를 해결할 수 있는 우회적인 방법을 모색하는 것이 바람직하다. 대기업과 중소기업간, 부모와 자식 간에는 협상력의 불균형이 심하여 한편이 상대편을 물리적인 압력으로 제압하려 들기 십상이다.

제 3 계 차도살인(借刀殺人) Jie Dao Sha Ren
Murder(Kill) with a borrowed knife

악역을 맡은 사람은 협상할 때 상대방의 허점과 약점을 상대방의 기분을 생각하지 않고 무차별적으로 지적하는 반면, 선한 역을 맡은 사람은 상대방을 생각해 주는 척 하면서 악역을 담당한 자기편을 말리기도 하고 또 상대방을 달래가며 협상을 진행시켜 결국 자신의 체면도 세우고 당초 의도도 달성하는 전략이다.

제 4 계 이일대로(以逸待勞) Yi Yi Dai Lao
Wait leisurely for an exhausted enemy

상대방을 홈그라운드에 불러들여 여유를 갖고 상대방이 지치기를 기다린 다음 마음이 조급해지고 지친 협상 상대를 대상으로 자기에게 유리하게 협상을 진행하는 것이다.

제 5 계 진화타겁(趁火打劫) Chen Huo Da Jie
Loot a burning house

제 6 계 성동격서(聲東擊西) Sheng Dong Ji Xi
Clamour(Make noise) in the east but attack in the west

제7계 무중생유(無中生有) Wu Zhong Sheng You
Create something out of nothing

제8계 암도진창(暗渡陳倉) An Du Chen Cang
Openly repair the walkway but secretly march to Chencang
(Advance secretly by way of Chencang)

제9계 격안관화(隔岸觀火) Ge An Guan Huo
Watch a fire (burning) from across the river

협상은 혼자 하는 것이 아님을 명심하고 언제나 조직 내 여론을 수렴하여 합리적인 안이 되도록 해야 한다. 혹시 내부 문제가 발생한다 하더라도 밖으로 노출되지 않도록 조심하는 세심함이 필요하다.

제10계 소리장도(笑裏藏刀) Xiao Li Cang Dao
Hide a knife(dagger) in a smile

구약성경 창세기편 34장을 보면, 야곱의 딸 디나가 스켐 성읍에서 족장 아들에게 겁탈 당하였다. 족장 아들은 야곱 딸과 결혼하고 싶어 했고, 족장은 혼주로서 야곱에게 청혼을 하였다. 이에 야곱은 할례를 한다면 청혼을 받아들이겠다고 역제안 하였다. 할례 후 사흘이 지나 아직 아파하고 있을 때, 야곱의 두 아들이 성읍으로 가서 남자들을 모두 칼로 쳐 죽여 누이의 복수를 하였다.

제11계 이대도강(李代桃僵) Li Dai Tao Jiang
Let the plume tree wither in place of the peach tree
(Sacrifice a plum to save a peach)

내 편에서는 큰 손실이 없고 상대방에게는 큰 이익이 되어 보이는 것을 택해야 한다.

제12계 순수견양(順手牽羊) Shun Shou Qian Yang
Lead away a goat in passing

'nibbling(small bites)' 전략과 유사한 '덤 얻어내기' 전략이다.

제13계 타초경사(打草驚蛇) Da Cao Jing She
Beat the grass to frighten the snake

협상에서 민감한 사안에 대하여 넌지시 상대방에게 알려주고 상대방의 반응을 탐지하여 대응책을 마련하는 전략이다.

제14계 차시환혼(借尸還魂) Jie Shi Huan Hun
Find reincarnation in another's corpse
(Borrow a corpse to return the soul)

제15계 조호이산(調虎離山) Diao Hu Li Shan
Lure the tiger to leave the mountains(Lure the tiger out of the mountains)

호랑이를 잡으려면 호랑이 굴에 들어가야 한다는 말(入山擒虎)은, 조호이산이 실패했을 때 채택하는 전술이다.

제16계 욕금고종(欲擒故縱) Yu Qin Gu Zong
In order to capture, first let it go
(Leave at large, the better to capture)

욕금고종에 반하는 전략으로 효과를 보는 경우도 있다. 미국에서 같은 일본계 A회사가 사무실 임대업을 하고 있고, 그 건물에 일본계 B회사가 임차하고 있었는데, 임대료를 연체하였다. B사는 경영이 어려웠지만, 최소한의 운전자금은 확보하고 있는 듯 했다. 전화나 서신으로 임대료 지불을 요청해도 곧 지불하겠다는 말뿐 소용없었다. 이 때 법률사무소는 다소 공격적인 방법을 택하도록 권하였다. 모든 사무실 입구의 열쇠를 교체하는 것이었다. 교체 작업은 B사 직원이 모두 퇴근하고 난 한밤중에 진행되었다. 다음날 아침 B사 직원들이 출근하였으나, 사무실에 들어갈 수 없었던 것은 자명한 일이다. 텍사스 주에서는 건물주의 권한이 강하기 때문에 이러한 잠금 조치는 합법적이다. 당연히 B사는 밀린 임대료 전액을 완납할 수밖에 없었다. 참고로 뉴욕 주에서는 잠금 행위가 법적으로 허용되지 않는다(大橋, 2007: 32).

제17계 포전인옥(抛磚引玉) Pao Zhuan Yin Yu
Cast a brick to attract a jade(Toss out a brick to attract a piece of jade)

제18계 금적금왕(擒賊擒王) Qin Zei Qin Wang
To catch(capture) bandits, first catch the ringleader

거의 영향력이 없는 당사자에게 아무리 시간과 노력을 투자해 봐야 후회밖에 얻을 게 없다.

제19계 부저추신(釜底抽薪) Fu Di Chou Xin
Remove the firewood from under the caldron(cooking pot)

약자가 강자를 상대하려면 정면승부가 아니라 강자를 방심하게 만들어야 한다. 자사보다 영업 인력이 2배나 되는 경쟁사의 판매원을 만나게 된 자동차판매원 A씨는 자사 고객이 경쟁사 자동차를 구매하고 싶다고 해서 소개해드릴까 한다는 말을 건넸다. 상대방은 당황하면서 경계심을 늦추지 않았다. A씨는 그 대신, 자사 자동차를 구매하고 싶다는 경쟁사의 고객이 있다면 마찬가지로 소개를 부탁한다고 하였다. 이렇게 하여 몇 번인가 서로 도움을 주고받는 사이로 발전하였고, 경쟁사 판매원은 긴장을 풀게 되었다. 양사 판매원의 협업은 제3의 자동차회사의 판매 실적을 떨어뜨렸고, 협업에 의한 판매 증가분의 상당 부분은 A씨에게 귀속하는 결과를 경쟁사 판매원은 눈치 채지 못하였다(安恒理, 2018: 128-129).

제20계 혼수모어(混水摸魚) Hun Shui Mo Yu
Muddle the water to seize(catch) the fish

제21계 금선탈각(金蟬脫殼) Jin Chan Tuo Qiao
The cicada sloughs its skin
(The golden cicada sheds its shell)

제22계 관문착적(關門捉賊) Guan Men Zhuo Zei
Bolt(Shut) the door to seize the thief

'사냥의 대가인 사자는 작은 짐승을 잡을 때도 최선을 다한다.'는 자연의 진리가 있다.

제23계 원교근공(遠交近攻) Yuan Jiao Jin Gong
Befriend the distant states while attacking the nearby states(ones)

제24계 가도벌괵(假道伐虢) Jia Dao Fa Guo
Borrow the road to conquer Guo
(Attack Hu by a borrowed path)

1955년에 트랜지스터라디오를 개발한 동경통신공업(현. 소니)은 미국의 Bulova 사로부터 OEM 계약의 제안을 받았으나 이를 거절하였다. 이유는 고품질의 브랜드로 성장하려는 자사의 방침과 맞지 않았기 때문이다. 10만 대라고 하는 엄청난 물량의 OEM에 응하였더라면 소니 브랜드의 구축은 어려웠을지도 모른다.

제25계 투량환주(偷梁換柱) Tou Liang Huan Zhu
Steal the beams and change the pillars

단순히 협상 상대가 요구하는 조건만을 가지고 협상에 임하는 대신 적극적으로 상대방에게 대안을 제시(전투 대형을 흐트러뜨리는 충격의 힘)함으로써 협상을 성공으로 이끄는 것이다.

제26계 지상매괴(指桑罵槐) Zhi Sang Ma Huai
Point at the mulberry(tree) but curse(abuse) the locust (tree)

야단을 쳐도 기죽지 않는 직원을 야단침으로써 조직 전체에 긴장감을 조성하는 것이다. 물론 역으로 누군가가 야단을 맞게 되면 그 아래의 직원들은 자신들 대신 방패막이가 되어줄 인물이 있다고 생각해서 기가 빠지는 부작용도 생길 수 있다(安恒理, 2018: 60-61).

만약 협상 진행 과정에서 상대방이 지연 전술로 나왔을 때, 이런 식이면 더 이상 협상을 할 수 없으니 이 자리에서 당장 결정을 내리라고 직설적으로 최후통첩을 한다면, 상대의 반감을 불러일으키고 협상을 교착상태에 빠뜨릴 수 있다.

제27계 가치부전(假痴不癲) Jia Chi Bu Dian
Play a sober-minded fool
(Feign folly instead of madness)

제28계 상옥추제(上屋抽梯) Shang Wu Chou Ti

Lure the enemy onto the roof, then take away the ladder

(Climb up the roof and remove the ladder)

캐릭터상품을 제조·판매하던 어느 업체가 경영이 악화하여 더 이상의 은행융자도 어렵게 되었다. 사장은 이런 실상을 전 직원들에게 밝혔다. 속내는 그만 둘 직원은 할 수 없고, 해보겠다는 정신을 지닌 구성원끼리 한 번 뭉쳐보자는 마음이었다. 그런데 능력 있는 사원부터 사직하는 사태가 벌어졌다. 특히 창업 때부터 고락을 같이 한 오른팔이 그만 두자 사장은 큰 충격을 받았다. 남은 사원들은 능력 미달의 갈 곳 없는 자들이었다. 그런데 이들이 팔을 걷어붙이기 시작했다. 어떤 직원은 판로를 개척하고, 또 다른 직원은 회사의 웹사이트를 리뉴얼하여 영문 페이지까지 작성했다. 그 직원이 영어를 잘 한다는 사실을 사내의 누구도 모르고 있었다. 결국 이 회사는 다시 활력을 되찾고 재건할 수 있었다(安恒理, 2018: 56-57). 위기의식의 공유가 잠재력을 끄집어낸 것이다. 이 사례는 상옥추제의 괄호 안의 상황에 맞다. 즉, 적군을 유인하여 꼼짝달싹 못하게 하는 것이 아니라, 배수진의 상황을 조성하여 아군의 군사들이 죽기 살기로 달려들게 만드는 방책인 것이다.

제29계 수상개화(樹上開花) Shu Shang Kai Hua

Flowers bloom in the tree

협상 타결의 시간에 쫓길 때나 차라리 협상을 중도에 포기하는 것이 낫다고 생각될 때 최후통첩의 수단으로 선별적으로 써야 효과를 볼 수 있다.

제30계 반객위주(反客爲主) Fan Ke Wei Zhu
The guest becomes the host
(Reverse the positions of host and guest)

호랑이를 산에서 끌어내는 데 실패하고 스스로 호랑이 굴로 들어가야 하는 처지라면 주인의 자리를 가로채는 '반객위주'의 전술을 써야 한다. 협상 초기에 주도권을 잃었다고 해서 실패를 단언하기는 이르다.

제31계 미인계(美人計) Mei Ren Ji
The beautiful woman stratagem (Beauty trap)

영업사원 B씨는 납품 상대인 거래처의 신규 담당자가 굉장히 고지식한 인물이라서 차 한 잔도 나누지 않는다는 사실을 알았다. 전화로 면담을 신청해도, 팸플릿을 우편으로 보내도 아무런 반응이 없었다. 담당자에 대한 뒷조사를 통해서 출근 전에 근처 공원에서 조깅을 한다는 사실을 알아냈다. B씨는 눈에 띄는 디자인의 티셔츠를 입고 같은 공원에서 조깅을 시작했다. 담당자와는 역방향으로 조깅을 한지 수 주일이 지난 어느 날 조깅 후 벤치에서 쉬고 있는 담당자 옆에 앉아, "조깅하면서 자주 마주치게 됩니다."라며 말을 걸었다. 단지 그런 간단한 인사만을 할 뿐, 다시 수개월이 지나고 나서야 둘이 아침식사를 하는 자리를 가질 수 있었다. 서로 근무하는 회사의 소재지 등을 묻는 정도일 뿐 다른 사업 이야기는 일체 꺼내지 않은 채 1년 정도 시간이 흐르자 담당자는 B씨의 회사명과 하는 일을 물었다. 그런 뒤 다시 조깅 생활은 지속되었고, 마침내 담당자는 B씨에게 자기 회사에 한 번 놀러오라는 말을 건넸다. 회사 방문 후 다시 수개월이 경과하고 나서 비로소 비즈니스 상담이 이루어졌다. 사업 이야기는 입 밖에 내지 않음으로써 상대방의 경계심을 풀었으며, 시작은 상대의 취향에 맞춘 미인계로 하였다(安恒理, 2018: 152-153).

제32계 공성계(空城計) Kong Cheng Ji
The empty city stratagem (Empty-city scheme)

현대 협상의 전술로는 침묵전술을 생각해 볼 수 있다.

제33계 반간계(反間計) Fan Jian Ji
The counterespionage stratagem
(Turn the enemy's agents against him)

회사가 성장하여 보다 넓은 면적의 건물로 이사를 해야 할 필요성을 느낀 사장은 부동산 건물 매입을 탐색하던 중 매물로 나온 물건을 보았고, 동행한 임원은 시세보다 저렴하니 사는 게 좋겠다는 의견을 냈다. 그러나 급하게 이전해야 할 절박한 상황이 아니었기에 사장은 제안된 가격을 받아들이지 않았다. "그럼 어느 정도의 가격이면 되겠냐?"는 질문이 부동산중개소를 통하여 전달되자, 사장은 "다른 물건들을 살펴보고 있다."고만 답하였다. 수주일이 지나고 나서 다시 5%의 가격 할인 제안이 들어왔고 계약이 성립되었다. 후에 임원은 사장에게 가격할인이 올 것인지를 어떻게 알았냐고 물었다. 친한 사이의 은행 관계자로부터 건물주가 현금이 급하다는 사정을 입수한 덕분이라고 사장은 말했다. 게다가 제2, 제3의 후보 물건도 확보하고 있던 점도 작용하였다(安恒理, 2018: 162-163).

사내의 양대 파벌 중 한쪽의 리더가 자기네 상황이 라이벌 파벌에 흘러들어가는 점을 수상히 여겨서, 어느 날 회식 후 충복 중의 한 명을 같이 택시에 태워 집으로 가면서 은밀한 이야기를 전해주었다. 다음 날 회사에 자기가 그 부하직원에게만 말해 준 내용이 소문으로 퍼진 걸 보고, 이 파벌의 리더는 이중 첩자를 도려낼 수 있었다(安恒理, 2018: 166-167).

제34계 고육계(苦肉計) Ku Rou Ji

The self-torture stratagem

제35계 연환계(連環計) Lian Huan Ji

The stratagem of interrelated stratagems

(Interlaced stratagems)

합종연횡의 전술을 의미한다.

제36계 주위상(走爲上) Zou Wei Shang Ji

Running away is the best stratagem

합의가 안 되고 협상이 교착상태에 빠졌을 때 아예 협상을 결렬시키는 것이다. 물론 완전한 결렬이 아니라 작전상의 후퇴로 볼 수 있다.

(3) 계약 실무

일본기업들은 자국 내 기업 간 거래 시에 작성하는 계약서에 "어떤 문제가 발생할 경우에는 당사자 간에 성의를 갖고 대화에 임하여 이를 해결한다."는 문구를 담는 경우가 흔하다. 이는 계약서를 형식상의 것으로 보고, 거래 당사자 간 신의원칙에 의해 문제를 해결한다는 발상이 기저에 깔려 있기 때문이다. 법률 측면에서 보면, 일본은 유럽대륙법을 차용하여 법체계를 구성하였는데, 대륙법은 민법, 상법 등과 같이 문자에 의해 명확히 규정된 성문법을 구비, 준수한다(菊地正登, 2018: 63). 반면에 영미법은 과거에 법원에서 내린 판례의 축적에 의해 법규범을 제정하였기 때문에, 성문법의 구비가 부족하여 실제 재판을 해보지 않고서는 판단이 서지 않는다.[3] 일신교의 세계관에 입각하여 신의 섭리를 번역한 영미법의 법체계가 이면에 자리 잡고 있다.

해외 거래에서 구매 예정자가 견본품의 송부를 요청할 때 주의할 점은, 견본품에 상당한 제품 정보가 담겨 있다는 점이다. 즉 제품 아이디어, 기업 기밀 등이 새어나갈 우려가 있다는 점에 유념해야 한다. 가령, 견본을 분해(reverse engineering)하여 특성을 파악한 구매 예정자는 계약 체결을 하지 않고 자신이 모방품을 만들

3) 영미법은 계약위반에 대하여 무과실책임을 적용하여, 계약서에는 "다음과 같은 경우에는 책임을 지지 않는다."는 문구를 삽입한다. 반면 대륙법은 계약위반에 대하여 과실책임을 적용하므로, 불가항력에 의한 손실 책임은 별도로 명시하지 않는다(菊地正登, 2018: 65). 아울러 영미법에서는 구두증거 배제원칙을 내세워, 구두상 혹은 메일로 약속을 하였다 하더라도 계약서 내용과 상이할 경우에는 무효가 된다.

어 자국 시장에서 판매할 수도 있다. 이에 대비하여 견본을 송부할 때 기밀유지협약서(Non Disclosure Agreement: NDA)를 첨부토록 한다(菊地正登, 2018: 36).

1) 거래 형태

해외의 거래예정자가 자사 제품을 수입하여 판매하고자 할 때, 단일 거래로 끝나는 단순한 수입업자가 아니라 지속적 거래를 하고자 한다면, 판매대리점이라는 거래형태의 계약을 맺는 것이 보다 적극적인 판촉활동을 요구할 수 있다는 점에서 수출업자에게는 유리하다. 이러한 판매대리점에는 자신이 대금을 지불하고 수출업자(판매자)로부터 제품을 구매하여 책임을 지고 판매를 행하며 재고도 부담하는 Distributor와 재고 부담 없이 판촉활동만을 전개하여 실제 판매량에 대하여 수수료를 받는 Sales Agent가 있다(菊地正登, 2018: 79). 후자의 경우에는 재고 리스크를 떠안지 않는 반면, 판매전략 등에 대해서는 어느 정도 수출업자(판매자)의 지시를 따라야 한다. 또한 후자를 세분하면 영업 대행을 하는 Sales Representative와, 수출업자(물품 소유자)를 대리하여 매매계약을 체결하는 Agent로 나뉜다. Agent의 경우, 그가 매매계약을 대리 체결하게 되면, 수출업자는 해당 제품을 계약 체결의 당사자인 구매사에게 인노해야 한다. 따라서 최종 소비자 계층을 한정하고 싶다든가, 제품 사용에 제약을 가하고 싶다든가 등으로 자사의 요망이나 조건을 붙여 판매하고 싶은 수출업자는 Sales Rep.의 형태로 판매대리인과 계약을 체결하여 최종결정권을 보유하는 게 낫다. 즉 Sales Rep.에게는 판매대리 권한은 부여하지 않고 단순히 고객 소개만을 의뢰할 뿐, 고객에게 판매할지 여부는 자신이 결정하는 것이다. 해외의 판매대리점이 대형업체인 경우에는, 수출업자와 경쟁관계에 있는 타사 제품도 취급하고 있는지를 확인해둘 필요가 있다.

2) 독점판매권

독점판매권을 수입업자에게 부여하면, 수출업자는 최소구매수량 및 금액을 부과할 수 있다. 이 경우, 수출업자가 해당 국가의 다른 유통업체에게 판매권을 줄 수는 없지만, 수출업자가 직접 해당 국가에 판매할 수 있는지에 관해서는 논란의 여지가 있으므로 계약서에 명기하는 것이 바람직하다. 만약 현지의 독점판매업체가 최소수량 및 금액을 이행하지 못할 경우에는, 독점권을 해제하거나 비독점판매계약으로 전환하거나 미이행에 따른 차액을 청구한다는 내용을 계약서에 담을 수 있지만, 계약서 이행은 유연하게 하는 것이 쌍방의 이해관계 면에서 요구된다(菊地正登, 2018: 91).

독점판매권을 부여할 때, 수출업자는 자사와 경합관계에 있는 제품의 취급을 금지하는 내용을 계약서에 기재하지만, 이는 현지국의 독점금지법, 공정거래법 등에 저촉될 수 있으므로 용이한 일이 아닐 수 있다. 또한 경합관계의 범위를 어디까지 잡을 것인지도 고민해보아야 한다. 아울러 현지시장을 몇 개의 권역으로 나누어 권역별로 판매점을 지정하고 싶은 경우에도 사전에 현지변호사와 상담하는 편이 좋다.

3) 지식재산권

앞서 기밀유지협정(NDA)을 계약 문구에 삽입할 필요성을 언급하였지만, 이는 요식행위에 지나지 않을 수도 있다. 최선의 방책은 기밀을 상대에게 공개하지 않은 채 거래를 체결하는 일이다. 가령, 제품의 원료가 화학물질이라면 원료명은 밝힐 수밖에 없지만, 배합

비율, 온도 등을 블랙박스로 해버린다면 어느 정도의 기밀유지가 가능하다(菊地正登, 2018: 103). 무엇보다도 기밀유지의 약속을 지킬 만한 상대방인지를 가늠하기 위하여, 기업 실적과 경영진, 평판 등을 조사하는 일도 소홀히 해서는 안 된다.

4) 대금 결제

수출업자 입장에서는 대금의 선불이 가장 이상적이지만, 그것이 여의치 않다면 최소한 제조원가에 해당하는 금액만이라도 선불 결제를 받아두면 혹시나 모를 수입업자의 대금지급 거절 사태로 인한 피해를 줄일 수 있다. 만약 수출업자가 직접 수출품을 생산하지 않고 위탁생산을 하거나 제조업체로부터 제품을 납품받아 수출하는 경우, 제품의 수출 이행 전에 이미 국내 거래처에 비용을 전부 내지 일부 지불한 상태이므로, 수입업자에게도 주문 발주 전에 대금의 일부라도 지불한다는 조건을 계약서에 삽입하여 위탁생산 내지 납품을 받도록 해두어야 한다(菊地正登, 2018: 121).

5) 계약의 갱신 · 해약

수출업자가 수입업자와 3년 내지 5년의 장기 독점판매권 계약을 체결할 경우, 수입업자의 판매실적이 부진하다면 계약을 해지한다는 조항을 계약서에 넣고 싶은 마음일 것이다. 또는 계약기간을 1년 단위로 하고, 별 다른 문제가 발생하지 않는다면 자동연장 한다는 조항을 넣을 수도 있다.

일본의 어느 산업용기기 제조업체가 유럽의 판매대리점을 통하여 자사 제품을 유럽시장에서 판매해오다가, 경영진이 교체되면서 신 경영진이 현지법인을 설립한다면서 유럽 판매대리점과의 계약갱신을 그만둔다고 통지한 사례가 있다(菊地正登, 2018: 125). 자동갱신을 기대한 현지업체는 이에 분개하여 200억 원에 달하는 손해배상금을 청구하였다. 계약 조건에 비추어도 문제가 없고, 유럽 현지의 법률과 판례를 살펴보아도 수출업자에게 달리 불리한 점이 없었다. 그러나 신 경영진은 재판에 소요될 시간과 비용을 피하기 위하여 화해를 선택하였다. 재판이 최종 종결될 때까지 수년이 소요될 것이고, 그동안 현지변호사 비용으로 수십억 원이 지출될 것이다. 유럽 현지국에는 패소자부담원칙이 있어서, 수출업자가 재판에서 승소하면 변호사 비용의 일부를 상대방에게 청구할 수도 있지만, 패소한 상대가 순순히 비용지불에 응할 리도 없다. 거래상대의 감정과 입장을 배려하여 원만한 계약종료가 이루어지도록 노력하지 못한 아쉬움이 남는 사례이다. 그런 노력의 예로 소액의 보상금 내지 미소진 재고 인수, 계약종료의 유예기간 등의 제안이 있을 수 있다.

6) 현지 법제도

각국은 법률이나 판례를 통하여 판매대리점을 보호하고 있다. 그 중에는 당사자 간 합의 내용에 관계없이 강제적으로 적용되는 강제법규도 있다. 판매대리점의 보호를 금액으로 환산할 경우, 수 년간의 영업이익에 상응하는 규모가 되어 수출업자에게 적잖은 부담으로 작용하기도 한다. 아울러 계약 종료 이후에도 무심코 판매대리점에게 제품 공급을 하게 되면, 계약기간의 갱신 내지 연장으로 간주될 수 있으므로 수출업자의 각별한 주의가 필요하다(菊地正登, 2018: 145).

수출업자는 제조물책임(PL)에 관한 현지법도 살펴보아야 할 것이다. 제품의 결함 혹은 사용상의 잘못으로 제품이 파손되고 사용자가 피해를 입은 경우, 제품 파손에 대해서는 하자담보 책임을 지고, 치료비 등과 같은 사용자 피해에 대해서는 제조물책임이 적용된다. 따라서 제품 사용법을 제대로 사용자가 인지할 수 있도록 표기에도 각별한 신경을 써야 한다. 계약서에 제조물책임보험에 수입업자가 가입할 것을 삽입하는 방법도 가능한 대비법이다. 제품 파손에 대해서 수입업자에게 해당 제품의 가격을 결제 대금에서 공제해줄 수는 있지만, 정상적으로 판매하였더라면 얻을 수 있었던 이익의 손실분까지 보상해 줄 수는 없기 때문에, 계약서에 간접 손해에 대해서는 수출업자의 면책이 된다는 조항을 삽입하도록 한다.

본론에 담기보다는 별첨 자료로 담는 것이 낫겠다 싶은 내용들을 모아서 '부록' 편을 만들어 보았다.

부록 1. 국제비즈니스의 비교

출처: Min Chen, Asian Management Systems; Tomson: London, 1995.

1. 비교 경영

❖ 정의

1) 광의(broad definition)

- 국가간, 문화간 경영시스템, 사업시스템의 유사점과 상이점을 분석하는 작업

2) 협의(narrow definition)

- 국가간, 문화간 경영조직 및 경영관리 제반을 비교

❖ 접근법

1) universalist approach

- 경영이론, 경영관행은 상이한 문화 간에 용이하게 이전가능
- 문화간 유사점을 강조

2) economic cluster approach

- 문화간 유사점뿐 아니라 상이점을 중시

3) cultural cluster approach

- 문화간 태도, 행동의 차이가 경영에 미치는 영향

❖ 목적

- 상이한 문화에서 가장 효과적인 조직의 전략과 구조를 설계
- 상이한 문화에서 인적자원의 가장 효과적 활용

❖ 연구 이유

- 상호의존도가 높아만 가는 세계에서 살고 있기 때문에, 기업경영자는 정치, 경제, 문화, 사업규범의 다양성을 인식해야함
- 다른 것과의 비교를 통해 이해도가 높아짐: 지피지기
- 국가간 교환거래에서 생기는 다양성에 대한 감각과 이해를 개발함

❖ 비교 경영의 모델

1) economic development model

- 제안자: Harbison & Myers(1959)
- 연구대상: 선진국의 산업화
- 결론: 경영 이념은 국가의 경제발전 수준을 반영
- 특징: 경영관행보다는 경영 동향을 분석한 거시적 모델
- 제기한 가설:

i. 산업화의 과정에는 보편적 논리가 있다고 봄

ii. 농경 - 중세 - 산업 - 민주의 4단계로 사회가 옮아감

iii. 각각의 단계에 적합한 경영 시스템이 존재

iv. 국가간 산업발달 수준의 격차가 좁혀지면서, 경영철학과 관행은 유사성을 더해 감. 즉, McGregor의 Thoery Y(참여적, 민주적 경영)가 모든 경영 시스템의 특징으로 자리 잡을 것임

• 평가:

i. 앞서 서론에서 언급한 universalist approach와 별반 다르지 않음

ii. 공통적으로 적용되는 경영시스템에도 국가간, 문화간에 변형이 있을 수 있음. (예) 성과급 제도: 개인 베이스 or 집단 베이스 or 개인과 집단성과의 혼합 베이스

2) environmental model

• 제안자: Farmer & Richman(1965)

• 구성 요소:

i. 외부환경 변수: 교육, 사회, 법률, 정치, 경제, 문화 등

ii. 경영과정 변수: 계획, 조직화, 통제, 지도, 정책결정 등

iii. 경영 효과

iv. 기업 효율성

v. 시스템 효율성

• universalist approach와 비교

i. 보편적 접근법은 외부환경 변수를 제외하였으므로, 블랙박스에서 진행된 연구나 다름없다고 봄

ii. 모든 기업이 놓인 환경이 같다는 전제하에서만이 보편적 접근법은 타당성을 지님

• 단점

i. 산업화가 외부환경변수에 미친 영향을 고려하고 있지 않음. 즉 동태적 모델이 아니라 정태적(static) 모델임

ii. 기업 조직의 내부 역학을 도외시한 채 외부환경 변수만을 과도하게 강조함

3) behavioral model

• 제안자: Davis / Barrett & Bass

• 모델 구성: 3가지로 조작화된 문화 개념

i. national character contour(윤곽)

- 조직 행동의 변수와 관련 있음

ii. 경영자의 태도와 인식

- 주요 경영 개념과 활동에 대한 인식

iii. 사회의 지배적 신념, 욕구 계층, 가치 시스템

• 단점

i. 문화가 아닌 다른 외부요인, 가령 정치, 경제적 여건, 지리적 거리, 기술 등이 국가 간 기업경영의 차이점을 설명할 수도 있음

ii. 조직 효과의 측정을 간과한 점

iii. 연구 도구가 미국 내에서만 개발, 검증되었다는 점

4) open systems model

• 제안자: Negandhi & Prasad

• 기존연구에 대한 비판:

i. 만약, 환경변수와 문화변수가 경영관행의 주된 결정인자라고 한다면, 동일 문화권 내의 엇비슷한 성격의 기업 간에는 경영 관행에 유사성을 보일 것임

ii. 그러나 실제로는 차이점을 보이고 있음. 가령 미국의 대형 소매유통업체인 Montgomery Ward와 Sears-Roebuck 간에는 경영관행에 차이점이 있음

• 구성 요소

i. 경영철학

- 종업원, 소비자, 공급업체, 주주, 정부, 지역사회에 대한 경영태도

ii. 외부환경 요소

iii. 경영 관행

- 계획, 조직화, 지도, 통제

iv 경영 효과

v. 기업 효과

• 주장

i. 경영관행은 문화, 외부요소뿐 아니라 경영철학에도 의존함

ii 경영철학은 문화, 외부환경의 산물이라고만 볼 수는 없음

iii. 외부환경은 경영관행뿐 아니라, 경영 효과 및 기업 효과에도 직접적으로 영향 미침

iv. 환경의 3대 종류

- 조직환경: 조직풍토, 규모, 인적자원, 자본, 기술. 경영자의 통제 하에 있음

- 과제환경: 정부, 지역사회, 소비자, 유통업체, 공급업체, 종업원, 지주
- 사회환경: 거시 환경

• 단점

◦ 경영철학에 비해 문화의 중요성을 낮게 봄

• 평가

◦ environmental model과는 상호보완적 관계라고 봄. 즉, 국가, 문화별로 양 모델의 상대적 중요도가 다름

• Contingency Model

i. 개방시스템 모델의 하나로서, Lorence & Lorsch가 제안

ii. 경영시스템은 인간의 성격, 과제의 성격, 환경의 성격과 상응해야 한다는 논지임

2. 비교경영과 문화

1) 홉스테드의 연구

• 문화를 4개의 척도로 조작화: 권력 간격, 불확실성 회피, 개인주의, 남성주의

• 연구 목적

- 서양의 경영이론들이 보편적 적용가능성을 지니는지 확인

• 연구 결과
- 리더십, 동기부여, 의사결정의 원칙은 보편적 적용 가능
- 그러나, 그 성패는 현지문화와 작업환경에 경영자가 적응할 능력이 있는지에 달려 있음

2) Adler의 연구

❖ 리더십 이론의 적용성
ⅰ. 검토 이론
- 맥그레거의 이론X vs 이론Y, 리커트의 시스템4, 블레이크&무톤의 매니지리얼 그리드
ⅱ. 결론
- 미국 경영자와 학자들이 권장하는 참여적 경영모델은 많은 타문화권 국가에서는 적절치 못함
- 가령, 권력간격이 높은 나라(중국, 일본)의 종업원은 상사가 지휘하기를 기대하고, 자의적 의사결정권의 위임을 불편해 함

❖ 리더십 이론
① McGregor Theory X, Y
• X: 인간은 타율적 존재라서 명령을 받아야 함
• Y: 인간은 자율적 존재라서 자발을 유도해야 함
② Likert System4
• 리더십과 의사결정의 결합에 의해 조직시스템을 4가지로 분류
• 집단중심적 리더십과 참여적 의사결정의 결합인 시스템4가 가장 이상적이라고 봄

③ Blake & Mouton Managerial Grid (관리격자)

• 제품에 대한 관심, 인간에 대한 관심의 정도를 각각 9눈금으로 설정하여 (9.9) 눈금의 격자를 가장 이상적 리더십으로 봄

• 동기부여 이론의 적용성

i. 검토 이론

- 매슬로의 욕구단계설, 맥클리랜드의 3대 동기론, 허즈버그의 위생요인/동기부여 요인론, 브룸의 기대이론

ii. 결론

- 불확실성 회피가 높은 국가(중국, 일본)에서는 안전욕구가 자아실현욕구보다 동기부여로 크게 작용함
- 기대이론의 논리는 납득이 가지만, 문화권에 따라서 동기를 유발하는 보상의 유형에 차이가 있음. (예) 일본에서 보상을 승진의 형태로 할 경우, 동료들과의 조화라고 하는 소중한 가치에 금이 가서 성과에 지장을 줌

❖ 동기부여 이론

① Maslow Needs Hierarchy

• Physiological needs
• Safety needs
• Social needs
• Esteem needs
• Self-actualization needs

② McClelland Three Motives

• Need for achievement

- Need for power
- Need for affiliation

③ Herzberg Two Factor Theory

- Hygiene factor
- Motivator

④ Vroom Expectancy Theory

- Motivation : Valence x Instrumentality x Expectancy
- Valence ; 보상에 대한 선호도. 좋아하면 +, 무관심하면 0, 싫어하면 -
- Instrumentality ; 결과 달성 시 보상이 주어질 가능성
- Expectancy ; 노력에 의한 결과의 달성가능성
- 의사결정

문제인식, 정보탐색, 대안구축, 선택, 실행의 5단계별로 문화 간 차이가 있음을 발견

i. problem recognition

- 상황 수용형 경영자: 운명, 신의 뜻을 받아들임
- 문제 해결형 경영자: 자신의 노력을 더욱 믿음

ii. information search

- 감각자(senser) : 오감을 사용. 연역적
- 직관자(intuitor) : 과거와 미래에서 나온 아이디어에 기초하여 검색

iii. contructing alternatives

- 미래지향적 문화: 참신한 대안을 많이 구축
- 과거지향적 문화: 역사상의 선례를 토대로 함

3) Child의 연구

- 결론

i. 조직구조, 기술 등과 같은 거시적 차원의 변수에서는 문화간 유사성이 더해가고 있음

ii. 인간의 행동과 같은 미시적 차원의 변수에서는 문화마다의 고유한 정체성을 유지하고 있음

- 시사

i. 상이한 문화권의 조직 간에는 외부에서 보면 유사성이 있는 반면, 내부 구성원의 행동 양식에는 차이점이 있음

3. 비교 경영과 경영 관행의 이전

1) 비교 경영의 관심

- 비교경영은 보편적 적용가능성을 지니고 있어서 다른 문화권으로 이전 가능한 경영철학, 가치, 태도, 관행에도 연구의 관심을 두고 있음

2) 비교 경영의 주요 연구 대상

- 비교경영 연구의 주류는, universalist의 관점에 입각하고 있음. 즉, 효율적인 경영은 보편적인 원칙, 관행, 기법에 기초한다는 것임
- 환원하면, 80%의 연구가 미국학자가 미국을 대상으로 한 것이고, 문화를 연구 개념으로 다룬 논문은 전체의 5% 미만이며, 직장에서 상이한 문화에 속하는 종업원 간의 문제를 다룬 연구는 전체의 1%에도 미치지 못하고 있음

3) 경영 이전의 대상

- 기술적 차원의 경영
  - 문화 차이가 주는 영향력으로 인해 타협되는 일이 드묾
- 행동적 차원의 경영
  - 문화 차이가 주는 영향력이 명백함

4) 비교 경영 연구의 문제점

- ethnocentrism
  - 다른 문화권의 기업들은 서양식 모델에 따라야 한다.
- 이론적 토대의 결여
  - 보다 큰 틀 속에서 모형의 검증이 이루어지고 있지 않다.
- 문화의 변용에 대한 혼란
  - 국가 간 유사점, 국가 내의 문화적 변용 등을 간과
- 단일 연구방법에 의존
  - 인터뷰, 참여적 관찰, 행동 시나리오 등의 방법 활용은 저조한 채 설문지 방법에 크게 의존
- 1개국 연구에 편중
  - 연구 결과를 다른 국가에 결부시키지 않은 채 1개 국가에서의 상황만을 연구
- 특정 문화권에 대한 과도한 집중
  - 일부 서양 국가와 일본에 집중할 뿐, 동아시아 등 다른 국가에 대한 연구 부족

4. 국제비즈니스와 사상

- 일본이 1980년대 말에 이르러, 전 세계 금융 자산의 40%를 통제하면서 세계 제1의 채권국으로 등장하고, 반면 미국은 세계 최대의 채무국으로 전락하면서, 아시아의 경제개발 모델이 주목받음.
- 아시아 경제개발 모델의 특징은 첫째, 수출 확대, 둘째, 정부 개입, 셋째, 높은 저축률임.
- 여기에서 중추적 특징은 정부개입이라고 봄.
- 정부가 경제개발 계획을 세우고, 수출을 장려하여 산업자본의 배분을 수출실적과 연계시키고, 국민들에게 소비보다 저축이 미덕임을 주입.

- 서양 학자들은 아시아 경제개발을 유교 사상과 연계시킴
- 정부의 리더십: 중앙집권식 왕도 정치
- 합의 형성: 집단주의 사상
- 교육 강조: 백년지계. 학이시습지 불역열호
- 근무 윤리: 근면, 성실, 정직

1) 베버의 논제

- 서양에서 자본주의의 대두와 기독교 윤리 간의 연계를 제안
- 인간의 행동을 연구하면, 종교적 신념과 경제 행동 간에 관계가 있다고 주장

• 이는 의도적으로 종교적 신념을 경제 활동에 적용한다는 것이 아니라, 무의식중에 전이시킨다는 것임

- Habermas(독일학자)의 베버 이론 발전에 대한 기여

• 세계관의 핵심 개념 2가지

i. 신 중심의 사상(theocentric): 신과 인간의 일체(유대교, 기독교)

ii. 우주 중심의 사상(cosmocentric): 우주와 인간의 일체(불교, 힌두교

iii. 속세지향형 우주사상 (world affirming cosmocentrism): 선험적(경험을 초월한) 세계관이 아님(유교)

- 베버가 말하는 기독교 사상의 특징

• 신과 개인 사이의 일체의 중산 매개체를 저버리는 인격을 배양시킴

• 즉 개인에 대한 존엄감으로 개인주의가 형성. 개인주의는 자신이 옳다고 생각하는 방향으로 환경을 변화시킬 수 있다는 개인의 노력을 믿고, 강한 근로 윤리를 갖고 있음

- 베버가 보는 유교 사상

• 환경을 변화시키기 보다는 수용하거나 환경에 적응할 것을 권장

• 인간과 사회의 조화로운 연결

- 서양 학자들의 유교관

• 근대화와 안 맞는 것

① 이유는, 개인주의를 권장하지 않기 때문임
② 개인주의는 환경의 개조를 가능케 하는 유일한 주요 인자
- 지나치게 집단 중심적이고, 지침에 의존
- 공격적 인격보다는 원만한 인격 형성을 과도하게 강조
- 전통적 지혜에 지나치게 초점을 맞춤

2) 신 접근법

- 베버의 명제는 1970년대 동아시아 국가들의 부상으로 흔들리기 시작함
- 자본주의 발전을 가로막는 요인으로 비판받던 유교 가치관이 기업가 정신의 발현에 의한 경쟁력 발달을 설명하는데 쓰임
- 베버가 치켜세운 개인주의, 세계에 대한 지배, 자유방임형 경제, 시장 메커니즘, 전문 지식의 추구와 더불어, 다른 형태의 자본주의도 존재할 수 있음을 동아시아 국가의 성공이 입증

- 유교 윤리는 자아를 관계의 중심에 설정
- 자아는 인간관계의 네트워크에서 존엄성을 보임
- 이는, 자아를 고립된 실체로 보고, 독립감을 장려하기 위해 모든 뿌리와 연결고리를 단절해야 한다고 하는 기독교 윤리와 극명한 대조를 보임

- 유교 윤리는 권리보다는 의무를 강조함
- 주변인과 기꺼이 협력하려는 집단의 구성원이 되어야 함
- 자신의 권리를 주장하면, 지역사회의 타인들로부터 혐오와 비

판을 받게 됨

- 반면, 개신교 윤리는 주어진 법적 테두리 내에서 대단히 권리를 의식.

- 사회의식(social ritual) 측면에서 서양 문화가 저의식인 반면, 아시아 문화는 고의식임.

- 서양에서는 규범적인 의식 행동의 발달 정도가 낮음.

i. 올바른 사회적 행동이 무엇인지 모호한 경우가 많음

ii. 이런 모호성은 딜레마에 빠지게 만드는 한편, 관용의 정도를 높여주기도 함.

iii. 즉, 느긋하고 편안한 환경 속에서 다양한 행동 패턴에 대해 상대적으로 관용을 보임

iv. 반면, 지속적이고 굳건한 관계를 구축하는 것이 어려움. 특히 사회의 유동성이 늘어날수록 그러함

- 아시아에서는 고의식 문화로서 인간의 상호작용이 취하는 패턴은 사회가 용인하는 형태를 따르게 됨

i. 태어날 때부터 이런 용인된 패턴을 따라하게 된 해당문화권의 인간은 따라한다는 심각성을 깨닫지 못함

ii. 반면 타문화권의 외국인이 고의식 문화권에 들어오면, 자신의 복장, 걸음걸이, 제스처 등 모든 것이 고의식 문화가 용인하는 코드와 불일치하여 동화(同化)가 매우 힘듦

- 미국 문화가 대심제도(adversary system)를 채택하는 반면, 아시아는 신용사회(fiduciary community)를 채택하고 있음

- 대심제도의 문화에서 인간의 상호작용은 상충하는 이해관계에

대한 평결과 협상을 따르게 됨. 그런 점에서 변호사의 역할이 중요함

- 신용사회의 문화에서는 사회가 공유하는 가치, 신뢰에 몰입-헌신할 것을 요구함

i. 신용사회의 윤리적 경험은 단일하며, 특정한 의식 형태를 공유하고, 오랜 사회화의 역사를 지님

ii. 정부의 리더십과 개입이 필수적임

- 이러한 유교 윤리는 변혁적 잠재력을 내포하고 있기도 함

i. 전통적인 유교 학습에서 이익의 극대화로 초점을 옮기게 되면, 자신의 내적 에너지뿐 아니라, 친척과 친구의 에너지마저 집합적으로 동원함.

ii. 이런 집합적 힘(collective strength)이 아시아 사회의 경쟁 우위임

5. 국가 경쟁력과 사상

1) 이데올로기의 개념 및 구성 요소

- 국가의 성공은 첫째, 이데올로기가 응집력과 적응력을 갖추었을 때, 둘째, 지배적인 이데올로기와 기관의 실제 관행 간에 격차가 극소화될 때 가능한 것임

- 이데올로기와 관행 간의 관계는 일정 기간 동안 표준적 패턴을 고수하여 양자는 일치성을 보임

- 사회가 발달하면서 차츰 기관은 그에 맞게 관행을 바꾸어야

할 것임

- 이렇게 되면 관행은 이데올로기에서 일탈하게 되고, 낡은 관념은 인구에 회자될 뿐 실제의 관행으로서는 자리를 잃게 됨

- 새로운 관행은 자신을 정당화하기 위한 새로운 이데올로기를 창출해낼 것임

- 그러나 낡은 이데올로기가 새로운 관행의 수용을 저해하면서, 기관의 새로운 관행과 낡은 이데올로기 간에 적법성의 격차를 보이게 됨
- 이렇게 되면 지역사회의 지도자가 받는 압박감은 증가함

- 이데올로기가 경영자한테 매우 중요할 수밖에 없는 이유는, 자신의 역할과 권력을 정당화시켜주기 때문임

- 지도자가 지배적 이데올로기에 따라 행동하게 되면 권위를 인정받음
- 그러나 환경이 변화하면 그에 맞게 적응해야 하는 압박을 지도자는 받게 되어, 기존의 이데올로기에서 일탈하게 됨
- 이렇게 되면, 기존의 이데올로기를 고수하려는 자들에게 지도자는 적법성을 상실한 것으로 비추어짐
- 기존 이데올로기의 압박 속에서 변화를 거부한다면 이는 지도자의 비효율성을 가중시킬 따름

2) 개인주의와 집단주의

- Lodge & Vogel은 기존의 이데올로기를 구성하는 요소로서, 개인주의와 집단주의를 꼽고 있음

① 개인주의

• 개인주의는 사회가 원자로 구성되어 있다고 봄

i. 따라서 원자(atom)에 해당하는 개인이 가치의 궁극적인 원천임

ii. 지역사회의 이익은 자기 이익을 앞세운 개인들(특히 소규모 창업가) 간의 경쟁을 통해 충족됨

• 개인주의는 과업의 이행을 개인의 외로운 투쟁에 의존한다고 봄

i. 개인 간에는 적자생존의 경쟁이 벌어짐

• 개인주의와 밀접한 관련을 갖는 것이 동등한 기회와 계약

ii. 양자는 개인들을 하나로 묶는 구실을 함

• 개인의 권리는 절대적 중요성을 지니며, 지적 재산권의 보호가 최선의 방책임

• 자본주의의 번창은 개별 창업가들이 공개 시장에서 개별 소비자의 요구를 충족시키기 위해 경쟁할 수 있을 때 가능함

- 정부의 규모와 역할은 전지전능하려고 해서는 안 됨
  - ◦ 미국의 정부 기관들은 별도로 분리되어 있으면서 항시 균형과 견제를 하고 있음
- 전문가가 부분을 잘 다루면 전체는 저절로 잘 될 것임
  - ◦ 따라서 과학연구는 수많은 전공학문으로 나누어져야 함

- 개인주의 총평

ⅰ. 롯지와 보겔은 개인주의가 19세기 유럽과 미국에서 전통으로부터 급격한 일탈을 촉진하고, 산업혁명에 기여했다고 봄

ⅱ. 반면 20세기에는 경제불황, 전쟁, 새로운 정치/경제 질서, 인구의 증가 및 인구 밀도의 상승, 사회의 양극화, 생태의 악화 등과 같은 문제의 발생으로 도전을 받고 있다고 봄

② 집단주의

- 집단주의는 사회에 대해 보다 유기적 관점을 갖고 있어서, 사회는 개인들의 단순 합계 이상의 것이라고 봄
  - ◦ 따라서 사회는 고유의 욕구와 우선순위를 필요로 함
- 지역사회 전체는 개별 구성원의 욕구를 초월하는 분명한 욕구를 지니고 있음
- 지역사회의 조직화가 형편없으면, 구성원들은 좌절과 괴리감을 느낌

ⅰ. 결과의 평등 / 계층화

◦ 정부는 뒤쳐진 자를 지원함

◦ 사회 구조 안에서의 지위는 신, 왕, 엄격한 시험제도에 의해

정해짐

ⅱ. 합의

개인 간의 관계를 규제하는 것은 계약이 아니라, 합의 (예) 품의 제도

- 일단 지역사회의 목표가 설정되면, 개별 구성원은 전체 목표의 달성을 위해 전력투구하는 것이 의무임
- 기업활동은 지역사회의 욕구와 조화를 이루어야 함
  - 시장의 기능을, 지역사회의 욕구 충족을 위해 기업 활동을 지도하고 밀어붙이는 것으로 봄

- 국가는 지역사회의 욕구를 정의함은 물론 그 충족에도 책임을 짐

ⅰ. 국가는 지역사회의 욕구 충족이라는 기반 위에서 상이한 이해관계 간의 트레이드오프를 해야 함

ⅱ. 국가의 형태는 여러 가지일 수 있는데, 민주적/호의적 형태, 전제적/무모한 형태, 중앙집권적 형태, 지방분권적 형태 등이 있음

- 아시아 정부는 보다 친기업적이라서, 첫째, 제한된 자원을 가장 중요한 산업에 집중하고, 둘째, 일시적 경제의 어려움을 극복하거나 또는 빠른 시일 내에 선진국을 따라잡기 위해 희생할 것을 요구하며, 셋째, 공공 부문과 민간 부문 간의 경계가 흐려지기도 하고, 기업 간의 강력한 연계(재벌, 계열 등)가 이루어지기도 함

- 집단주의는 편협한 과학 전문화보다는 상이한 사물 간의 상호 연관성을 강조함
  - 인간의 발달과 자연의 욕구 간의 조화는 인류 생존의 근본적인 요구사항임

6. 손자의 전략적 사고와 비즈니스

1) 군사 전략과 사업 경쟁

- 춘추 전국 시대는 백가쟁명의 시대로서 학문과 병법의 전성기
- 도교(타오)의 가르침
  - 만물의 근원은 하나이며, 서로 다르지만 상호 연관되어 있어서 마치 동전의 양면과 같음. (예) 사랑과 증오, (예) 쑨빈이 티엔장군에게 해 준 조언: 말 3마리 경주
- 시장은 전장과도 같아서 군사전략은 사업활동의 지침으로 매우 유용함
  - 그러나 양자 간에는 차이점도 있어서, 전쟁은 파괴를 가져오지만, 사업은 건설을 가져옴(construction vs. destruction)

2) 전략의 원칙

- 손자 왈,
- 전쟁은 국가에게 치명적으로 중요하여 생사의 문제이며, 생존과 멸망의 갈림길이므로, 철저히 연구해야 함
- 결국, 신중과 훌륭한 계획이 전략의 원칙에 해당함

- 손자는 전쟁에서 승리하는 방법별로 중요도를 달리하였음
  - 제 1의 우선순위: 전쟁하지 않고 적을 이기기
  - 제 2의 우선순위: 동맹의 힘을 빌려 적을 정복하기
  - 제 3의 우선순위: 벌판에서 싸워 적을 이기기 (공격과 퇴출이 용이)
  - 제 4의 최악의 방법: 성벽 안에 있는 적군을 포위하여 정복하기 (가장 힘든 노력)

- 전쟁에서 승리하기 위해서는 상황에 대한 총체적 파악을 해야 함
  - 지피지기 백전불패
  - 지피지기 및 知환경이면 백전백승

3) 도덕적 영향력

- 부하들로부터 도덕적 지지를 얻어야 함. 그 방법으로는, 부하들의 이익을 보살펴 주고, 자애로운 규칙을 실행하고, 자기 가족처럼 대해야 함
- 그래야만 장군과 부하는 동일한 목표와 곤경을 공유하게 됨
  - 군인은 똑똑하지 않지만 너무도 쉽게 감동하는 존재임

- 기업 경영자는 모든 종업원이 공유할 수 있는 공통의 목표를 설정하는데 최선을 다해야 함
  - 그래야만 기업 구성원 모두가 한 배를 타고 강을 건너는 집단의 일원으로 자신을 생각하게 됨

- 또한 필요할 때 개인적 희생을 기꺼이 치르려고 함
- 그 결과, 기업은 치열한 경쟁에서 살아남고, 경쟁 우위를 완전하게 활용할 수 있음

4) 장군의 능력

- 장군이 갖추어야 할 5가지 자질
- 지혜(智): 환경의 변화를 관찰하고 그에 맞추어 행동하는 능력. 상황을 분별, 판단하는 능력.
- 성실(誠): 부하의 완벽한 신뢰를 얻는 능력
- 자애(仁): 군사들에 대한 깊은 사랑. 군사의 문제에 공감할 수 있는 능력. 군사가 잘 되기를 진정으로 염려하는 마음
- 용기(勇): 주저 없이 기회를 이용하여 승리를 낚을 수 있는 능력
- 엄격(嚴): 규율을 실시하고 벌을 내려 군대가 감히 장군의 명령이나 규칙을 위반하지 않도록 하는 능력

- 훌륭한 경영자는 다음과 같은 자질을 갖추어야 함
- 사업 동향과 기회를 확인할 능력과 폭넓은 지식
- 종업원과 상호 신뢰 구축하여 권한을 위임하고, 부하의 불가피한 실수를 관대하게 대하는 방법을 숙지하여야 함
- 자애로운 리더로서, 부하가 안고 있는 문제를 이해하고, 부하가 잘 되도록 신경 써야 함
- 위험을 안는 결정을 내리는데 주저하지 않으면서 동시에 성급하거나 무모한 결정을 내려서도 안 됨

• 자신이 모범을 보여 엄격한 규율을 적용하고, 벌을 단호하면서도 공정하게 내릴 수 있어야 함

- 장군의 기술적 배경은 훈련에 의해 향상될 수 있지만, 장군의 자질은 쉽게 얻을 수 있는 것이 아님

• 그렇기 때문에, 천군만마보다 훌륭한 장군을 얻기가 더 힘듬

5) 기후와 지형

① 기후

- 기후란 변화하는 계절, 날씨, 기온, 일시를 말함

• 사계절 중 어느 것도 영속하지 않으며, 날의 길이는 긴 날과 짧은 날이 있으며, 달은 차기도 하고 이울기도 함

• 군사 전략상 통제 불가능한 측면이기는 하지만, 훌륭한 장군은 이들 통제 불능 요소를 자기에게 유리한 방향으로 활용하는 방법을 알고 있음

• 전투에 가장 적절한 시간을 선택하고, 나쁜 날씨를 적군에게 불리하게 만듦. (예) 러시아의 쿠즈네초브 장군은, 러시아의 엄동설한을 활용하여 프랑스 나폴레옹 군대를 격퇴

- 기업의 경영자는 경제 기후와 사업 기후를 잘 다루어야 함

• 정치 상황: 정치적 안정, 민족 간 충돌, 전쟁 등

• 경기 순환: 호황, 불황, 스태그네이션 등

• 투자 풍토: 정부 정책, 규제, 인센티브, 기술 상태, 지적재산권 보호, 시장 구조의 변화

• 사회, 문화 요소: 인구동태 및 소비자 태도의 변화 등

• 이상의 사업 환경의 제약에 자사의 전략을 적응시키는 노력을 경영자는 해야 함. (예) 외국정부의 수입대체 정책은, 시장진입을 저해할 수도 있지만, 투자 기회로 활용한다면 폐쇄적 시장에 접근할 수 있음

② 지형

- 지형은 군사 활동의 지역을 가리키는데, 다음의 다섯 가지가 있음
• 첫째, 아군과 적군이 모두 쉽게 들어갈 수 있는 accessible 지형
• 둘째, 들어가기는 쉬우나 빠져나오기 힘든 entangling 지형
• 셋째, 아군과 적군 모두에게 들어가기 불리한 temporizing 지형
• 넷째, 먼저 차지하는 측에게 유리한 precipitous &constricted 지형
• 다섯째, 멀리 있는 지형

- 장군은 이상의 다섯 가지 지형 분류를 극도의 세심함으로 살펴보는 일이 가장 막중한 책무임
• 그 이유는 이런 여건이 전투에서 생사를 가르는 기회를 결정하게 되기 때문임

- 지형에는 전장의 지리적 특성과 전투하려고 선택한 땅의 두 가지 차원이 있음
• 지형은 바꾸기 힘들지만, 훌륭한 장군은 아군에게 가장 유리하

고 적군에게 가장 불리한 곳에서 싸우도록 결정해야 함

- 기업 또한 물리적 변수, 인프라 변수를 다루어야 함
  - 원료, 부품, 저렴하고 양질의 노동력 등의 공급
  - 수송, 통신, 공업용수, 전력 등의 인프라 특성
  - 현지 시장 및 해외 시장에 대한 접근성
  - 이들 통제 불능 변수들은 최적의 입지를 선정한다면 통제 가능한 변수로 바뀔 수 있음. (예) 저렴한 노동력을 원한다면, 개도국으로 생산 활동 이전

- 항시 변화하는 상황에 대처하기 위해서는, 높은 기동성 및 유연성을 확보해야 함
  - 이는 신속한 적응을 통한 변화 대처를 의미함
  - 가령, 소비자의 기호와 우선순위는 경제 상황의 변화와 더불어 바뀔 수 있음. 경제 불황에는 가격 경쟁력이 가장 높은 제품을 선택할 것이고, 경제 호황에는 디자인과 스타일을 중시할 것임
  - 따라서 고정적인 위치도 항상적인 전술도 없다는 점에 비추어, 기업도 그에 맞추어 경쟁 전략을 바꾸어야 할 것임

6) 힘

① 역량 강화의 제 1 방법

- 가장 필요로 하는 지역에 힘을 집중하는 일
- 대기업에게는 규모가 우위일 수 있지만, 이는 조직의 비대와 비효율성을 초래하기도 함

- 중소 규모의 기업은 제한된 자원으로 제약을 받지만, 다음과 같은 조건을 구비한다면, 대기업과 경쟁할 수 있음
  - 재능의 온전한 활용
  - 높은 효율성과 유연성의 유지
  - 틈새시장에서 독특한 제품 개발

② 역량 강화의 제 2의 방법
- 속임수를 쓰는 일

③ 역량 강화의 제 3의 방법
- 스파이를 활용하는 일

④ 역량 강화의 제 4의 방법
- 외부 요소로부터 에너지를 빌리는 일
- 기업의 경우에도, 유리한 외부 환경을 창출하는 일이 중요함
  (예) 공급업체와 우호적인 관계의 유지

7) 원리와 훈련

- 규정과 규칙, 서열 설정, 책임 할당, 조직 구조의 중요성
  - 부하에게 필요한 권력을 위임하는 일
    - 의심 가는 자는 일체 활용하지 않고, 신뢰 가는 자는 전폭적 신뢰를 갖고 활용하기

- 권위적 지도력과 조직화되지 못한 분권화 간의 균형 유지

i. 경영자는 충분한 권력을 보유하여, 전략과 전술을 변화하는 환경에 기초하여 조정할 수 있어야 함

ii. 전략과 전술의 실행을 위해서는, 부하를 신뢰하여 그들에게 충분한 권한을 위임하여야 함

8) 규율

- 효율적인 상벌 시스템으로 보완된 엄격한 규율을 지녀야 함
- 부하들은 인정으로 다루되, 철칙으로 통제해야 함
- 즉, 엄격함과 관대함의 결합이 중요함

부록 2. 문화와 조직관리

출처: Fons Trompenaars & Charles Hampden-Turner. Managing People Across Cultures. Capstone. 2004.

1. 기업 문화의 유형

기업문화는 관계(person)-과제(task)의 축과 평등(egalitarian)-계층(hierarchy)의 축을 종횡으로 하여 인큐베이터 문화, 유도미사일 문화, 가족 문화, 에펠탑 문화의 4가지로 구분할 수 있다. 관계-과제 축을 대비시키면 비공식-공식, 가부장-관료, 유기-기계, 이완-수축(loose-rigid), 발산-수렴, 창의-목표추구, 이상-현실, 개인-사회 등으로 구분지을 수 있다. 한편 평등-계층의 축을 대비시키면 성취에 의한 구분-귀속에 의한 구분, 새로운 연결-오래된 연계, 참신한 통찰-지속적 신념, 대면적(face-to-face)-대견적(shoulder-to-shoulder), 문제 해결-명령 하달, 주문형-대량생산형 등으로 구분짓는다

인큐베이터 문화는 실리콘 밸리가 전형적인데, 창조적 아이디어를 부화한다는 상징을 갖는다. 유도미사일 문화는 설정된 과제의 완성을 위해 필수불가결한 요원을 다양한 부서로부터 차출하여 구성된 다기능(multidisciplinary) 팀의 성격을 갖는다. 미국의 NASA가 이런 문화를 지닌 것으로 유명하다. 에펠탑 문화는 고도로 구조화된 성격을 지니며, 정확하고 세밀하며 일상적인 과제

를 실수 없이 이행하는 특징을 갖는다. 가족 문화는 가장 오래된 유형이며 전 세계적으로 가장 많은 기업에서 볼 수 있는 유형이다. 가족 문화가 관계 지향적이라는 것은 조직 내에서 자신이 어떤 일을 하는가 보다 자신이 누구인가 라는 점이 보다 중요하다는 것을 의미한다. 조직 내부의 통합을 강조하다보니 조직 외부에 대한 적응력이 떨어지기도 한다. 몇 가지 조직 관리 차원에서 4가지 문화 유형을 비교하면 다음 표와 같다.

〈기업문화별 조직 관리의 차이점〉

	인큐베이터 문화	유도미사일 문화	에펠탑 문화	가족 문화
경영관리 스타일	열정 공유	집단 목표	직무 규정	상호 관계
권력의 근간	아이디어	지식	지위	인격
결속의 원천	돌파 공유	미션 공유	공통 종속	애정, 신뢰
통제 원칙	과학	해결	엄격한 규정	사회적 압력
표방 모토	혁신	효과	효율	조화
우수성 개념	창의력, 천재	전문성, 실질	신 질서체제	사회적 영향력
구성원 보상	창조기쁨, 발견 축하	동료의 고평가	유형의 인센티브	인정, 관심

자료: Trompenaars, Hampden-Turner, p. 33 & 36.

2. 인적 자원 평가

1) MBTI(Myers-Briggs Type Indicator)

이 방법은 마이어스와 브릭스라는 두 여성 학자가 스위스의 저명한 심리학자인 융(C. J. Jung)의 개념들을 원용하여 1930년대 후반에 개발한 것이다. 엠비티아이는 미군이 일본의 진주만 공격 이후 수백만 명의 징집 대상자와 자원자들을 평가하기 위해 사용하면서 뼈대를 갖추게 되었다. 2차 대전 이후에는 미국 행정부와 기업들에게 폭넓게 활용되었다.

융이 강조한 4가지 기능은 내향성-외향성(introvert-extrovert), 감지-직관(sensing-intuiting), 사고-감정(thinking-feeling), 판단-지각(judgment- perception) 등이다. 내향성-외향성은 인간이 어디에서 에너지를 얻는가 하는 점에서 대조를 보인다. 내향성은 자신의 내부에서 아이디어와 확신의 불꽃이 튀는 반면 외향성은 사회 환경에서 접하는 사람들로부터 에너지를 얻는다. 감지력은 관찰 가능하고 입증할 수 있는 표면상의 객관적 사실을 검토하는 것으로서 경험주의에 근접한 개념이다. 직관력은 보다 큰 현실을 찾아내기 위해 사물의 외형적인 모습을 뚫어보는 것으로서 통찰의 깊이를 추구한다. 판단력은 개인을 보지 않고 오직 규칙만을 보는 것이다. 지각은 모든 것을 이해하고 용서하는 것이다.

미국 경영자에게서 가장 흔하게 볼 수 있는 것이 ESTJ(외향-감지-사고-판단)이며, 영국인 경영자의 전형적인 특징은 ISTJ이다. 라틴 아메리카의 경영자는 미국과는 정반대의 IIFP이다. MBTI의 장점은 성격, 개성의 파악이 신속, 용이하다는 점이다. 반면에 양자택일의 피상적인 문제점이 있고 적절하게 적용해야 한다는 문제가 있다. 융 자신도 인간은 나이를 들면서 이런 정형화된 패턴에서 벗어나 성숙해진다고 했다. 즉 그는 4가지 유형으로 극단적 처방을 내리려 한 것이 아니고 이들 간의 융화를 추구하려 했다. 적용의 문제는 보다 심각한데, 가령 어떤 기업이 ESTJ의 성향을 지니고 있다면, 꼭 그런 성향을 나타내는 개인을 채용해야 하느냐는 점이다. 같은 성향의 개인은 조직과 맞겠지만 바람직하다고는 말할 수 없다. MBTI가 측정하지 않는 점은 무엇인가를 생각하는 일도 중요하다. 엠비티아이는 자신과 반대 성향의 인간에게 손을 뻗치는 개인의 능력을 측정하고 있지 않다. 개인의 내부에 그늘진 면이 얼마나 억압당하고 있는가도 측정하고 있지 않다.

2) 360도 피드백

이 방식은 특정 구성원과 함께 일하는 것에 대한 상사, 동료, 부하의 평가를 피드백하는 것으로 구성되어 있다. 3자의 평가 간에 편차가 있다면 어떤 형태로든 정치적 역학이 진행 중인 셈이다. 이 방식이 측정하는 것은 구성원의 관계가 몇 개이고 그것이 성공하고 있는가의 여부이다. 회사는 구성원에게 관계를 창출하고 구축하라고 보수를 지급하고 있는 것이다. 가령 남성 상사가 여성 직원과 사이가 원만하지 못하다고 하자. 그러면 상사의 성차별을 입증할 필요가 없다. 회사는 상사에게 보수를 지급하는 이유, 즉 원만한 관계의 구축이 실현되고 있지 않다는 점을 지적하기만 하면 된다. 조직 내에서 권한이 큰 구성원일수록 져야 할 책임감도 크다. 그래서 비서보다 3배나 많은 급료를 받는 상사는 비서와의 관계의 질에 대해 75%의 책임을 지게 된다. 특히 상사는 좋다고 보는데 반해 부하는 나쁘다고 보는 관계가 경계 대상이다.

그런데 이 360도 피드백 방식도 국제화하는데 심각한 문제점을 노출하고 있다. 직장 동료에 대해 칭찬을 한다는 것, 낯선 이에게 비판 내용을 알린다는 것, 먼저 상대에게 말로 알기기도 전에 비판을 문서화한다는 것, 설문 내용이 요구하는 대로 공공연하게 표현을 하는 것, 정도의 차이가 아니라 양자택일 식으로 답변하는 것 등에 대해 문화마다 천차만별일 것이다. 동아시아 문화권에서는 비판은 특별히 대면적 만남의 자리를 위해 유보해 둔다. 그럼에도 불구하고 360도 피드백 방식은 평가자와 피평가자 간의 대화를 촉진하는데 훌륭한 도구이다. 이런 대화를 통해 상대방이 어떤 사람이고 그가 의견의 차이를 어떻게 생각하는지를 알 수 있게 된다.

한 가지 사례를 언급해보기로 한다. 미국의 모 투자은행이 여러 문화권의 종업원에 대해 360도 피드백 방식을 활용하고 있었다. 그런데 이 방식을 통해 나온 점수를 가지고 미래의 지도자를 선별하는데 사용해야 할 것인가 하는 고민에 빠졌다. 그런 이유는, 미국 경영자는 다른 문화권의 경영자보다 평가자로서 피평가자에게 주는 점수가 높다는 점이다. 즉 미국인들은 편파적이라는 문제를 갖고 있다기 보다는 칭찬하는데 후하다는 점이다. 미국인들은 열성에 대해 대우를 해주는 성향이 있다. 미국인과 프랑스인 간에 점수 차가 18포인트로 가장 크다. 이런 현상이 일어난 이유, 시정 방법에 대한 노력은 기업문화의 4가지 유형 틀을 이용하여 시도해볼 만하다.

3) 헤이 시스템 (Hay System)

헤이 직무평가 방법(Hay Job Evaluation methodologies)은 현재 전 세계 8천여 조직에서 채택하고 있다. 1980년대 초반에 개발된 이 방법은 직무평가에서 일반적으로 행하는 점수 요소(point factor) 방식을 취하고 있다. 헤이가 가정하는 것은 군대의 계층조직과 유사하다. 즉 직무는 사전에 규정되어 있고 대체로 변하지 않는다는 것이다. 라인의 관리자는 직무를 수행하기 전에 해당 직무의 난이도, 책임 정도, 주도력의 정도 등을 알고 있는 것으로 가정한다. 즉, 평가자는 직무를 수행할 수 있는 인물이라는 점이다.

헤이 방법은 공정성 유지에 노력을 기울인다. 직무 규정에 기초하여 개인이 해당 직무에 응모했다면, 직무규정에 따라 수행을 성공하느냐 실패하느냐에 의거하여 상벌이 정당화된다. 그런데 쉘의 프랑스 자회사에서는 정반대의 직무평가 방법이 사용되었다. 경영진은 매 분기별로 승진 대상자에 대해 토의를 한다. 격렬한 갈등을 벌리고 나서 경영진은 대상자에 대한 합의를 도출한다. 그러고 나서 승진대상자의 상사에게 알려주며 상사는 다시 담당 부하에게 통지한다. 승진 결정이 난 대상자는 경영진의 결정을 정당화시킬 수 있도록 자신이 해온 직무를 기술하여 경영진에 제출한다. 이 보고서가 네덜란드 헤이그에 있는 쉘의 본사에 보내지며 모든 이들이 만족하는 결과로 끝맺는다. 이는 정치적 후원과 영향력이라고 하는 가족문화의 전형을 보여주는 것이다.

또 다른 각도에서 보면 창의적인 조직에서는 직무가 있고 나서 사람이 있는 것이 아니라 사람이 직무를 재정의하거나 심지어 창출하기도 한다. 문제를 해결할 사람이 문제를 선별하고 정의를 내리는 것이다. 새로운 기회를 활용하려고 새로운 사업을 전개하는 것이 아니라 새로운 사업을 함으로써 새로운 기회와 위기를 맞이하는 것이다.

이처럼 문화 간에 상충을 절충할만한 직무평가 방법은 없을까 하는 고민이 나오는데 피터 드러커가 말한 목표관리(MBO: Management By Objective)가 그 해법일 수 있다. 목표관리에서 첫 번째 단계는 향상심(aspiration)의 정도와 달성 정도라고 하는 두 가지 기준에 의해 모든 성과를 평가하는 것이다. 감독자와 피감독자는 지난 기간의 향상심과 실제 성취 간의 비교를 하기 전에 다음 기간의 향상심을 정의한다. 향상심이 대담할수록 이후의 성취

가능성이 높다. 향상심이란 평가자와 피평가자가 공동으로 정의한 직무 규정에 상당하는 것이고, 달성은 피평가자가 사전에 동의한 것을 측정하는 것이다. 목표관리의 장점 중의 하나는 조직, 평가자, 피평가자 3자가 모두 학습을 한다는 점이다. 피평가자는 향상하려는 대담성의 적정한 수준을 학습하고, 평가자는 격려하기 위해 어느 정도의 도전심을 발동해야 하며, 조직은 구성원의 영혼에 잠겨있는 꿈이 무엇이고 그 실현 방법은 무엇인지를 학습한다.

3. 조직 학습

정보는 우리의 질문에 답이 될 때 비로소 지식으로 변환한다. 학습하는 조직은 탐구하는 시스템을 갖추고 있을 때 그런 칭호를 얻을 수 있다. 따라서 최고경영자는 전지전능하여 구성원들에게 지시를 내릴 수 있는 자가 아니라 CIO(Chief Inquiring Officer)이다. 이는 어떤 질문이 중요하고, 어떤 딜레마에 답을 해야 하며, 어떤 고객의 니즈를 충족시켜야 하는지는 알고 있지만, 그 방법은 모르고 있는 것을 말한다. 현장에서 어느 정도 거리를 두고 있는 CIO는 탐색의 지속적인 프로세스를 주재하고 그것에서부터 치명적인 지식을 유출해낼 수 있어야 한다.

두 가지 질문이 있다. 하나는, 종업원이 회사의 기준에 맞추었는가 이고, 다른 하나는 회사의 기준이 종업원의 열망에 맞추었는가이다. Chris Argyris는 전자를 단일고리 학습(single loop learning), 후자를 이중고리 학습(double loop learning)이라고 한다. 또는 전자를 일을 제대로 처리하는 것(doing things right), 후자를 올바른 일을 하는 것(doing the right thing)으로 명명할 수도 있다. 전자는 형식화되어 있고, 코드화되어 있으며, 객관적 성격을 지니는 반면, 후자는 암묵적이고, 코드화되어 있지 않으며, 인상파적(impressionistic) 성격을 지니고 있다. '일을 제대로 처리하는 것'에 치우치면 조직의 목표는 달성해도 과연 이것이 가치가 있는 것인지 확신을 가지지 못하게 된다. 한편 '올바른 일을 하는 것'에 치우치면 고객이나 창의적 종업원에게 어울리지 않을 것으로 여겨지는 기준(benchmark)은 소각시키게 된다. 양자를 융화시킬 수 있는 방법은, 축구에 비유하면 골포스트의 위치를 계속 이동시키는 것이다. 종업원들이 기준에 달하게 되면 상황의 변화에 맞추어 기준에 대한 비판을 통해 기준을 변경, 이동시킴으로써 또 다른 새로운 기준을 충족시키기 위해 종업원의 분발을 지속적으로 촉구하는 것이다. 이는 유도미사일 문화에 딱 맞는 일이다.

국제경영에서 끊임없는 논쟁거리중의 하나는 집권화와 분권화라고 하는 대립 개념이다. 이 대립을 해소하기 위해서는 분권화의 대상은 집권화의 대상과 미묘한 차이를 보인다는 점을 이해하는 것이 필요하다. 흔히 'Think Globally-Act Locally'라는 슬로건이 있지만, 분권화의 대상은 세계 시장을 상대로 한 기업 활동이고, 집권화의 대상은 이런 기업 활동에 대한 지식이다. 즉 집권화와 분권화는 하나의 직선상에 마주 보는 양극단이 아니라, 가로축과 세로축을 형성하여 정도 차이를 보여주는 것이라고 생각해야 한다.

업적 평가를 할 때 피평가자들은 자신이 평균치보다 위라고 생각하는 경향이 지배적이다. 이는 자신이 잘하는 분야가 못하는 분야보다 중요도가 높다고 보기 때문이다. 이를 두고 크리스 아지리스는 '방어적 일상(defensive routines)'이라고 불렀다. 잘할 수 있는 다양한 분야를 인정해주지 않으면 수많은 종업원들이 자신을 열등하다고 느낄 것이고, 사전에 기준을 설정하지 않은 채 다양성을 인정해주면 무정부상태에 빠지고 말 것이다. 복수의 엘리트를 양산하는 길은 각 문화의 우수한 인력이 한데 모여서 서로 다른 우수성의 형태를 비교하고 상호 학습할 수 있어야 할 것이다. 이를 이질적 계층화(heterarchy)라고도 한다. 이질적 계층화는 다양한 우수성을 대등하게 교환하는 것인데, 이런 상황에서 학습하게 되면 범문화적(trans-cultural) 역량을 낳는 원천이 된다.

4. 리더십

인큐베이터 문화에서는 혁신이 진행 중일 때 리더십이 항구적인 것이 아니라 그때마다 얻어지는 것이다. 이를 즉흥 재즈 밴드에 비유하기도 한다. 밴드의 어떤 멤버도 새로운 비트를 칠 수 있지만, 다른 멤버들은 그게 맘에 들면 따라 하고 맘에 들지 않으면 혼자 두드리게 내버려둔다. 즉흥적인 곡조는 리더십을 얻기 위한 시도인데 이는 수용되기도 하고 거절되기도 한다. 멤버들은 특정인의 리드를 받으려 하는 것이 아니라 독특성, 즉흥성을 가치 있는 것으로 받아들이는 것이다.

자신의 곡조보다 더 좋은 새로운 곡조가 나오면 리더는 교체된다. 즉흥적 리더십은 유도미사일 문화의 팀에 없어서는 안 될 형태이다. 자신이 가장 혁신적임을 증명하는 멤버가 비공식의 리더가 되며 그의 리더십의 장래는 자신의 혁신이 갖는 운명에 달려있다. 창업기업가는 즉흥적 리더인 경우가 많은데, 그들은 종업원에게 임금을 지급하지 못하는 일도 있지만, 회사의 운명을 함께 하자고 제의한다. 그런 제의를 받아들이는 종업원들은 순전히 자신의 미래를 만들어낸다고 하는 스릴감에 남아 있는 것이다. 즉흥적 리더들은 손수 챙기는 스타일(hands-on)이라서 권한 위임을 주저한다. 이들이 경영권의 승계에 위기를 초래하기도 하는 것은, 후계자를 육성하거나 지도할 시간을 가지지 못했기 때문이다. 폴라로이드사는 카리스마적 창업자이자 발명가인 랜드(Edward Land)의 은퇴 후 얼마 못가서 붕괴되고 말았다.

스핑크스의 수수께끼를 풀어서 스핑크스의 자살을 가져온 오이디푸스는 자신을 발견한 양치기에 의해 코린스의 왕자에게 넘겨진 자신의 정체도 모른 채, 친아버지를 싸움에서 죽이고 왕이 되어 친어머니와 결혼했다. 근친상간(incest)과 부친살해에 대한 벌로 테베지역에 전염병이 돌자 오이디푸스 왕은 백성들에게 진실을 밝히고 부정한 것을 도시에서 추방하겠노라 맹세한다. 진실을 추적하는 최고 관리자, 지식의 리더로서 끝까지 탐색을 벌였고, 자신의 죄가 천하에 드러나자 스스로 장님이 되어 추방당하였다.

소포클레스의 '오이디푸스 왕(Oedipus Rex)'이란 작품에서 눈먼 영웅 오이디푸스는 지팡이로 땅을 두드리면서 무대에서 사라진다. 오이디푸스가 마침내 깨달은 것은 그 누구도 미래가 자신에게 승리를 가져다줄지 재앙을 가져다줄지 예측할 수 없다는 것이다. 리더가 할 수 있는 일이라고는 환경에 대해 학습해 나가는 과정에서 사람들을 인도하는 것이다. 이것이 바로 세발로 걷는다는 것이고, 세 번째 발인 지팡이는 끊임없이 앞길을 탐색한다. 이는 리더의 가정을 검증하면서 외부로부터 피드백을 받아들이는 작업인 것이다.

캐나다의 심령술사인 작크(Elliot Jacques)는 훌륭한 리더가 다른 리더와는 상이한 시간지향(time orientation)을 갖는다는 점을 최초로 지적한 인물이다. 훌륭한 리더는 자신의 책임 기간을 훨씬 길게 잡고 있다는 점이다. 가령, 미 국방부 장군들은 향후 10-20년에 걸쳐 자신의 책임을 받아들였다. 물론 그 전에 퇴역할 것인데도 말이다.

지난 수년간 미국의 자본주의에는 극적인 권력 이동이 발생했다. 20세기의 상당 기간 동안 경영자는 주주보다 강력한 권한을 보유했다. 주주들은 배당을 받았지만 회사를 운영할 권한은 여전히 상위 경영자에게 있었다. 이들 상위 경영자들은 자신의 이익을 위해 회사를 운영했으며, 노조의 압력은 임금인상을 통해 무마했다(buy off).

그런데 1980년대에서 90년대에 걸쳐 진행된 영국 대처 수상과 미국 레이건 대통령의 혁명적 조치로 시계추는 반대 방향으로 움직였다. 영국과 미국의 경제성장이 저조한 이유는 공급측, 즉 자본을 공급하는 주주에 대한 불충분한 관심 때문이라는 것이다. 내려진 처방은 주주를 위한 이익 극대화이었다. 이런 변화로 인해 금융시장의 권한이 부상하였고, 성과가 저조한 기업에 대한 약탈적 인수가 빈번해졌다.

그런데 불행하게도 금융시장은 전망이 극도로 단기적이다. 이들 금융시장의 관계자들은 특정기업의 장기적인 성과와 생존에 대해 무시할 정도로 관심이 적다. 심지어 기관투자가가 운영하는 펀드에 돈을 맡긴 주식 투자자들은 자신의 돈이 어느 회사에 투자되었는지도 모른다. 마치 자신이 소유하고 있는 영토에서 부를 창출하는 일에 참여하고 있지 않은 부재 영주(absentee landlords)나 마찬가지이다.

이처럼 기업 활동에 가담하는 사람(경영자, 종업원)보다 불참하는 사람(주주)의 권한이 크다는 것은 심히 골치 아픈 일이다. 기업이 잉여 인력을 줄이겠다고 하면 대개는 주가가 상승한다. 물론 불필요한 지방을 없애기도 하지만 때로는 필요한 근육을 절단하기도 한다. 그럼에도 잉여인력에 대한 조치에 대한 평가가 긍정적인 경우가 압도적이라는 점은 또 다른 의미를 지닌다. 주주들은 부(富)가 종업원에서 자기네로 이전된다고 생각한다. 이는 상위 경영자의 보너스에 영향을 미치는데, 이들 상위 경영자의 보너스는 비용 절감, 주가 등과 연계되어 있다. 일자리를 줄여서 주가가 상승한다는 것은 조직의 구성원을 도끼로 찍어 내리는 거나 마찬가지이다.

또 다른 현상에 주목해 보자. 최고 경영진의 연봉은 천정부지이다(go through the roof). 또한 기업의 성공과도 전혀 관계가 없다. 종업원들에 대해서는 성과급을 지급하면서도 자신들은 성과의 고저에 관계없이 고액 연봉을 지급받도록 조치해놓았다. 미국 기업의 최고경영자들의 엄청난 연봉이 기업 실적의 악화에 관계없이 책정된 점은 가끔 우리 언론에도 보도되고 있다.

개미 투자자들은 이런 무례함을 주주총회에서 표결 행사를 통해 질타했지만, 연기금과 같은 대형 기관투자가들이 이런 현상을 눈감아 주는 이유는, 최고경영진들이 기업의 부를 종업원에서 주주들로 이동시켜주기 때문이다. 매일 종업원과 얼굴을 맞대고 지내면서 자연스럽게 연결고리를 형성하고 있는 경영진을 종업원으로부터 떼어놓고 주주들과 연계시키기 위해서는 엄청난 인센티브를 기업실적에 상관없이 제공해야하기 때문이다.

그런데 이러한 주주들의 단기지향성으로 인해 가장 심각한 피해를 보는 것은 리더들이다. 리더의 보수가 자신의 임기가 종료되는 시기의 주가에 기초한다면, 그들이 경영진에 임명되기 전에 이루어진 투자의 결실은 부당하게도 그들의 기여로 치부되는 반면, 자신의 임기 중에 이루어진 투자의 결실은 미래의 후계 경영자의 몫으로 돌아간다는 점이다. 그렇게 되면 이런 투자에 주력할 리더는 없을 것이다. 학습, 교육과 훈련, 고객만족의 제고 등에 대한 투자가 자신에게 가져다주는 효과는 간접적인 것에 불과하므로 이런 분야에 대한 투자는 주저할 것이다. 종업원에 대한 교육이 이루어지고 나면 곧바로 성과로 이어지는 것이 아니라 학습하고 개선하는 과정을 거쳐야 한다. 고객에 대한 봉사를 개선한다고 해도 다음번의 거래 계약에서나 효험을 볼 것이다. 이와는 대조적으로 비용 절감은 대차대조표에 즉각 효과를 나타낸다. 경영자가 즉각적인 보상을 생각한다면 취해야 할 조치는 이런 것이다.

부록 3. 1997년 아시아 금융위기 이후의 한 · 중 · 일 인사관리의 변화

출처: International Journal of HRM.

- 97년 이후 3국의 고유한 인사관리가 약해진 것이 아니냐는 논의.
- 이에 대한 반론은 제도(institution)와 문화가 여전히 역할을 한다고 봄.

- 그러나 3국의 지리적 근접성, 문화적 근접성, 유사한 경제압력(글로벌화, FDI 등)에 대한 개방성 등으로 인해 3국의 인사관리는 수렴할 것이라는 가정도 가능함.
- 수렴이 가능하다면, 인사관리의 어느 수준에서 수렴이 이루어지고 있는지를 살펴볼 필요가 있음.

1. 분석 틀

- 수렴의 수준(level)
- 어느 수준에서 수렴이 이루어지고 있는가를 알아보기 위해서는 구조물(architecture), 정책(policy), 실무(practice)의 3가지 수준의 인사관리 구조를 파악해야 함.
- 구조물은 인사관리의 기본 원칙과 가정(basic principles,

assumptions). 정책은 인사관리의 지도지침(guiding principles), 실무는 정책 실행을 돕기 위한 일상적 전략(day-to-day strategies)을 가리킴.

- 3가지 수준 중 한 수준에서 수렴이 이루어진다고 해서 다른 수준에서도 수렴이 되고 있다고는 말할 수 없음. 즉, 인사관리의 3국간 수렴 여부를 그렇다, 아니다의 이분법이 아니라, 수준에 따라서 그렇기도 하고 아니기도 하다는 답변이 가능해짐.

-수렴의 정도(degree)

- 정도를 파악하는 데는 제도화(institutionalization)가 요긴한 개념임.
- 제도화는 실행(implementation)과 내부화(internalization)를 결합한 것인데, 실행이란 공식 규칙의 뒤를 따르는 것이고, 내부화는 실무에 헌신, 만족하는 것임.

2. 3국 분석

- 3국은 1985-2000년 중에 유사한 경제, 사회적 요소를 지녔음.

- 노동력 증가(인구증가에 기인), 실업 증가(구조조정에 기인), 1인당 국민소득 증가, 낮은 물가상승률 등

- 반면 인사관리는 제각각 다른 방향으로 전개되었음.

- 인사관리의 4개 영역인 유연한 자원관리(flexible resourcing), 인력 개발(employee development), 성과급(performance-based rewards), 기업 중심의 노사관계(enterprise-focused employment relations)에 비추어 살펴볼 것임.

- 중국

i. 유연한 자원관리

- 1950년대 근로자들은 평생직장, 요람에서 무덤까지의 복지 혜택을 받아 왔으나, 1992년의 개혁으로 인사관리에서 이런 내용들은 자취를 감춤.
- 인력의 충원, 선발은 보다 시장에 기반을 두고 이루어지고 있으며, 꽌시(관계)에 의한 인적 관계의 고리가 제한적이긴 하지만 지속되고 있음.

ii. 인력 개발

- 한국과 일본에서처럼 중국의 관리자들은 자기학습 프로그램이나 외부교육(MBA 등) 과정에 등록할 것을 장려받고 있음.
- 90년대에 MBA 및 하급 관리자 과정에 대한 교육과정이 붐을 이루었는데, 이는 어디까지나 국영 대기업과 합작기업, 외국계기업에 국한된 것이고, 중소기업에는 거의 마련되어 있지 않음.

iii. 성과급

- 보수는 철밥통(iron rice bowl)이라는 제도적 틀과 연계되었지만, 1980년대 중반에 노동시장의 개혁이 도입되어, 1986년에 기간한정형 고용계약 제도가 시행됨.
- 1990년대 초반에는 성과급 제도를 도입하고 사회보장에 근로

자의 책임을 가미함.

- 평생고용 제도가 단계적으로 폐지 과정을 밟고 있다는 점은, 중국이 2001년 말 WTO 가입으로 인사제도의 수렴으로 치닫고 있다는 점을 말해 줌. 물론 여기에 중국적 특성이 가미되고 있기는 함.

iv. 기업 중심의 노사 관계

- 노동자의 파업권은 없으나, 분쟁처리를 위한 어느 정도의 중재, 화해는 기업 차원에서 이루어지고 있음.

- 일본

i. 유연한 자원관리

- 종업원들은 내부 승진의 기회를 얻고 종신고용을 취함.
- 젊은 직원들은 능력에 의한 승진, 업적에 의한 보상을 원하고, 기업은 경력직의 중도채용을 통해 기존의 숙련도를 강화함.
- 임시직, 비정규직의 채용 증가로 노동력의 안정성이 낮아짐.

ii. 인력 개발

- 내부노동시장의 중요한 부분은 바로 교육훈련인데, 직무순환과 지속적인 OJT를 특히 강조. 이는 특정 분야의 전문관리자보다는 모든 분야를 섭렵한 종합관리자를 양성하는 것임.
- Off-JT가 서서히 증가 추세에 있고, 능력과 성과가 승진 기준의 일부분으로 자리잡아가고 있는 중임.

iii. 성과급

- 기업의 80% 이상은 계장까지의 승진에 능력과 성과를 기준으로 삼음.

iv. 기업 중심의 노사관계

- 1950년대에 이미 기업별 노동조합이 보편화하였고, 노조 가입 자격은 정규직에 국한.
- 90년대 초반에 이르러 경제성장률의 저하와 글로벌 경쟁의 강화로 인해, 산별 노조의 춘투는 쇠약해지고 기업 중심의 임금 교섭이 보다 중요해지면서 임금 타결 수준은 기업별로 제각각이 됨.

- 한국

i. 유연한 자원관리

- 평생직장 개념은 구시대적이고 비효율적인 것으로 평가절하되고, IMF 구제의 조건으로서 근로자의 수적 조정은 보다 용이하게 됨.
- 반면 전통적인 인사제도 또한 초과근무시간의 축소, 일시 휴가 권고, 명예퇴직 등을 통해 유연한 자원관리를 가져왔다는 점에서, 인사관리의 변화에 미친 IMF의 효과는 불분명함.

ii. 인력 개발

- 신입직원에 대해 수개월에 걸친 사회화 캠프 과정에서부터 폭넓은 인력개발 프로그램을 실시해 오고 있음.

- 직무 순환, 다숙련 교육 등이 실시되고 있지만 체계적으로 진행되고 있지 못하며, 생산직 근로자들은 OJT를 받음.

iii. 성과급

- 연공제 보수 체계에 의구심이 가해지면서 그 대신 개인별 성과, 능력, 주식 옵션, 이익 분배 등과 같은 형식의 변화가 오고 있음.
- 이런 변화를 정리하면, 연공제와 성과급제의 혼재가 있다는 점, 변화의 폭과 범위에 한계가 있다는 점.
- 가령, 연봉제는 관리직에 국한시킨다거나, 현대그룹의 주식옵션은 종업원의 7%만이 수혜 대상이라든가, 삼성그룹의 이익분배는 연구직에 국한하다가 2000년 이후 대졸 직원 모두에게 적용.

iv. 기업 중심의 노사 관계

- 복수 노조의 허용은 산별 차원에서는 1997년에, 기업 차원에서는 2002년에 이루어짐.
- 단체 협상에서 노조의 힘이 취약한 이유 중의 하나는, 정부가 노사정의 협의를 통한 문제 해결을 강조하기 때문임.

- 아시아 금융 위기의 결과

- 3국의 인사관리 맥락은 경제성장의 시기와 속도, 실업추세, 97년 금융위기의 영향 등으로 인해 저마다 상이한 반면 유사점도 있음.

ⅰ. 유사점

· 노사관계 ; 한국과 일본에서는 좌익 노조가 배척당하고 기업 중심의 노조가 도입되는 등, 노사관계의 전개에서 유사한 패턴이 있음. 중국에서는 작업위원회, 기업의 단체교섭 등이 사실상 기업 중심 노조의 형태임.

· 자원관리 ; 종신고용, 안정고용에서 유연한 형태로 전환.

· 성과급 ; 연공서열 방식에서 성과급 방식으로 전환 중. 일본과 한국에서는 임금 교섭이 춘투 방식으로 진행.

ⅱ. 상이점

· 변화의 수준과 속도에 차이가 있음.

· 중국은 인사관리의 4가지 수준에서 모두 정(+)의 변화를 보임.

· 일본은 노조가 다루던 폭넓은 사안에 회사협의회의 관여가 늘어나면서 근로자 대표의 분권화가 확장하여, 기업중심의 노사관계 수준에서 최고값을 기록. 반면, 유연한 자원관리와 성과급 수준에서는 유치한 정도에 그침. 물론 변화하고 있다고는 하지만, 그것이 실무차원에 그칠 뿐, 정책차원에까지 들어섰다고 볼 증거는 없음.

· 한국은 유연한 자원관리 수준에서 가장 높은 값을 기록. 이는 구조물 차원과 정책 차원에서 뒷받침에 기인함.

iii. 유사점/상이점의 배경

· 중국: 다국적기업의 역할, 정부의 변화 압력이 크게 작용.

· 일본: 국내외 시장에서 글로벌 경쟁 압력의 강화에 직면한 점.

· 한국: 민주화에 따른 노동비 상승, 아시아 금융위기에 따른 IMF 구제 조건 등이 치명적임.

iv. 결론

· 중국이 서양식 인사관리에 가장 급속하게 이동하고 있다는 점이 의외임. 적어도 국영 대기업의 경우에 그러함.
· 인사관리의 3가지 영역 모두에서 중국은 정책 수준의 내부화를 이루었고 심지어 구조물 수준에까지 도달하려고 노력하였음.
· 반면 일본은 기업중심의 노사관계 영역을 제외하고는 종신고용과 연공서열식 보수체제를 유지하고 있고, 한국도 노사관계와 보수체제 영역에서 서양식 인사관리 모형을 충분히 포용하고 있지 않음.
· 서두에서 제기한 3가지 명제 가운데, 첫째, 3국간에 인사관리의 수렴이 이루어지고 있다는 점은 인정됨. 단, 그 속도 면에서 차이를 보임.
· 둘째, 수렴으로 인해 아시아 고유의 인사관리 모형이 형성되고 있다는 점은 인정받지 못함. 이유는, 변화의 방향이 서양식 인사관리 모형 쪽으로 향하고 있기 때문임. 물론 3국 특유의 제약 요인으로 다소 변형된 특수 형태를 보이기는 함.
· 셋째, 지리적 근접성, 문화적 근접성, 유사한 경제압력에 대한 개방성이 인사관리 발전 과정의 주된 구동력이라는 명제는, 글로벌화가 인사관리 변혁에 대한 상당한 경제적 압력을 낳았다는 점에서, 개방성만이 유의할 뿐, 지리적 및 문화적 근접성의 영향력에 대해서는 근거가 거의 없음.

- 논의와 시사점

i. 3국의 인사관리의 향방

- 중국: 개혁 이전의 인사관리 실무가 단위 차원에서는 어느 정도 여전히 자리 잡을 것이고, 그 저변에 있는 마인드는 변화의 속도가 상대적으로 느릴 것임.
- 일본: 변화의 장벽이 심하고, 여전히 유효하다고 여겨지는 것을 파괴하고 싶지 않다는 욕망으로 인해 변화는 점증적으로 이루어질 것임. 따라서 변화가 이루어질 가장 가능성 있는 영역은 자원관리와 보수임. 단기 고용계약과 성과연계의 보수체계가 증가할 것임.
- 한국: 새로운 변화의 세력이 상충하는 전통적 요소와 어떤 식으로 상호작용을 하느냐에 따라서 인사관리의 최종 형태가 이루어질 것임.

ii. 변화의 이유

- 3국 기업의 인사관리에 변화가 오게 된 이유는, 글로벌화, FDI, 효율성 추구, 최고의 관행 도입, 경쟁 등임.
- 3국은 근면, 연장자 존경, 가족의 강한 유대, 교육 열정 등과 같은 유교 문화를 지니고 있기 때문에, 외국에서 수입된 인사관리는 이런 속성을 수용할 필요가 있음.
- 또한 사회적 안전망의 한계로 인해 실직의 공포가 심하다는 점도 인사 관리의 수입에 변형을 요구함.
- 인사관리 변화에 중요한 역할을 한 것으로 정부를 꼽을 수 있음.
- 중국 정부는 법률 개정과 경제 개혁을 적극적으로 촉진하였음.

· 일본 정부는 관료적 통제와 타성으로 변화를 어렵게 하였음.

· 한국 정부는 정부의 직접적 개입으로 기업-정부간 관계의 유형이 자리 잡았고, 재벌의 힘과 연계가 변화의 실행을 더욱 어렵게 하였음.

iii. 시사점

- 변화를 다루는 모형은 수렴의 경향을 수용하면서 동시에 다양성의 영역이 증가하고 있다는 점도 인식해야 함. 즉, 인사관리의 모든 실무가 동일한 속도 내지 유사한 방향으로 채택되지는 않을 것임.
- 현재 필요한 것은, 인사관리의 구조물을 체계적으로 측정할 만한 수단임. 그런 수단의 개발 작업에서 주의해야 할 것은, 원칙 수준보다는 정책 수준임.

3. 한국과 일본 기업의 경영 체제의 비교

- 일본이 한국보다 집단지향성이 강함

- 일본의 '와'는 집단 지향적 조화이지만, 한국의 '인화'는 동등하지 않은 개인 간의 조화임.

- 한국의 충성심은 상사에 대해 보다 순종적일 것을 요구하지만, 일본의 충성심은 상사와 부하 간의 호혜적 관계를 보여줌.

- 한국에서 가족은 혈연관계에 국한하는 반면, 일본에서는 가족의 이해를 보호하기 위해서 양자까지 포함.

- 정부와 기업 간 관계를 보면, 일본은 정부-자민당-업계의 3각 틀이 기능하는 반면, 한국은 정부가 주도하고 국회는 핵심 역할을 오랫동안 하지 못했음.
  - 1970-80년대에 한국 정부는 일본 정부에 비해 훨씬 직접적이고 광범한 경제 개입을 하였음.

1) 조직 구조의 비교

- 일본의 대기업은 소유와 경영이 분리되어 있지만, 한국의 재벌 기업은 여전히 소유주가 경영에 활발한 참여를 하고 있음.
  - 일본의 '케이레츠(계열)'는 집권적 경영 구조를 갖고 있지 않지만, 한국의 재벌은 강력한 집권제를 통해 계열사가 곤란에 처하면 언제든지 관여함.
  - 일본의 기업집단은 회원사 간의 주식의 상호보유를 주된 특징으로 하지만, 한국 재벌의 패밀리는 직접 계열사 주식의 다수를 지배하고 있음.
  - 일본의 계열은 주거래 은행이 강력하게 자리 잡고 있지만, 한국의 재벌은 외부 금융기관에 조달을 크게 의존하고 있음.

- 일본의 종합상사는 다기능을 발휘하고 있는데 비해, 한국의 종합상사는 주로 수출에 전력을 기울이고 있음.

- 일본 기업의 전문 경영인들은 집단으로서의 응집력이 한국의 전문경영인보다 높음.
  - 그 이유는, 이들 전문 경영인의 90%가 내부 승진이라는 점.

반면 한국에서는 30-40%가 외부 영입되어 1980년대 급속 성장의 필요성을 충족하였음.

- 반면 양국 기업은 유사점도 갖고 있는데, 직무 규정의 유연성을 선호한다는 점.

2) 경영 프로세스의 비교

- 한국기업의 의사결정은 보다 상의하달식이기 때문에, 한국의 경영자들은 일본 경영자에 비해 권위적 성향이 강함.
  - 반면 일본 기업은 상의하달(top-down)과 하의상달(bottom-up)의 결합된 의사결정 스타일임.

- 한국 기업은 부하가 상사에 대해 의무감을 지니는데 비해, 일본 기업은 상사와 부하 간의 상호 의무감을 지님.
  - 한국 기업의 종업원은 조직보다는 개인에 대해 충성심을 보임.
  - 일본 기업의 관리자는 정보의 수집과 전파에 보다 많은 시간 보냄

- 양국 기업의 종업원들은 동기부여 면에서 공통점을 보임.
  - 창의성, 성과 등과 같은 내면적 요소보다는 일자리 보장, 작업환경, 임금 등과 같은 외면적 요소를 강조
  - 창의성과 성과는 집단의 노력으로 이루어지는 경우가 흔하기 때문에 집단의 공으로 돌려짐.

- 양국 기업의 종업원들은 비공식 의사소통에 능숙하다는 공통점 있음.
  - 공개적 상황에서 자신의 의견을 피력하는 것을 주저하는데, 특히 상사와 의견을 달리할 때 두드러짐.

3) 인적자원 관리의 비교

- 양국 기업 공히 승진과 보수 측면에서 연공이 중요한 영향력을 미침
  - 단, 승진 측면에서는 성과의 영향력을 높여야 하는 압박을 받음.
  - 그러나 체면과 조화의 유지에 타협을 보여야 하는 점 때문에 성과 평가는 능력에 따른 승진을 저해함.

- 양국 기업의 신입 직원은 강도 높은 연수를 받음
  - 여기에는 기술적 내용 뿐 아니라, 회사의 역사와 기업 정신, 육체적 훈련까지 포함.

- 한국 기업은 유사 종신고용제를 지니고 있는데, 경기가 안 좋을 때는 언제든지 다양한 직위의 구성원을 해고함.
  - 종업원들도 전직에 아무런 거리낌이 없음.

- 한국 기업의 노조는 보다 전투적 성격이 강함.

4) 경쟁 전략의 비교

- 양국 기업 모두 급속한 다각화 전략을 채택
  • 이를 위해 높은 부채비율(financially leveraged)을 활용
  • 외국 선진 기술을 흡수하기 위해 창조적 모방의 기술 전략을 채택

- 차이점은 한국 기업이 상세한 계획보다 신속한 행동을 강조한 점
  • 이를 두고 일단 저지르고 난 뒤에 수습하는 사고방식이라 함.

5) 아시아 금융위기 이후의 기업 경영의 추세

1997년의 아시아 금융 위기 이후 아시아 기업들에게 한결같은 영향을 미친 서양의 경영 개념이 바로 주주가치.

① 일본의 '계열': 외국인에 대한 개방

- 시장이 포화되고 경제가 불황에 접어들자, 일본기업의 경쟁우위는 부채로 돌변.
  • 주거래은행: 집단 계열사에 융자해준 악성 부채로 시달림
  • 기업집단 내 거래: 비용 삭감에 걸림돌
  • 과대한 충성 노동자: 분투하는 기업에 부담

- 일본정부는 변화에 필요한 정책과 조치를 만드는데 매우 더뎠

고, 일본기업은 개혁에 문화적 혁명을 요했기 때문에 빠른 속도로 바꾸는 일이 매우 고통이었음.

- 그러한 전통적 고리의 굴레로부터 자유로운 외국계 기업이 개혁의 선봉에 섬.

\- 닛산 자동차 사례

- 닛산은 인기를 얻고 있는 RV 차량에 대한 투자를 너무 늦게 하고 기존의 세단형 승용차 생산을 고집
- 시장점유율: 25%(1985년)에서 15%(1997년)로 감소
- 파산을 면하기 위해 르노에 투자 요청
- 곤의 개혁: 연공이 아니라 능력에 따른 보수제도, 스톡옵션 조치. 개혁의 사상은 '사람들의 존엄성을 존중해 주면서 뿌리 깊은 전통의 타파를 독려'
- 개혁의 결과: 2000년 15억 6천만 달러의 순익 달성(7년 만에)

\- 일본기업 개혁의 시사점

- 급격한 해법의 추진을 위해서는 외부 세력이 필요
- 제도권 내의 세력은 혁명적 방식으로 과거의 잔재를 청산하기가 매우 곤란
- 일본 역사를 통틀어서 외부자로부터 학습하는 일이 전통으로 자리 잡음
- 심지어 토요타 자동차조차 폐쇄적 공급 체제를 외부자에게 개방하기 시작
- 일본의 중세 치유는 정부와 기업 관행의 근본적 변화를 요함

② 한국 재벌: 훌륭한 옛 방식과의 작별

- 한국은 불투명하고 얽힌 금융 제도를 청결히 함으로써 아시아 금융 위기 이후의 개혁에서 가장 일찍 챔피언 자리에 등극

- 예전에 재벌들은 정경 유착으로 부패와 방만한 사업확장을 가져왔고, 이를 위해 공격적 부채 조달을 하였음.

4. 중국과 일본의 협상 스타일

1) 협상에 대한 독특한 인식

- 중국과 일본에서 사업의 성공은 인적 관계의 질과 양에 크게 좌우됨

- 특히 중국인에게 계약은 바뀔 수 있다고 여겨지며, 약속은 파기될 수 있다고 예상됨
- 따라서 강력한 인적 관계만이 신뢰할 수 있고, 계약 실행에 불가결함
- 중국인들은 사업 거래가 항상 예측할 수 없는 문제를 포함하기 때문에, 문제의 일부에 대해서는 답안을 준비하되 문제의 다른 부분에 대해서는 관계의 네트워크에 의존하여 만족할 만한 해법을 찾아야 한다고 믿음
- 따라서 중국인은 함께 작업한다고 하는 진지한 헌신을 장기적으로 하는데 보다 관심을 갖고 있으며, 아무런 빈틈도 없어 보이는 겉보기에 완벽한 계약 패키지에는 관심이 덜함
- 서명한 계약은 거래의 최종 단계가 아니라 시작에 불과함. 이

유는, 앞으로 어떤 곤란이 일어날지 누구도 알 수 있으며, 그렇기 때문에 윈-윈의 결과를 위해서 노력을 더 해야 한다고 봄
- 곤경에 처한 친구를 돕는 일은 체면에 관련된 것일 뿐 아니라 사업상의 필요성에도 기인함

- 일본인도 상세하고 제약적인 계약을 체결하는 걸 싫어함
  - 예상치 못한 문제를 다루기 위해 어느 정도의 유연성을 원함
  - 상호 이해와 상호 성실에 입각한 계약을 선호함
  - 보다 긴 협상 과정을 통해 상대방의 끈기와 진지한 의도를 시험함
  - 이는 양국 비즈니스맨의 사업방식일 뿐 아니라 친구를 사귀는 방식임

- 그렇다고 중국인, 일본인이 말을 지키지 않는다고 가정해서는 안 됨
  - 중국인이 기술적 조건에 대해 실랑이를 벌일 수 있지만, 계약서를 파기하거나 계약서 고수를 거부하지는 않을 것임
  - 일본인은 예측할 수 없는 변화를 다루기 위해 빠져나갈 구멍을 마련해두지만, 계약을 존중하는 마음은 같음

2) 협상 팀

- 과거에는 공산당 간부가 감독관의 역할을 했지만, 이제는 기업경영자가 의무를 이행하는 데 보다 자율권을 크게 누리고 있음
  - 중국측 협상팀에는 항상 통역자가 포함되며, 변호사의 참가도

늘어나고 있음

- 중국 측과의 협상에서 가장 커다란 어려움 내지 혼돈은 실제 권한은 협상 이면에 있는 관리들에게 있다는 점
  - 이면의 관리들은 분석하기 까다로운 상이한 관료적 이해관계를 대변함
  - 현장의 협상가들이 정보를 수집하고 결과를 이면의 관리에게 보고하면, 관리들은 이를 검토한 뒤에 추가 질문을 던짐
  - 이 과정에 시간이 소요되므로, 협상자가 누구이며 그들이 권한의 골격에 어떻게 들어맞는지를 알아내는 일이 중요

- 일본 측은 중국처럼 인적 관계에 대한 의존도가 높고 법률적 접근에는 덜 기대지만, 다른 점은 협상 팀에 변호사를 포함시키지 않음

- 일본과 중국 모두 직위에 대한 의식이 강함
  - 협상 대표의 직위가 낮은 편일 경우, 상대방의 진지성이 결여되어 있다고 여김
  - 그렇게 되면 다음번 회의에 이들도 마찬가지로 낮은 직위의 대표를 보낼 것이고, 직위가 낮은 대표는 의사결정 권한이 거의 없기 때문에 시간 낭비만을 가져올 뿐임

- 중국과 일본 모두 상대방을 아부로 압도하는 일에 능숙하기 때문에 외국 기업은 아부에 강한 자를 협상 리더로 선발할 필요가 있음

3) 협상 과정

- 중국인이 먼저 협상 과정에서 추구하는 바는, 상대와 합의 가능한 영역 및 일반 원칙의 설명
  - 이는 대립의 이슈를 피하려는 문화적 배경에도 기인

- 협상 준비 과정에서 핵심은 목표(표적치)와 하한선(저항치)을 분명하고 적절히 정의하는 일
  - 서양 협상가들이 범하는 공통의 실수 중 하나는, 저항치를 표적치와 너무 근사하게 설정하여 조작의 여지를 별로 남기지 않는 점

- 동아시아인은 협상의 최종 단계에서 양보를 선호하는 반면, 서양인은 복잡한 협상의 순차적 해결을 선호하여 이슈를 하나씩 풀어나감
  - 중국과 일본의 공통점은 실질적 협상의 일부로서 비공식 논의를 포함시킨다는 점. 이는 관계 증진을 위한 사교적 활동으로 활용됨.

4) 중국과 일본 협상 전술의 비교

- 협상 장소와 일정의 통제
  - 중국인은 자국에서 협상을 선호. 이는 심리적 우위와 시간 조정의 유리함 때문임.

- 취약성의 활용

• 중국인은 상대방이 아부에 취약하다는 점도 활용할 뿐 아니라, 자신들의 취약성을 내세워 처지를 이해하여 양보해달라고 함

- 수치감의 조장

• 중국인들은 협상장 안팎에서 거론된 모든 내용을 꼼꼼하게 메모를 해둔 뒤에, 상대방이 한 말이 전에 한 말과 상치된 점을 발견하면, 무자비하게 상대가 수치심을 느끼도록 몰아붙임

- 지나간 안건 들쑤시기(exhuming)

• 외국 협상가들은 중국인이 이미 해결된 것으로 생각된 문제를 다시 논의하려는 점에 불만을 토로

• 중국인들은 자신이 원하는 전부를 얻어내지 못했다고 판단되면, 추가 양보를 얻기 위해 지난 문제를 재론하는데 주저하지 않음

• 중국인들 생각에는, 질질 끌어온 협상이 마침내 종결되는 희망을 본 외국인은 지난 문제에 대해 보다 유연하게 나올 것이라고 봄

- 기대치의 조작

• 중국인들은 의도적으로 상대의 기대치를 낮춤

• 협상 체결의 시간이 되면, 자신들이 체결을 위해 얼마나 많은 노력을 기울였는지를 보임으로써 상대가 감사한 마음을 갖도록 함

• 따라서 상대도 자기네만큼 노력을 보여줘야 한다고 생각하

게 함

- 일본인도 정도 차이는 있지만 상기의 중국인 전술의 일부를 활용
  - 협상 장소와 시간의 통제, 수치심의 조장

- 반면 일본인은 중국인들이 편히 사용하기 힘든 전술을 활용하기도 함.
  - 일단 자신이 확고한 위치를 확보하고 나면 흥정이나 양보의 여지를 주지 않음
  - 회의 중에 긴 시간의 침묵을 활용. 체면을 살리기 위해 공개적 갈등을 회피함. 반면 중국인은 체면을 마찬가지로 중시하면서도 협상 체결을 위해 겉으로 화난 척 하기도 함

- 이상의 중국, 일본의 협상 전술 중 많은 부분은 이들의 전유물이 아님.
  - 차이점은 이들 동아시아인들이 전술 사용을 자연스럽고 능란하게 한다는 점
  - 동아시아 사회에서는 이들 전술의 사용을 부정하다고 보는 게 아니라, 영민하고 부럽게 바라봄

5) 갈등 관리

- 유교의 주된 목표는 사회적 조화의 성취와 그 유지에 있으며, 이를 달성하는 방법으로 상대방의 입장을 이해하고 타협하는 법을

터득

- 서양에서는 논쟁적 스타일을 높이 사지만, 불필요한 대립은 목표 성취를 돕기는커녕 저해하는 것으로 여겨짐
- 이런 대립적 태도는 중국과 일본에서는 그 유용성이 더 낮음

- 중국과 일본(일본이 더함)에서는 협상 당사자들이 법정이나 중재에 의해 문제를 해결할 수밖에 없게 되면, 이는 자신들이 상대를 예우하면서 협상을 풀어나가지 못했다는 점을 만인에게 알리는 꼴

- 이들은 갈등의 사적 처리를 위해 서로가 존중하는 제 3자를 통해 조정을 모색
- 경우에 따라서는 실패한 협상은 협상 진행의 잠정적 중단으로 받아들여지는데, 이런 잠정적 중단은 상황이 나아지면 후에 재개할 수 있는 것으로 여겨짐

6) 요약 및 결론

- 중국인은 목표치를 높게 잡은 뒤에 낮추어 가는 협상 방식을 택하는 반면, 일본인은 서양인처럼 얻고자 하는 목표치에 근사한 수준에서 협상을 개시

- 따라서 일본인은 타협을 패배로 받아들이기 때문에 중국인보다 타협을 수용하려는 자세가 적음
- 반면 중국인은 타협을 필요하다고 보고 기대함

- 중국, 일본 모두 협상에 다수의 인력을 참여시키는 점은 공통

- 중국은 보다 계층적 접근을 취하는 반면, 일본은 다수의 합의

를 추구

- 이상의 동아시아 협상 전술은 역효과를 볼 수도 있음
- 시간의 낭비는 더 이상 협상을 지연시키기를 주저하는 상대방에게 협상의 파기를 결정토록 함으로써, 사업 기회의 상실을 가져올 수 있음.
- 체면을 강조하여 자신의 견해, 입장을 명확하게 표현하지 않으면, 혼동과 논쟁을 야기할 수 있음

- 중국, 일본 기업과의 성공적 협상을 위한 기본 규칙
- 협상에는 시간이 걸릴 수 있으므로 인내심을 가질 것
- 의사결정에 영향력을 행사할 능력을 지닌 이면의 인물이 누구인지 파악하여 미리 대비할 것
- 특히 중국인과 협상 시에는 타협이 예외가 아니라 규칙이라는 점에 비추어 조작의 여지를 남겨둘 것
- 동아시아인은 장기적 관계를 추구하므로, 이윤의 정의를 한 번의 결과로 간주하지 않는다는 점을 명심
- 협상이 실패할 경우 향후의 협상 여지를 남겨둘 것. 설령 협상이 실패하더라도 최소한 접촉은 한 것임. 동아시아인들은 향후 협상할 일이 생기면 낯선 자보다는 이전에 접촉한 적이 있는 상대와 할 것임
- 중국 속담에 "우정은 싸우면서 자란다.", 한국 속담에 "애들은 싸우면서 자란다."

부록 4. 현지국 문화 적응의 실패 사례

출처: May H. Gao, Culture determines business models. Thunderbird International Business Review, 55(2), 2013, 173-191.

홈디포(Home Depot: 중국어 명칭은 家得宝=getting treasures for your home이라는 의미)는 2006년에 중국기업 Home Way로부터 4개 도시에서 영업 중인 12개 점포를 매입하여 중국 시장에 진입하였다. 이후 2011년에는 3개 도시의 7개 점포로 축소되었고, 급기야 2012년에는 남은 점포 전부를 폐쇄한다는 결정을 내렸다.

홈디포 이전에도 여러 미국 소매업체들이 중국시장에서 쓴 잔을 마신 선례가 있다. Mattel Inc.는 바비인형의 플래그샵을 2011년 3월에 폐점하였는데, 보수적인 중국 부모들은 자녀가 플라스틱 코르셋을 입은 섹시한 인형을 돌리기보다는 차라리 책읽기를 바란다는 이유가 자리 잡고 있다. 또 다른 가전할인점 Best Buy도 2011년 2월에 중국 내 9개 점포 모두를 폐쇄하였는데, 중국 소비자들은 에스프레소 커피메이커, 서라운드 시스템의 오디오보다 세탁기와 에어컨을 필요로 한다는 점이 작용하였다.

중국 정부는 주택 정책의 규제를 완화하여 개인 소유의 주택 수를 크게 증가시켰다. 자가 주택 소유 비율이 전 세계 평균 60%인데 비해서 중국은 90%에 달한다. 이는 이케아, 홈디포 등의 소매업체를 중국 시장에 유인하기에 충분히 매력적인 자료이다. 게다가 소비자들이 각자 취향에 맞는 인테리어를 할 수 있도록, 아파트 건설업체는 골격 공사만으로 마무리를 한다. 즉 바닥재, 도색, 배관, 조명기구, 전기제품 등과 같은 주택개선용품(home improvements)을 입주자가 직접 해야 하므로, 소매업체에게는 대단히 매력적인 시장인 셈이다.

1. STP(segmentation, targeting, positioning)

효과적인 마케팅 프로그램을 개발, 적용할 특정 소비자 집단을 표적으로 삼기 위해서 먼저 해야 할 작업이 시장을 세분화하는 일이다. 소득을 기준으로 중국 시장을 세분화하면, 1-2등급 도시(first- and second-tier cities)의 도심 거주 소비자(urban consumers), 1-2등급 도시의 교외 거주 소비자(suburban consumers), 3등급 도시의 소비자, 농촌지역 소비자로 나눌 수 있다. 홈디포는 이 중에서 1-2등급 도시의 도심거주 중산층을 표적고객으로 설정하였다. 그리고 이들 표적고객에게 DIY 방식의 상품 구입을 선택하도록 하는 차별화를 꾀함으로써 자사의 자리매김을 하였다.

중국의 도시인구는 2011년에 농촌인구를 수적으로 따돌렸고, 도심 거주자의 가처분소득은 연간 21,810 위안으로 농촌 거주자의 6,977 위안의 3배에 달하는 규모이다(2011년 기준). 중국은 1,850억 유로에 달하는 세계 명품 시장에서 2011년에 일본을 제치고 세계 2위의 소비국이 되었다. 리바이 스트라우스는 중국 소비자의 취향에 맞는 신규 청바지 브랜드를 출시하였을 때, 모델들에게 카우

보이 부츠 대신에 하이힐을 착용시켰고, 100달러를 초과하는 수준의 가격책정을 하였다. 가처분소득의 증대, 체면 중시의 문화에서 중산층 신세대들은 튀는(conspicuous) 소비를 갈망한다.

2. 유통망 관리

많은 중국 소비자들은 주택개선 작업을 위하여 인테리어 업체(design-and-build)를 선정하여 공사를 맡긴다. 따라서 홈디포를 비롯한 주택개선용품 소매업체들은 이들 인테리어 업체와 접촉하는 노력을 기울여야 한다.

3. CELM(Culture, Environment, Lifestyle, Mentality)

1) 국가 · 지역 문화

국제 소매업체가 외국시장에서 사업모델을 전개하는데 영향을 미치는 핵심 결정인자가 문화이다. 그런데 DIY(D0-It-Yourself) 사업모델은 중국 문화와는 상응하지 못한다.

첫째 이유는, 중국 주택에는 차고가 없고, 도구를 놓아둘 공간도 제한적이라는 주택 문화가 있고, 둘째는 노임이 저렴하다는 경제 문화가 있고, 셋째는 자연환경의 지역 간 차이가 있다. 즉 미국의 알래스카와 텍사스에 있는 홈디포 점포의 상품 구색 중에서 95%는 표준화를 보이고 있지만, 중국의 북동부 지역에 위치한 칭타오는 카펫과 목재바닥을 쓰는 반면, 남부 지역의 선전은 열기와 습기 문제로 타일이나 대리석 바닥을 사용한다. 베이징에서는 오븐이 판매되지만, 쿤밍에서는 오븐 수요가 없다. 그래서 유럽 최대의 주택개선용품 소매업체인 영국의 B&Q는 동일한 제품·서비스의 가격을 중국의 지역 간 소득 격차를 감안하여 다르게 책정한다. 가령, 상하이의 아파트에 풀패키지 인테리어 비용이 최고 10만 위안까지 하는데 비하여, 2등급 도시인 충칭의 경우에는 동일한 면적의 아파트에 소요되는 인테리어 비용이 5만 위안 미만이다. B&Q는 중국시장에서 판매 재료가 정품이 아니거나 공사에 하자가 발생하면 현금보상을 해준다.

2) 사업 환경

중국의 주택개선용품 소매업은 고도의 분절화(fragmented) 상태에 놓여 있다. 상위 3개 업체의 시장점유율 합계가 3%에 불과하다. 인테리어 업체와의 매매 협상에서 현지개선용품 업체들은 현금리베이트 등의 반대급부를 제공하지만, 미국기업인 홈디포는 모국의 규정에 저촉되어 이를 행할 수 없다.

중국에서는 대도시 거주 주택과 도심 간 거리가 주택가격에 영향을 미치므로, 중산층 소비자들은 도심에 거주하려는 성향이 강하다. 반면, 대형 점포를 운영하는 홈디포는 대부분의 점포가 교외지역에 입지하고 있다. B&Q가 인구 1,700만 명의 베이징에 6개 점포를 운영하는데 비하여 홈디포는 겨우 1개 점포에 그치고 있으며, 그나마 도심에서 멀리 떨어져 있다.

점포 수와 입지 도시 수 면에서 미미한 존재인 홈디포에 납품하는 거래업체들은 가격 인하에 응할 리가 없다. 그러다 보니 홈디포의 판매가격은 경쟁력에서 열세에 있고, 납품업체 간에 홈디포는

"먹기에는 맛이 없고 버리기에는 아까운 존재"로 여겨졌다.

3) 소비자 생활양식

시간과 자원의 소비 방식, 소중히 여기는 대상에 대한 분석을 하다보면 중국인의 생활양식을 엿볼 수 있다. 1975년 한자녀 출산제한 정책으로 소황제(little emperors & empresses)가 된 이들 신규 중산층은 현재 20-40대의 연령대에 걸쳐 있다. 외동으로 자라면서 부모와 조부모의 응석을 받아 버릇이 없고, 육체노동을 해본 적이 없는 이들에게 DIY는 융화될 수 없는 생활양식이다.

융자금으로 주택을 구입하는 첫 연령이 일본과 독일이 42세, 미국이 30세인데 비하여 중국의 베이징은 27세이다. 계약금(down payment)은 부모의 지원으로 지불된다. 중국인들에게 주택은 거주 공간일 뿐 아니라 결혼의 구비조건, 사회적 지위의 상징, 안심감 등을 의미한다. 딸자식을 둔 부모의 70%는 예비 사위의 주택 소유 여부에 신경을 쓴다고 한다. 1980년대 이후 출생한 중국인들은 나혼(naked marriage)이라는 신조어를 만들어냈다. 이는 주택과 자가용, 결혼식, 신혼여행이 없는 결혼을 말하는데, 남성의 80%는 나혼을 선호하지만, 이들과 교제하는 상대 여성의 70%는 말도 안 되는 것으로 보고 있다.

4) 정신세계

사회적 지위라는 정신세계 측면에서, 유교 문화는 육체노동을 사회적 지위가 낮은 사람들이 하는 일로 간주하였다. 따라서 매장 입구에 페인트 통이 있고, 출구 근처에 목재들이 쌓였으며, 중간에는 드라이버, 고정장치, 기타 도구들이 진열되어 있는 홈디포 매장은 저렴한 가격에 단순한 상품들을 판매하는 곳이라는 인상을 주며, 인테리어 업자를 불러서 공사를 맡길 능력이 안 되는 서민층에게 딱 맞는 것이 DIY 방식의 점포라고 중국인들은 생각한다. 그렇다고 중국의 서민층이 홈디포 점포를 이용할 수도 없는 것이, 서민층은 교외지역과 농촌지역에 거주하고 있는데, 거기에는 홈디포보다 저렴하게 용품을 구입할 수 있는 점포들이 있다. 또한 서민층은 자가주택 소유자가 많지도 않고, 주택의 수리·개조에 많을 돈을 지출하지도 않는다.

브랜드 의식이라는 정신세계 측면에서, 중국인들의 구매 행동은 브랜드의 원산지에 크게 영향을 받는다. 스타벅스, 피자헛, 하겐다스 등의 미국브랜드들은 할리우드 영화가 보여주는 호사스런 생활양식과 결부되어 있다. 그러나 홈디포는 중국인에게 브랜드 인지도가 낮아서, 택시 기사에게 홈디포를 행선지로 물어도 대부분이 모른다.

가격 민감이라는 정신세계 측면에서, 중국인들은 충동구매(impulsive shopping)보다는 비교구매를 한다. 그런데 홈디포의 매장 내 선반의 높은 곳에 진열되어 있는 상품을 방문 고객들이 직접 만져볼 수 없다는 점이 짜증을 유발하였다.

4. DIFM의 사업모델

아직도 중국에서 사업을 하고 있는 영국의 주택개선용품 소매업체 B&Q는 상하이의 점포 내에 디자인센터를 설치하여, 방문객들이 실내장식전문가와 자신의 아파트를 3D 이미지로 보면서 인테리어를 결정할 수 있는 서비스를 제공하고 있다. 장식전문가는 공사업체와 계약을 맺고 전기기구에서부터 욕실 바닥재, 주방기구, 거실·침실 바닥재 등의 작업을 맡긴다. B&Q가 요구하는 조건은 단 하나, 설치용품의 80%를 자기 점포를 통하여 구매해야 한다는 점이다.

이처럼 고객 스스로 인테리어를 꾸며야 하는 DIY가 아니라, 업체에게 맡겨서 자신의 취향에 맞는 내장공사를 해달라는 DIFM (Do-It-For-Me)의 사업모델을 전개하려면, 입지 차원에서 기존의 대형 점포가 교외에 위치한 것과는 달리, 접근성을 중시하는 도심 거주 중산층에게 어필할 수 있도록 해야 한다. 즉 부티크 점포의 형태를 도심의 유동인구가 많은 쇼핑몰과 백화점이 즐비한 거리에 개설하는 것이다. 이들 도심 입지는 버스, 지하철, 택시, 자전거와 같은 대중교통수단으로 쉽게 접근할 수 있다. 스페인 업체 Zara Home은 2011년에 베이징의 쇼핑가, 백화점 거리에 2개의 점포를 개설하여, 유행에 민감하고 주택 장식에 열심인 고객들을 표적으로 삼고 있다. 주변에는 Harbor House, MUJI, HOLA Home Furnishing Store 등이 이웃해 있다.

점포는 패션성, 도회적 분위기, 기술적 첨단성, 여성 친화성, 서비스 지향성을 구비해야 한다. 안락하고 세련된 분위기의 점포에는 자재의 견본만 진열하면 된다. 방문객들이 컴퓨터, 아이패드, 스마트폰 등으로 자기 주택을 디자인할 수 있도록, 사용자 친화성이 높은 소프트웨어를 점포 내에 깔아놓도록 한다. 미국의 가전할인점 베스트바이도 중국시장에서는 대형점포(big box) 방식을 포기하고, Five Star 브랜드의 점포를 부티크 형태로 바꾸었다.

참고문헌

1. 에드워드 홀(2000) 침묵의 언어, 한길사.
2. 트롬페나르(1997) 문화와 세계경영, 21세기북스.
3. 햄프든-터너, 트롬페나르(1995) 21세기 초일류기업으로 가는 기업문화혁 명, 자작나무.
4. 菊地正登(2018) 海外取引の成否は契約で9割決まる. 幻冬舎.
5. 麻殖生健治(2006) ビジネス・ネゴシエーション入門. 中央経済社..
6. 阿門禮(2017). 世界のタブー. 大日本印刷.
7. 有村貞則(2007) ダイバーシティ・マネジメントの研究、文眞堂.
8. 石川文夫(2018). 企業間コラボレーションを成功させる契約交渉の進め方. 中央経済グループパブリッシング.
9. 岩崎洋一郎, 仲谷榮一郎(1999) 交渉の英語 1, 2, 3.東京: 日興企畵.
10. 海野 素央(2002) 異文化ビジネスハンドブック, 東京: 學文社.
11. 大橋弘昌(2007)負けない交渉術. ダイヤモンド社.
12. 小竹裕一(2008).アジア人との正しい付き合い方.日本放送出版協會.
13. 窪田寛(2007). 世界の異文化街道を行く.文芸社.
14. 小坂貴志(2017).改訂版異文化コミュニケーションのAtoZ.研究社.
15. 兒玉敎仁(2019).グローバル・モード:海外の相手を動かすビジネ ス・ミーティングの基本.ダイヤモンド社.
16. 龜田 尙已(2003) 國際ビジネスコミュニケーションの研究. 文眞堂.
17. 佐々木晃彦(2002) 異文化経營學: 異文化コミュニケーションのビジネス. 東海大學出版會.
18. 佐々木紘一(2002) 國際ビジネスを成功させるために. 文芸社.
19. 島田裕み(2017).無宗教でも知っておきたい宗教の言葉. 朝日新聞出版.
20. 平原 由美, 観音寺 一高(2002) 戰略的交涉力, 東京: 東洋經濟新報社.
21. 生井利幸(2004) ビジネスでガイジンに勝てる人、負ける人. 飯塚書店.
22. 西田ひろ子編(2007)米國・中國進出日系企業における異文化間コミュニー ション摩擦. 風間書房.
23. 西村眞理(2006). ドイツで見つけた異文化理解の鍵. 文芸社.
24. 日本在外企業協會(2015).海外派遣者ハンドブック:中央ヨーロッ パ實用ノウハウ事例集. 日本在外企業協會,
25. 日本在外企業協會(2013).海外派遣者ハンドブック:アメリカ實 用ノウハウ事例集下卷. 日本在外企業協會,
26. 野澤聰子(2017). 大學生のための交涉術入門. 慶應義塾大學出版.
27. 野澤聰子(2004). 問題解決の交涉學. PHP硏究所.

28. 八幡紕芦史(2005). 交渉の技術. PHP研究所.
29. 矢部正秋(2015). ユダヤ式交渉術. PHP研究所.
30. 安恒理(2018). 孫子のリアルガチ兵法. KADOKAWA.
31. 山内信幸,リアャド ボメン, 北林利治 編著(2008) 異文化の衝突: 摩擦・理解・受容. 東京: 英室社.
32. 山本元子,和田勝明(2002) 國際理解・異文化學習パズル&クイズ46選, 東京: 明治図書出版.
33. Pribyl,C.(2006).科學としての異文化コミュニケーション.ナカニシヤ.
34. Ghauri, P., Usunier, J. (2003) International Business Negotiations. Pergamon.
35. Hammerich, K. and Lewis, R. (2013). Fish can't see water: how national culture can make or break your corporate strategy. John Wiley & Sons, Chichester: UK.
36. Harvard Business School ed.(2004). Face-to-face communications for clarity and impact. Boston: Harvard Business School Press.
37. Hill, J. (2005). World Business: globalization, strategy, and analysis. Ohio: Thompson.
38. Metcalf, L., Bird, A., Shankarmahesh, M., Aycan, Z., Larimo, J., andValderlamar, D.(2006). Cultural tendencies in negotiation: A comparisonof Finland, India, Mexico, Turkey, and the United States.
39. Moran, R., Harris, P., and Moran, S.(2011). Managing cultural differences. 8th ed. London: Elsevier.
40. Muhlen, A.(2010). International negotiations: Confrontation, competition, cooperation. Munster, Germany: LIT.
41. Pires, G. et al.(2006). Improving expatriate adjustment and effectiveness in ethnically diverse countries: marketing insights. *Cross Cultural Management: An International Journal,* 13(2), 156-170.
42. Rabotin, M. 2011. Culture savvy: Working and collaborating across the globe. Alexandria, Virginia: ASTD.
43. Salacuse, J. (1999). Intercultural negotiation in international business. *Group Decision and Negotiation*, 8, 217-236.
44. Spencer-Oatey, H. ed.(2008). Culturally speaking: Culture,communication and politeness theory. 2nded. London:Contimuum 45. Sun, H.(1991) The wiles of War: 36 Military Strategies from Ancient China, Beijing: Foreign Languages Press.
45. Trompenaars, Fons, & Hampden-Turner, Charles.(2004). Managingpeople across cultures. Capstone. *World Business*, 41, 382-394.

찾아보기

[저자 소개]

• 방용태

오랜 만에 틀에 박힌 저자 소개를 해보자.

〈현 소속〉
배재대학교 경영대학 무역물류학과 교수

〈학력사항〉
서강대학교 경영학과(문학사), 서강대학교 대학원 무역학과(상학석사)
아오야마가쿠인 대학 국제정치경제학연구과(박사. 국제경영학전공)

〈주요경력 및 활동〉
산업연구원(KIET) 미구주실 연구원
한국산업개발원(KID) 경영개발본부 연구위원
특수전문요원(예비역사관) 6기 선발: 육군소위 예편
일본문부과학성 국비장학생 선발
한국연구재단 해외박사학위취득자 Post Doc. 선발
한국연구재단 신진교수연구과제 선정
Academy of Taiwan Information Systems Research 논문심사위원
한국경영교육학회 부회장
코스닥등록법인 아즈텍WB 사외이사

〈주요 논문〉
- ベンチャ企業の経營スタイル、核心力量、戰略的志向と經營成果, 第22巻, 2003, pp. 101-115, 日本中小企業學會.
- 韓國ベンチャーの日本市場進出における戰略的考察点、no. 10, 2004, pp. 25-34, 日本國際ビジネス學會.
- How female consumers think of themselves, make consumption and show loyalty to a brand. World Business Institute, v.4, no.3, 2008, pp. 56-63.
- An exploratory study of the team learning typology based on environmental fit. Academy ofTaiwan Information Systems Research, v.4, no.3, 2008, pp. 173-188.
- Maintaining Brand Loyalty Based on Confirmation of Consumer Self Concept and Behavior.日本國際ビジネス學會, no.14, 2008.
- The role of corporate social responsibility, brand awareness and production area features inthe formation of customer loyalty. 한국경영교육학회, no. 63, 2010, pp. 311-329.
- Identification of factors affecting Chinese wine consumers' loyalty. World Business Institute, v.6, no.5, 2010, pp. 320-333.
- The Role of Brand, Corporate, and Headquarter Origin Image as Antecedents of Customer Loyalty in Russian Mobile Phone Service Market. 한국경영교육학회, v.27, no.2, 2012, pp. 45-70.
- 기업 이미지가 중국 소비자의 구전에 미치는 영향: 해외시장 진출을 위한 중소기업의 창업 역량의 모색. 한국창업학회, v.9, no.3, 2014, pp. 227-251.

· 서번트리더십이 리더신뢰 및 직무몰입에 미치는 영향: 맞춤형 리더십의 제안, 『서비스연구』, 제7권 제4호, 2017, pp. 83-107, 서비스사이언스학회.
· 서비스 산업에서 서번트 리더십의 이론적 분석틀의 구축가능성, 『서비스연구』, 제10권 제2호, 2020, pp. 77-89, 서비스사이언스학회.

〈주요 저서〉
이문화비즈니스론. 2002, 도서출판 두남
일본비즈니스론. 2004, 배재대학교출판부
글로벌매니지먼트. 2005, 청목출판사
기업경영과 전략. 2006, 배재대학교출판부
글로벌마케팅. 2008, 청목출판사
세계시장연구. 2009, 청목출판사
국제비즈니스창업. 2010, 한국학술정보
개정판 글로벌매니지먼트. 2011, 청목출판사
글로벌마켓탐방: 미국과 일본을 중심으로. 2011, 한국학술정보
글로벌마켓탐방2편: 인도와 중국. 2013, 청목출판사
영어독해를 통한 글로벌비즈니스의 이해. 2013, 청목출판사
마케팅의 이해. 2014, 한국학술정보
유럽시장연구. 2016, 배재대학교출판부
컨설팅전공을 위한 마케팅관리. 2017, 초아출판사
창업구상과 실행. 2018, 배재대학교출판부

국제비즈니스문화론

2024년 2월 20일 중판인쇄
2024년 2월 25일 중판발행

저 자 방 용 태
발행인 유 성 열
발행처 청목출판사
서울특별시 영등포구 신길로 40길 20
전화 (02) 849-6157(代) · 2820 / 833-6091
FAX (02) 849-0817
등록 제318-1994-000090호

파본은 바꾸어 드립니다. 값 19,000원

http://www.chongmok.co.kr

ISBN 978-89-5565-790-6

※본 저서는 2020학년도 배재대학교 교내학술연구비 지원에 의하여 수행된 것임